AF742522

Perspectives agricoles de l’OCDE et de la FAO 2025-2034

Merci de citer cet ouvrage comme suit :
OCDE/FAO (2025), *Perspectives agricoles de l'OCDE et de la FAO 2025-2034*, Paris et Rome, https://doi.org/10.1787/af125b62-fr.

ISBN 978-92-64-92174-0 (imprimé)
ISBN 978-92-64-92486-4 (PDF)
ISBN 978-92-64-31729-1 (HTML)

Perspectives agricoles de l'OCDE et de la FAO
ISSN 1563-0455 (imprimé)
ISSN 1999-1150 (en ligne)

FAO
ISBN 978-92-5-139959-0 (imprimé et PDF)

Crédits photo : Conception de la couverture par © l'OCDE et la FAO.

Les corrigenda des publications de l'OCDE sont disponibles sur : https://www.oecd.org/fr/publications/support/corrigenda.html.

Avant-propos

Les *Perspectives agricoles 2025-2034* sont le fruit de la collaboration entre l'Organisation de coopération et de développement économiques (OCDE) et l'Organisation des Nations Unies pour l'alimentation et l'agriculture (FAO). Ouvrage de référence pour la planification de l'action publique dans la durée, elles sont étayées par les connaissances spécialisées de ces deux organisations ainsi que par les contributions apportées par les pays membres et par d'autres organisations spécialisées dans les produits de base. Elles permettent de se former une idée précise de ce qui attend les marchés nationaux, régionaux et mondiaux des produits agricoles au cours des dix prochaines années. L'utilisation, dans les *Perspectives*, du modèle Aglink-Cosimo, développé par l'OCDE et la FAO, assure une cohérence d'ensemble et un équilibre global entre tous les marchés. La méthodologie détaillée et la documentation du modèle peuvent être consultées en ligne à l'adresse suivante : www.agri-outlook.org/fr/.

Cette vingt-et-unième édition conjointe des *Perspectives agricoles* se structure en trois parties :

La partie 1 – Marchés agricoles et alimentaires : tendances et perspectives (Chapitre 1) – expose les projections clés et donne un aperçu des grands objectifs et défis qui vont se présenter aux systèmes agroalimentaires lors des dix prochaines années. On y retrace l'évolution récente des marchés agricoles (Section 1.1) et énonce les hypothèses retenues concernant la situation macroéconomique et les politiques publiques (Section 1.2). Il y est question des tendances et des perspectives de la consommation (Section 1.3), de la production (Section 1.4), des échanges (Section 1.6) et des prix (Section 1.7). Cette année, les *Perspectives* viennent souligner tout l'enjeu que les technologies de réduction des émissions représentent pour la sécurité alimentaire et la durabilité des systèmes alimentaires (Section 1.5).

La partie 2 – Chapitres sur les produits – décrit les évolutions récentes des marchés et présente les projections à moyen terme de la consommation, de la production, des échanges et des prix des produits examinés dans les *Perspectives*. Chacun de ses neuf chapitres – portant respectivement sur les céréales (Chapitre 2), les oléagineux et les produits oléagineux (Chapitre 3), le sucre (Chapitre 4), la viande (Chapitre 5), le lait et les produits laitiers (Chapitre 6), les produits halieutiques et aquacoles (Chapitre 7), les biocarburants (Chapitre 8), le coton (Chapitre 9) et les autres produits (Chapitre 10) – s'achève par un examen des principaux problèmes et incertitudes susceptibles d'avoir une incidence sur les marchés dans les dix prochaines années.

La partie 3 – Annexe statistique – peut être consultée en ligne à titre complémentaire, mais ne figure pas dans la publication imprimée. Elle présente les projections de la production, de la consommation, des échanges et des prix des différents produits agricoles, halieutiques et aquacoles, ainsi que des biocarburants, de même que les hypothèses macroéconomiques et relatives aux politiques publiques. L'évolution des marchés durant la période considérée dans les *Perspectives* est représentée par les taux de croissance annuels et par la comparaison entre les données relatives à la dernière année (2034) et celles correspondant à une période triennale de référence (2022-24).

La présente édition des *Perspectives agricoles* a été préparée conjointement par les Secrétariats de l'OCDE et de la FAO.

À l'OCDE, les membres de la Direction des échanges et de l'agriculture qui ont contribué à l'élaboration du scénario de référence et à l'écriture du rapport sont : Marcel Adenäuer, Fabiana Cerasa, Thomas Chatzopoulos, Armelle Elasri (coordonnatrice de la publication), Hubertus Gay (coordonnateur des *Perspectives*), Barbora Gilbert, Céline Giner, Gaëlle Gouarin, Lee Ann Jackson (cheffe de Division), Edith Laget, Claude Nénert, Grégoire Tallard et Kotone Yamamoto de la Division des échanges et marchés agro-alimentaires, et, pour la pêche et l'aquaculture, Claire Delpeuch et Will Symes, de la Division des politiques agricoles et des ressources. Le Secrétariat de l'OCDE exprime sa reconnaissance à l'expert invité Jiayu Zhuang (Académie chinoise des sciences agricoles) pour la contribution qu'il a apportée. La section sur les technologies de réduction des émissions est le fruit de la collaboration avec l'Institut international d'analyse des systèmes appliqués (IIASA), et nous tenons à remercier plus particulièrement Stefan Frank, Petr Havlik et Yazhen Wu. L'analyse stochastique partielle repose sur les travaux de l'unité Économie du système alimentaire du Centre commun de recherche de la Commission européenne. Caitlin Boros, Kristina Medekova, et Cem Mehmethanoglu se sont chargés de la communication et de la préparation de la publication. Cette dernière a été revue par David Hallam. Le soutien technique nécessaire à l'élaboration des *Perspectives* a été fourni par Marc Régnier et Éric Espinasse. Beaucoup d'autres collègues du Secrétariat de l'OCDE et de délégués des pays membres ont formulé des commentaires utiles sur les versions préliminaires de ce rapport.

À l'Organisation des Nations Unies pour l'alimentation et l'agriculture (FAO), les projections de référence et le rapport ont été préparés par les membres de la Division des marchés et du commerce (EST), sous la direction de Boubaker Ben-Belhassen (Directeur, EST), selon les orientations générales définies par Máximo Torero (Chef économiste) et par l'équipe de direction de l'axe Développement économique et social. L'équipe principale chargée des projections se composait de Abdi Ali, Sergio René Araujo Enciso, Isabel Burgos, Giulia Caddeo, Holger Matthey (chef d'équipe), Svetlana Mladenovic et Irmak Yaka. En ce qui concerne les produits halieutiques et aquacoles, l'équipe était constituée de Pierre Charlebois, Adrienne Egger et Stefania Vannuccini, du Département des pêches et de l'aquaculture. Des conseils sur les questions relatives aux farines de poisson et à l'huile de poisson et des données rétrospectives ont été fournis par Enrico Bachis, de l'IFFO (The Marine Ingredients Organisation). Les projections macroéconomiques ont bénéficié de la contribution d'Oxford Economics. Les sections sur le sucre et sur le coton ont été fournies par Mamoun Amrouk et Fabio Palmeri, avec des données et des conseils techniques de Peter de Klerk, de l'Organisation internationale du sucre (OIS), et de Lorena Ruiz, du Comité consultatif international du coton (ICAC). La section sur les bananes et les principaux fruits tropicaux a été réalisée par Sabine Altendorf, avec le concours de Giuseppe Bonavita et Pascal Liu. Erin Collier, Delphine Leconte Demarsy, Emanuele Marocco, Shirley Mustafa, Cecilia Nardi, Monika Tothova (cheffe d'équipe), et Di Yang ont apporté leurs connaissances spécialisées sur les produits. Anthony Bennett a contribué à l'Encadré 1.3. L'initiative Main dans la main ou la transformation des systèmes agroalimentaires. Aikaterini Kavallari, Georgios Mermigkas, et Andrea Zimmermann se sont chargés de l'Encadré 1.4. Le rôle des échanges au regard de l'amélioration de la sécurité alimentaire, de la nutrition et de la durabilité environnementale. Tiziana Pirelli a mobilisé ses précieuses connaissances pour les besoins de l'Encadré 4.1. Rôle du « complexe canne à sucre » dans le secteur de la bioénergie. Maria Antip, David Bedford, Victoria Johnston, Grace Maria Karumathy, Yanyun Li, Lavinia Lucarelli, Emanuele Mazzini et Marco Milo ont participé aux recherches et à la préparation de la base de données. Cette édition a également bénéficié des commentaires d'autres collègues de la FAO et institutions des pays membres. Les auteurs tiennent à remercier Araceli Cardenas, Yongdong Fu, Jonathan Hallo, Jessica Mathewson, Kimberly Sullivan et Ettore Vecchione pour leur aide précieuse sur les questions de publication et de communication.

Enfin, les informations et commentaires fournis par l'Association mondiale des planteurs de betteraves et de canne à sucre, le Comité consultatif international du coton, le Conseil international des céréales, l'Association internationale de l'industrie des engrais, la Fédération internationale du lait, la Marine Ingredients Organisation (IFFO) et l'Organisation internationale du sucre nous ont été très précieux.

Les *Perspectives agricoles* complètes, y compris la base de données documentée, qui comprend les séries chronologiques et les projections, peuvent être consultées sur le site internet commun de l'OCDE et de la FAO : www.agri-outlook.org/fr/.

La publication *Perspectives agricoles 2025-2034* est disponible sur OECD iLibrary et dans les Archives de documents de la FAO.

Table des matières

Tableaux

Graphiques

Encadrés

Acronymes et abréviations

ACEUM	Accord Canada-États-Unis–Mexique
AFAT	Agriculture, foresterie et autres affectations des terres
AIE	Agence internationale de l'énergie
ALC	Amérique latine et Caraïbes
ASEAN	Association des nations de l'Asie du Sud-Est
B30	Carburant diesel alternatif composé de diesel de pétrole ordinaire (70 %) mélangé à du biodiesel (30 %)
B35	Carburant diesel alternatif composé de diesel de pétrole ordinaire (65 %) mélangé à du biodiesel (35 %)
B40	Carburant diesel alternatif composé de diesel de pétrole ordinaire (60 %) mélangé à du biodiesel (40 %)
CCC	Commodity Credit Corporation (États-Unis)
CCIC	Comité consultatif international du coton
CCS	Complexe canne à sucre
CDA	Carburant durable d'aviation
CESAP	Base de données de la Banque mondiale sur les coûts du commerce
CIAS	Changement indirect de l'affectation des sols
CMR	Coût marginal de réduction
CO2	Dioxyde de carbone
CV	Coefficient de variation
DAES	Département des affaires économiques et sociales des Nations Unies
DCP	Dépenses de consommation privée
DER	Directive de 2009 sur les énergies renouvelables (Union européenne)
E10	Mélange de carburant composé de 10 % d'éthanol et de 90 % d'essence
E15	Mélange de carburant composé de 15 % d'éthanol et de 85 % d'essence
E20	Mélange de carburant composé de 20 % d'éthanol et de 80 % d'essence
EJ	Exajoule
El Niño	Phénomène climatique lié à la température des grands courants marins
EPA	Environmental Protection Agency (Agence pour la protection de l'environnement) (États-Unis)
epc	Equivalent poids carcasse
ERS	Service de recherche économique du Département américain de l'agriculture
é.s	Équivalent poids sec
ESB	Équivalent sucre brut
est	Estimation
FAO	Organisation des Nations Unies pour l'alimentation et l'agriculture
FBS	Bilan alimentaire
FA	Fièvre aphteuse
FMI	Fonds monétaire international
FOB	Franco à bord (prix à l'exportation)
g	gramme
GAHP	Grippe aviaire hautement pathogène
GES	Gaz à effet de serre
GIEC	Groupe d'experts intergouvernemental sur l'évolution du climat
GLEAM	Modèle d'évaluation environnementale de l'élevage
GLOBIOM	Modèle mondial de gestion de la biosphère
GTAP	Global Trade Analysis Project
Gt	Gigatonne (un milliard de tonnes)

Gt éq. CO2	Giga tonnes d'équivalent en dioxyde de carbone
ha	Hectare
HAU	Huile alimentaire usagée
HIH	Initiative Main dans la main
HPB	Huile de palme brute
HQCF	Farine de manioc de haute qualité
HUG	Huiles et graisses usagées
HVH	Huile végétale hydrotraitée
HVH	Gazole renouvelable
IIASA	Institut international pour l'analyse des systèmes appliqués
IPC	Indice des prix à la consommation
IFAD	Fédération interantionale du lait
ISMA	Association indienne des sucreries
kcal	Millier de calories
kg	Kilogramme
kha	Millier d'hectares
kt	Kilotonne
kUSD	Millier de dollars des États-Unis
lb	Livre (poids)
LCFS	Norme sur les carburants bas carbone (low carbon fuel standard
MERCOSUR	Mercado Común del Sur (Marché commun du Sud)
Mha	Million d'hectares
Mn	Million
Mn L	Million de litres
Mrd	Milliard
Mrd L	Milliard de litres
Mt	Million de tonnes métriques
Mt éq. CO2	Million de tonnes d'équivalent en dioxyde de carbone
NENA	Proche-Orient et Afrique du Nord
OCDE	Organisation de coopération et de développement économiques
ODD	Objectif de développement durable
OGM	Organisme génétiquement modifié
OIS	Organisation Internationale du Sucre
OMC	Organisation mondiale du commerce
OMS	Organisation mondiale de la santé
OMSA	Organisation mondiale de la santé animale (anciennement OIE)
ONG	Organisation non gouvernementale
ONU	Organisation des Nations Unies
OPS	Organisation panaméricaine de la santé
PAC	Politique agricole commune (Union européenne)
Pad	Poids comestible au détail
pac	Prêt à cuire
PAM	Programme alimentaire mondial
p.a.	Per annum
PGA	Pertes et gaspillages alimentaires
PIB	Produit intérieur brut
PMA	Pays les moins avancés
PPA	Peste porcine africaine
PsA	Prévalence de la sous-alimentation
PTF	Productivité totale des facteurs
PTPGP	Accord de partenariat transpacifique global et progressiste
RCEP	Partenariat régional économique global
RDC	République Démocratique du Congo
RFS / RFS2	Renewable Fuel Standard (norme sur les carburants renouvelables ; loi des États-Unis sur la politique de l'énergie)

t	Tonne métrique
t/ha	Tonne métrique/ha
tq	Base tel quel (sucre)
UCTAFT	Utilisation des terres, changement d'affectation des terres et foresterie
USDA	Ministère de l'Agriculture des États-Unis
WLF	Huiles et graisses usagées
ZLEC	Zone de libre-échange continentale africaine

Monnaies

ARS	Peso argentin
AUD	Dollars australien
BRL	Real brésilien
CAD	Dollar canadien
CHF	Franc suisse
CLP	Peso chilien
COP	Peso colombien
CNY	Yuan renminbi
EGP	Livre égyptienne
EUR	Euro (Europe)
GDP	Livre sterling
IDR	Roupie indonésienne
INR	Roupie indienne
JPY	Yen japonaise
KRW	Won coréenne
MXN	Peso mexicain
MYR	Ringgit malaysien
NZD	Dollar néo-zélandais
PEN	Sol péruvien
PKR	Roupie pakistanaise
RUB	Rouble russe
SAR	Riyal saoudien
THB	Bhat thaïlandaise
UAH	Hryvna ukrainian
USD	Dollar des États-Unis
ZAR	Rand sud-africain

Résumé

Les *Perspectives agricoles de l'OCDE et de la FAO 2025-2034* contiennent une évaluation exhaustive de ce que pourrait être l'évolution, sur les dix ans à venir, des marchés nationaux, régionaux et mondiaux des produits agricoles, halieutiques et aquacoles. Établies conjointement par l'OCDE et la FAO avec le concours de leurs pays membres et d'organisation internationales spécialisées dans les produits de base, elles servent de projection de référence pour planifier l'action publique en se fondant sur des observations factuelles. Cette vingt-et-unième édition des *Perspectives* est consacrée à l'évolution du paysage de l'agriculture mondiale face aux défis économiques, politiques et environnementaux.

La consommation mondiale de produits agricoles, halieutiques et aquacoles devrait progresser de 13 %, à prix constants, entre aujourd'hui et 2034. La majeure partie de cet accroissement est attendue dans les pays à faible revenu et à revenu intermédiaire, où elle sera portée par une population croissante et de plus en plus aisée. Toutefois, si dans les pays à revenu intermédiaire la croissance de la consommation peut être attribuée pour moitié à l'augmentation du revenu par habitant, dans les pays à faible revenu, elle procède pour les trois quarts de la démographie.

L'augmentation du revenu disponible et l'urbanisation, dans les pays à revenu intermédiaire notamment, devraient faire évoluer les habitudes en faveur d'une alimentation plus variée et plus nutritive, avec une place plus importante faite aux produits animaux, halieutiques et aquacoles. D'après les *Perspectives*, la part de ces produits dans l'apport calorique total est appelée à augmenter de 6 %, à l'échelle mondiale, d'ici 2034. Dans les pays à revenu intermédiaire de la tranche inférieure, une croissance plus prononcée, de l'ordre de 25 %, portera l'apport quotidien d'aliments nutritifs à 364 kcal par habitant, soit au-delà des 300 kcal pris en compte dans le Panier alimentaire sain utilisé par la FAO pour calculer le coût et l'accessibilité financière d'une alimentation saine. Les indicateurs moyens ne rendent cependant pas compte des inégalités qui persistent entre les pays et à l'intérieur de leurs frontières. En dépit de progrès notables, de nombreux habitants de cette catégorie de pays continueront à avoir du mal à se nourrir correctement, ce qui pourrait compromettre la réalisation de la cible des ODD relative à l'amélioration de la sécurité alimentaire mondiale d'ici 2030. Dans les pays à faible revenu, la situation est plus préoccupante encore, dans la mesure où la ration quotidienne d'aliments nutritifs d'origine animale devrait rester de 143 kcal par habitant, soit un peu moins de la moitié de ce qui est identifié pour un Panier alimentaire sain. La persistance de ce déséquilibre nutritionnel est le révélateur d'obstacles structurels importants, à commencer par le manque d'accessibilité financière des aliments riches en protéines.

Pour satisfaire une demande en pleine expansion, la production agricole, halieutique et aquacole mondiale devrait augmenter de 14 %, à prix constant, au cours de la prochaine décennie, sachant que les pays à revenu intermédiaire demeureront sans doute les principaux moteurs de la croissance agricole mondiale. Ces modifications de la structure de la production seront dictées par l'adoption progressive de technologies innovantes ou perfectionnées, les investissements en capital et un recours plus intensif aux engrais, aux aliments pour animaux et à d'autres intrants dans les pays à revenu intermédiaire. La croissance de la production agricole découlera principalement des gains de productivité, même si les superficies cultivées et les effectifs d'animaux devraient augmenter eux aussi, notamment en Afrique subsaharienne et en Asie du Sud, où l'accès aux technologies agricoles modernes demeure difficile.

La croissance attendue de la production animale et végétale n'étant pas intégralement compensée par les gains de productivité escomptés, il s'ensuit que les émissions directes de gaz à effet de serre (GES) imputables à l'agriculture devraient augmenter de 6 % d'ici 2034. Le lien entre croissance et émissions continuera à évoluer si l'on adopte des méthodes de production plus efficientes et si les habitudes d'utilisation des terres et des intrants se modifient. Avec les gains de productivité attendus, l'intensité carbone de la production agricole devrait diminuer dans toutes les régions au cours de la prochaine décennie.

Il est ressorti d'une analyse de scénario réalisée pour les besoins des *Perspectives* que, d'ici 2034, la sous-alimentation pourrait être éliminée et les émissions directes de GES imputables à l'agriculture diminuer de 7 % par rapport à leur niveau actuel. Atteindre simultanément ces deux objectifs supposera de faire croître de 10 % la production agricole et d'améliorer de 15 % la productivité, en plus de généraliser l'utilisation de technologies de réduction des émissions disponibles à l'heure actuelle. Des innovations comme l'agriculture de précision, la gestion fine des nutriments et de l'eau, l'amélioration de l'alimentation dans les systèmes de production animale et les pratiques peu onéreuses reproductibles à grande échelle, comme la rotation des cultures, les associations de cultures et la fertilisation par apport de compost, sont quelques exemples de solutions susceptibles de faire diminuer les émissions. Le rythme et l'ampleur du déploiement des technologies et infrastructures et des transferts de connaissances auront une influence sur la concrétisation de ces avancées.

Les *Perspectives* révèlent que les flux commerciaux entre les régions exportatrices nettes et les régions importatrices nettes devraient augmenter dans la mesure où la production et la consommation agricoles tendent à se distinguer de plus en plus, sur le plan géographique, en fonction des avantages comparatifs et des capacités de production, mais aussi au gré de l'évolution de la demande d'aliments, que ceux-ci soient destinés à l'humain ou au bétail. Il s'ensuit que les échanges internationaux demeureront indispensables au secteur agroalimentaire mondial. D'ici 2034, 22 % des calories consommées à l'échelle mondiale auront franchi des frontières. Il y a vingt ans, cette proportion était de 17 %, mais elle s'est stabilisée aux alentours de 22 % depuis une dizaine d'années. La coopération multilatérale et l'encadrement des échanges agricoles par des règles sont essentiels pour faciliter ces flux commerciaux, équilibrer les déficits et les excédents alimentaires entre les pays, stabiliser les prix et faire progresser la sécurité alimentaire, la nutrition et la durabilité environnementale.

Les projections à moyen terme laissent escompter un recul des prix moyens des produits agricoles en termes réels, qui sera le reflet des gains de productivité tirant les coûts de production vers le bas. Par voie de conséquence, les exploitants agricoles, à commencer par les plus modestes d'entre eux, qui sont souvent aussi les plus vulnérables aux chocs du marché et ont peu de marge de manœuvre pour adopter des technologies innovantes, se voient poussés à améliorer leur productivité. Des gains durables d'efficience agricole, l'adoption de technologies innovantes et un meilleur accès aux intrants, aux connaissances et aux marchés, associés à des pratiques de gestion des risques efficaces et adaptés au contexte local, sont donc indispensables au maintien des revenus et des moyens d'existence de ces exploitants. L'évolution des prix effectifs sera par ailleurs à l'image de la volatilité induite par les conséquences des accidents météorologiques, les perturbations des chaînes d'approvisionnement et les tensions géopolitiques.

Les projections de référence présentées dans cette édition des *Perspectives* se fondent sur les données chronologiques disponibles et sur les hypothèses qui ont été formulées sur cette base au sujet de l'évolution du contexte économique, politique, culturel, climatique et technologique au cours de la décennie à venir, tous aspects qui sont incertains. De ce fait, les répercussions probables des dernières évolutions, y compris les inflexions de la politique commerciale et l'incertitude économique accrue, n'ont pas été prises en considération. Si elles devaient persister ou s'accentuer, ces incertitudes pourraient avoir une incidence sur les marchés agricoles mondiaux à moyen terme par le biais de facteurs macroéconomiques tels que l'inflation, les taux de change et les trajectoires de croissance mondiale.

Messages clés

- L'élévation du niveau de vie, en particulier dans les pays à revenu intermédiaire, devrait faire croître de 6 %, sur la prochaine décennie, l'apport quotidien par habitant de calories issues de la viande, des produits laitiers, du poisson ou d'autres produits d'origine animale. Dans les pays à faible revenu, en revanche, cet apport en aliments nutritifs restera faible, avec à peine 143 calories d'ici 2034, soit bien moins que les 300 prévues par la FAO dans son Panier alimentaire sain.
- La production agricole, halieutique et aquacole mondiale devrait progresser de 14 % au cours des dix années à venir, portée principalement par les gains de productivité, dans les pays à revenu intermédiaire notamment. Cette progression de la production, et les changements structurels à l'œuvre dans le secteur, va toutefois de pair avec une extension des cheptels et des surfaces cultivées. Malgré une intensité en baisse grâce à la croissance de la productivité, les émissions de gaz à effet de serre (GES) directement imputables à l'agriculture vont augmenter de 6 %.
- L'analyse de scénario suggère cependant des pistes d'action pour éliminer la sous-alimentation et faire diminuer les émissions directes de GES de l'agriculture de 7 %, par rapport à leur niveau actuel, d'ici 2034. Pour atteindre ce double objectif, il faudrait améliorer de 15 % la productivité agricole et faire adopter largement les technologies de réduction des émissions, tout en atteignant dans le même temps un niveau de production suffisant pour que tout le monde puisse manger à sa faim.
- Compte tenu de la progression de la demande de produits alimentaires et d'aliments pour animaux, et de la distance qui sépare souvent les lieux de production des lieux de consommation, les Perspectives prévoient que 22 % des calories franchiront des frontières internationales au cours des dix années qui viennent. Il ne peut y avoir de circulation efficiente des produits agricoles, halieutiques et aquacoles sans coopération multilatérale ni système commercial fondé sur des règles. Ces cadres vont améliorer non seulement la sécurité alimentaire, mais aussi la durabilité et la résilience face à d'éventuelles ruptures d'approvisionnement.
- Les prix des produits agricoles en termes réels sont attendus en baisse à moyen terme puisque la productivité globale du secteur progresse, si bien que les exploitants, en particulier les plus petits d'entre eux, qui sont les moins productifs, sont mis au défi de s'améliorer sur ce plan. Des progrès durables sur les plans de l'efficience, l'adoption de technologies innovantes, l'accès facilité aux intrants, aux connaissances et aux marchés et des pratiques efficaces de gestion des risques sont indispensables au maintien des revenus et des moyens d'existence des exploitants.

1 Marchés agricoles et alimentaires : tendances et perspectives

Ce chapitre présente les principales conclusions concernant la consommation, la production, les échanges et les prix des principaux produits agricoles, halieutiques et aquacoles couverts par les Perspectives agricoles de l'OCDE et de la FAO, ainsi que l'évolution attendue des principaux indicateurs du secteur au cours de la période 2025-2034. Il présente la synthèse d'un scénario de référence établi pour la prochaine décennie à partir d'hypothèses spécifiques relatives à la situation macroéconomique, à l'évolution de la productivité, à la météorologie, aux préférences des consommateurs ainsi qu'aux politiques agricoles et commerciales. La consommation mondiale de produits agricoles devrait progresser à un rythme moins soutenu au cours des dix prochaines années en raison d'un ralentissement de l'accroissement démographique et de la hausse des revenus, qui s'ajoute à la saturation de la demande alimentaire dans les économies avancées. L'essentiel de la consommation supplémentaire est attendu dans les pays à faible revenu et les pays à revenu intermédiaire, où une population plus urbaine avec un revenu par habitant plus confortable sera relativement plus encline à manger des produits de l'élevage et de la pêche. L'évolution des préférences alimentaires encouragera probablement l'investissement dans l'élevage et l'aquaculture, qui fera croître la production. Par conséquent, la production agricole, aquacole et halieutique mondiale, et en particulier celle de produits d'origine animale, va tirer avec elle les émissions de gaz à effet de serre imputables au secteur. Ce chapitre présente aussi un scénario indiquant comment la combinaison des gains de productivité et l'adoption généralisée de technologies de réduction des émissions pourrait réduire les émissions directes de GES imputables à l'agriculture et mettre un terme à la faim d'ici 2034. Les Perspectives nous montrent combien la coopération multilatérale et le bon fonctionnement des marchés internationaux des produits agricoles sont essentiels à la sécurité alimentaire mondiale et à la subsistance des populations rurales. Les tendances de la demande et de l'offre, telles qu'elles se dégagent des projections, suggèrent une baisse progressive des prix internationaux en termes réels au cours de la prochaine décennie, même si la variation de facteurs environnementaux, sociaux, géopolitiques ou économiques pourrait modifier ce pronostic.

Les *Perspectives agricoles* sont le fruit de la collaboration entre l'Organisation de coopération et de développement économiques (OCDE) et l'Organisation des Nations Unies pour l'alimentation et l'agriculture (FAO). Elles présentent cette année un scénario de référence cohérent de l'évolution des marchés des produits agricoles, halieutiques et aquacoles aux niveaux national, régional et mondial au cours de la période allant de 2025 à 2034.

Les projections de référence reposent sur un ensemble d'éléments communiqués par des experts. Elles reflètent les conditions actuelles des marchés (section 1.1), ainsi que les hypothèses concernant l'évolution de la conjoncture macroéconomique, de la situation démographique et des politiques publiques (section 1.2). Le modèle Aglink-Cosimo de l'OCDE et de la FAO, qui met en relation les différents secteurs et pays couverts par les *Perspectives*, assure une cohérence d'ensemble et un équilibre global entre tous les marchés.

Dans la section 1.6, les présentes *Perspectives* mettent en évidence, à partir d'une analyse de scénario, comment le déploiement à grande échelle de technologies de réduction des émissions de gaz à effet de serre (GES) peut aider à concilier sécurité alimentaire et durabilité.

1.1. Évolution récente des marchés agricoles

Le Graphique 1.1 renseigne sur la situation actuelle des marchés de produits agricoles, qui sert de point de départ à nos projections. Les dates des campagnes de commercialisation n'étant pas les mêmes pour tous les produits, les données sont présentées soit pour l'année 2024, soit pour la campagne 2024-25, selon le cas.

Graphique 1.1. Conditions de marché pour les produits clés

Situation actuelle du marché

Indice de consommation
Moyenne 2015-2024 = 100

Indice des prix réels
Moyenne 2015-2024 = 100

Céréales : les prix internationaux en valeur réelle devraient baisser pour la plupart des céréales en 2024/25 en raison des perspectives de production et d'échanges globalement favorables – en particulier pour le blé et le riz – malgré une contraction de l'offre mondiale de maïs. L'évolution de la demande et des stocks au niveau régional varie selon les cultures, mais le recul global des prix internationaux suggère que le marché mondial des céréales est bien approvisionné.

Oléagineux : les prix mondiaux du soja ont baissé en 2024 et ont continué à se maintenir à leur niveau le plus bas depuis plusieurs années au cours du premier semestre 2025, à la suite de la hausse de 6 % de la production modiale de soja en 2024/25. Par voie de conséquence, les prix des tourteaux protéiques sur les marchés mondiaux ont également diminué. En revanche, ceux des huiles végétales se sont accrus du fait de la concomitance d'une croissance atone de la production d'huile de palme et d'une diminution du concassage des graines de colza et de tournesol.

Sucre : les prix mondiaux du sucre blanc, en valeur réelle, devraient diminuer pour la seconde année consécutive lors de la campagne 2024/25, pour se situer en dessous de la moyenne des dix dernières années. Selon les projections, la consommation mondiale de sucre continuera à augmenter au cours de la prochaine décennie, quoiqu'à un rythme plus modéré.

Viande : en 2024, les prix mondiaux de la viande ont légèrement progressé sous l'effet d'une forte demande d'importations, partiellement contrebalancée par une augmentation des disponibilités à l'exportation de la part de certains paus exportateurs de viande. La consommation mondiale a enregistré une légère hausse, principalement en raison de la hausse de la demande de volaille et de bœuf, partiellement compensée par une baisse de la consommation de viande porcine et ovine. Rapportée au nombre d'habitants, la consommation de viande s'est accrue dans toutes les régions sauf l'Afrique, avec des augmentations notables enregistrées dans les économies développées, dans un contexte d'offre intérieure limitée.

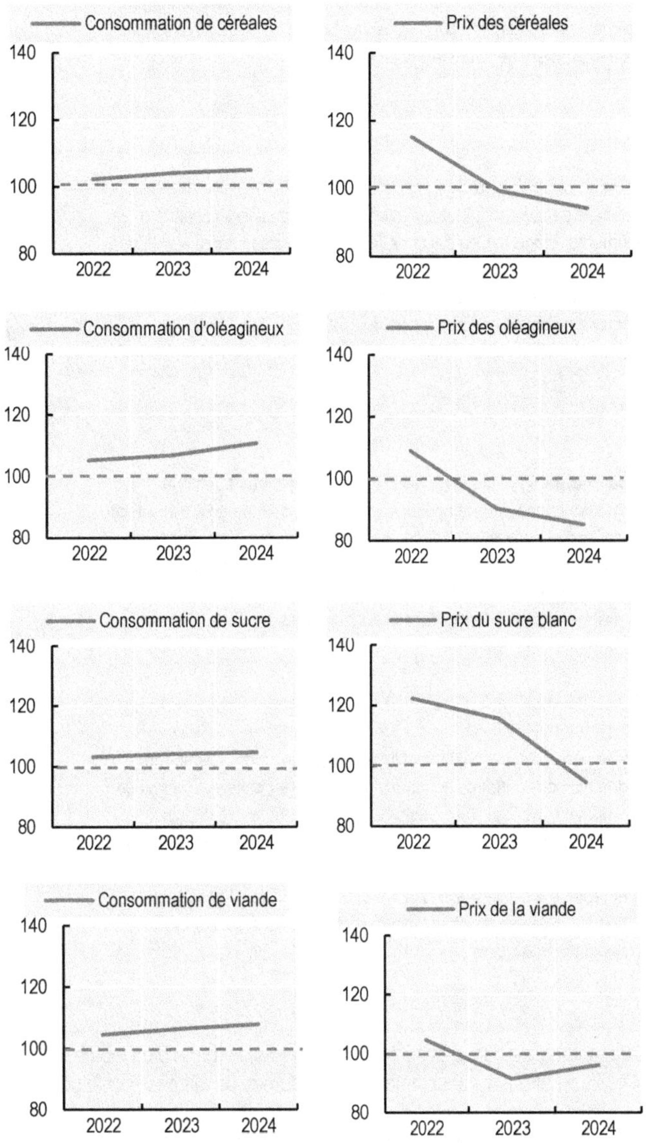

Produits laitiers : en 2024, les prix des produits laitiers ont augmenté dans le sillage de ceux du beurre, qui ont atteint un nouveau record sur les marchés internationaux. Les évolutions de la production et de la consommation au niveau mondial sont conduites par l'Inde et le Pakistan, où une croissance intérieure de 3 % s'est poursuivie en 2024. Les produits laitiers représentent sinon une faible part des échanges internationaux, lesquels ont accusé une baisse en 2024 en raison de l'affaiblissement de la demande en Chine.

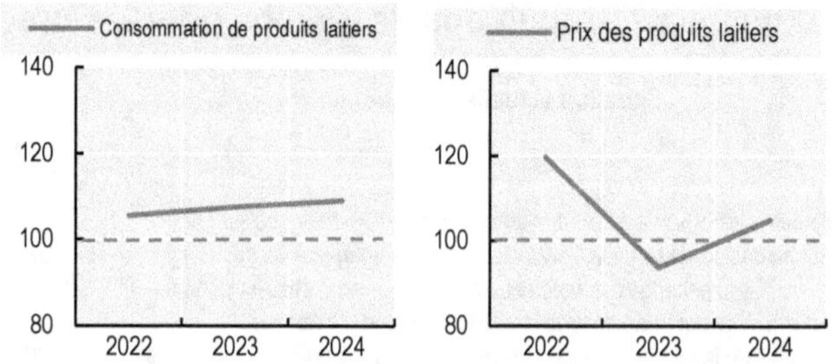

Poisson et autres produits aquatiques : en 2024, la consommation mondiale de ces produits pour l'alimentation humaine a continué à augmenter progressivement sous l'effet des hausses enregistrées dans la plupart des régions. Les prix mondiaux ont fléchi en 2024 pour la seconde année consécutive, confirmant ainsi une tendance à la baisse amorcée après les niveaux record de 2022.

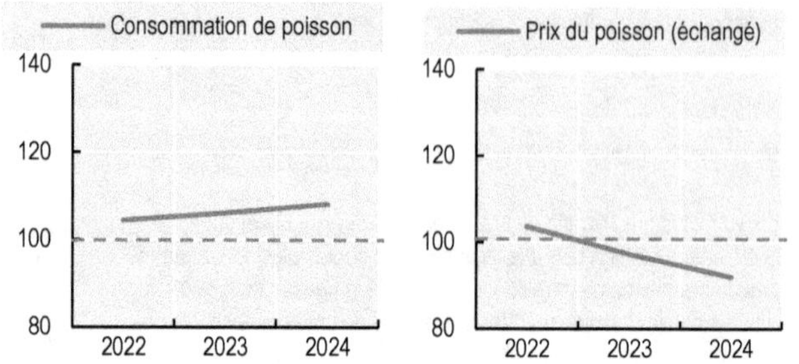

Biocarburants : la consommation mondiale de biocarburants a progressé de manière régulière, à une allure moyenne de 3.5 % par an au cours de la précédente décennie. Cette tendance s'est poursuivie en 2024, les prix continuant à diminuer en raison du fléchissement des prix du pétrole brut et des matières premières, des politiques fiscales favorables et des fortes incitations économiques.

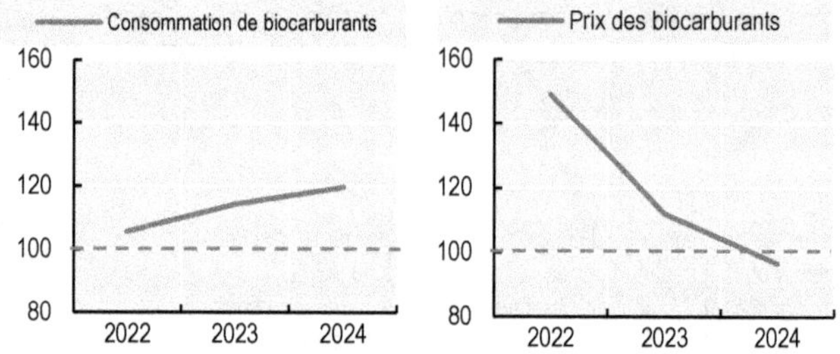

Coton : en 2024, la consommation mondiale de coton a légèrement augmenté sous l'effet de son utilisation accrue en Inde, au Bangladesh, en Türkiye et au Viet Nam. Les prix mondiaux ont reculé depuis le deuxième trimestre 2024, principalement en raison des perspectives d'embellie de la production. La production mondiale de coton est en effet repartie à la hausse en 2024, de fortes augmentations étant attendues dans les principaux pays producteurs que sont la Chine, le Brésil et les États-Unis.

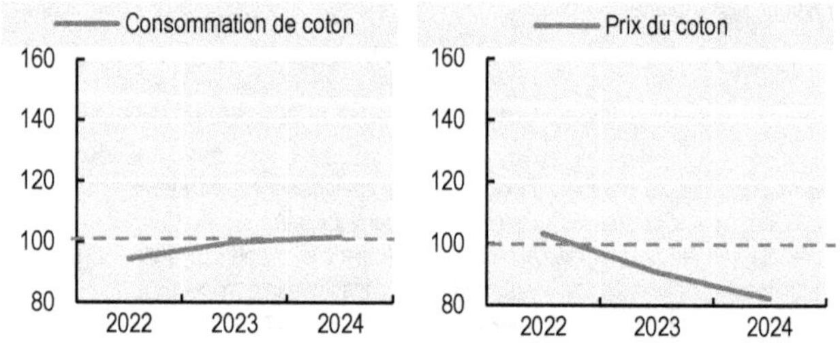

Note : toutes les données sont exprimées sous la forme d'un indice dont la base 100 correspond à la moyenne des dix dernières années (2015-24). On entend par consommation les volumes de la consommation mondiale. Les indices de prix sont pondérés par la valeur moyenne de la production mondiale sur les dix dernières années, calculée à l'aide des prix internationaux en valeur réelle. On trouvera davantage d'informations sur la situation des différents marchés et leur évolution dans les chapitres consacrés aux produits correspondants.
Source : OCDE/FAO (2025), « Perspectives agricoles de l'OCDE et de la FAO », Statistiques agricoles de l'OCDE (base de données), http://data-explorer.oecd.org/s/1hc.

StatLink https://stat.link/rasbdm

1.2. Tendances macroéconomiques ou politiques attendues qui auront une incidence sur les marchés agricoles

Le présent scénario de référence ayant servi à établir les projections pour la période 2025-2034 s'appuie sur la connaissance approfondie des produits, des politiques publiques et des pays que possèdent l'OCDE et la FAO, ainsi que sur les contributions apportées par les pays membres et les organisations internationales spécialisées dans les produits. Les projections de référence considérées dans le présent chapitre reposent sur les données connues et les politiques en place au mois de décembre 2024. Il y a lieu de penser que les tendances macroéconomiques ci-après auront une incidence sur l'évolution des marchés agricoles au cours des dix années à venir.

Encadré 1.1. Établissement du scénario de référence de l'OCDE et de la FAO et prise en compte de l'incertitude

Établissement du scénario de référence

Depuis 2004, l'OCDE et la FAO publient conjointement chaque année les *Perspectives agricoles*, qui fournissent des projections transparentes et plausibles pour les dix années à venir, établies par consensus entre les diverses parties prenantes. Ces projections servent de scénario de référence pour évaluer les effets de la réorientation des politiques et envisager d'autres scénarios possibles. La démarche suivie pour établir ces projections est ajustée en permanence pour répondre à l'évolution des exigences et de la conjoncture, tout en restant fidèle à un certain nombre de principes destinés à limiter le caractère subjectif des hypothèses émises.

L'OCDE réunit des données et projections sur les marchés agricoles à l'aide de questionnaires adressés aux pays, dans lesquels elle prend en considération la situation économique et le cadre réglementaire de chacun. La FAO fait appel à sa capacité institutionnelle et à son expertise pour générer les projections de référence. Ces deux processus comportent de multiples étapes (gestion de bases de données, modélisation, analyse après modélisation) qui s'échelonnent sur plusieurs mois.

Une validation rigoureuse à plusieurs niveaux garantit la qualité de ce travail conjoint. Les projections et conclusions sont examinées par le Groupe des marchés de produits de l'OCDE et par des spécialistes des produits agricoles de la FAO, l'approbation définitive du texte revenant au Groupe de travail de l'OCDE des politiques et des marchés agricoles et au cabinet de l'Économiste en chef de la FAO. Ce processus établi garantit un scénario de référence plausible et transparent qui permet de brosser des perspectives agricoles à moyen terme faisant largement consensus. On trouvera davantage de précisions sur le cadre méthodologique et le processus de validation dans l'Annexe B.

Incertitudes entourant le scénario de référence

Les projections de référence présentées dans cette édition des *Perspectives* reposent sur les données connues et politiques en vigueur en décembre 2024 et sur les hypothèses qui ont pu être établies sur cette base. Les faits nouveaux survenus après cette date – qu'ils soient d'ordre politique, économique, environnemental ou technologique – n'ont pas été pris en considération.

L'actualité géopolitique a ajouté à l'incertitude entourant, à court terme, les relations commerciales internationales, la coopération réglementaire et les efforts mondiaux en faveur de la durabilité. L'évolution de la conjoncture sera suivie de près pour déterminer si elle est susceptible de donner lieu à des changements structurels qui auront une incidence significative sur les projections à moyen terme. La nature, l'ampleur et la persistance de ces changements étant mal connues, il a été décidé de conserver dans le présent rapport les projections de référence établies initialement. Si les principaux déterminants des marchés agricoles et les hypothèses les concernant venaient à s'écarter systématiquement des hypothèses retenues, les conséquences potentielles de cette divergence feraient l'objet d'une analyse dans le cadre de simulations de scénarios.

1.2.1. Le ralentissement de la croissance démographique mondiale, avec ses contrastes régionaux

La croissance démographique mondiale[1] devrait ralentir considérablement : il y aura en effet quelque 729 millions d'humains supplémentaires à l'horizon 2034, qui porteront la population totale à 8.8 milliards de personnes, soit une progression moyenne de 0.8 % par an au cours de la prochaine décennie, contre 1.0 % par an au cours de la décennie précédente (Graphique 1.2). On peut s'attendre à voir la croissance de la demande alimentaire mondiale ralentir elle aussi par contrecoup. Ce sont toutefois les dynamiques démographiques locales qui détermineront, dans chaque région, l'évolution future de cette demande. L'Inde confortera sa position de pays le plus peuplé du monde (depuis 2023) : avec un accroissement annuel de 0.8 %, sa population devrait représenter 17.9 % de la population mondiale en 2034. L'Afrique subsaharienne connaîtra la croissance démographique la plus soutenue (2.3 % par an) et abritera 17.5 % de l'humanité d'ici la fin de la période de projection. La région Proche-Orient et Afrique du Nord, si elle arrivera en deuxième position pour ce qui est du dynamisme démographique (1.6 % par an), ne comptera que 6.3 % de la population mondiale à la même échéance.

La République populaire de Chine (ci-après « la Chine ») devrait au contraire voir sa population diminuer progressivement, de 0.3 % par an, au cours de la prochaine décennie. Elle n'en demeurera pas moins le deuxième pays le plus peuplé au monde, avec 15.7 % de la population totale, à l'horizon 2034. La population de l'Amérique latine et des Caraïbes, ainsi que celle de l'Amérique du Nord, devrait gagner 0.5 % par an, tandis que celle de l'Europe et de l'Asie centrale restera stable.

Graphique 1.2. Taux de croissance annuelle du PIB par habitant et de la population

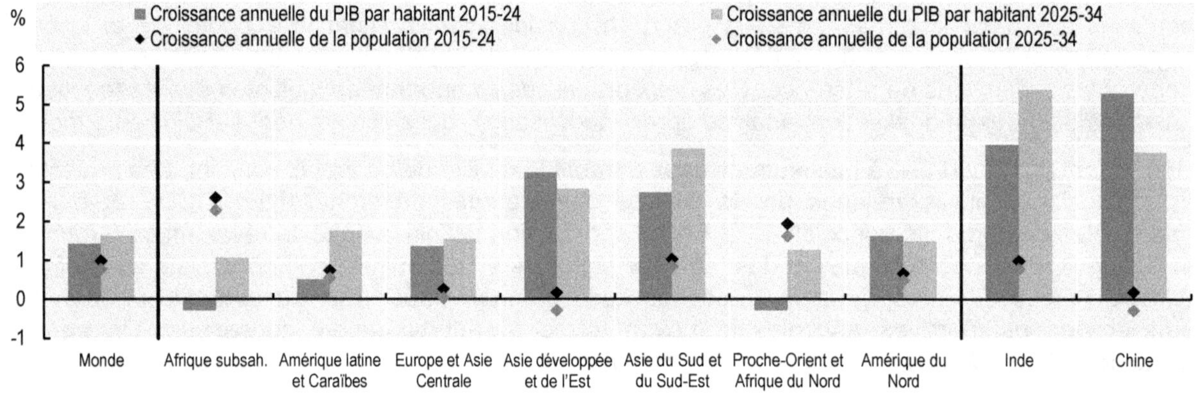

Note : le PIB de chaque région est calculé avec une pondération fondée sur les taux de change et non pas sur les parités de pouvoir d'achat (PPA).
Source : OCDE/FAO (2025), « Perspectives agricoles de l'OCDE et de la FAO », Statistiques agricoles de l'OCDE (base de données), http://data-explorer.oecd.org/s/1hc.

1.2.2. La stabilité de la croissance économique mondiale

Le revenu par habitant[2], exprimé en dollar des États-Unis (USD) constants, devrait progresser au rythme moyen de 1.6 % par an au cours de la prochaine décennie. Cette progression sera portée avant tout par les économies émergentes et en développement d'Asie, dont l'Inde qui verra sa croissance annuelle bondir à 5.4 % (contre 4 % au cours des dix années précédentes) et la Chine verra la sienne s'établir à 3.8 % avec son entrée dans une phase de maturité économique. Ces pays à revenu intermédiaire vont conforter leur position de grands moteurs de la demande mondiale de produits agricoles. L'Amérique latine devrait elle aussi faire mieux que la moyenne mondiale, grâce à ses principales économies qui porteront le taux de croissance régional à 1.8 % par an.

En ce qui concerne les économies avancées, une légère accélération s'annonce en Europe et en Asie centrale, tandis que c'est un ralentissement qui se profile en Amérique du Nord, le rythme de croissance du revenu dans les deux régions étant attendu à 1.5 % par an, en moyenne, au cours des dix prochaines années. Les projections indiquent que le revenu par habitant devrait connaître une progression inférieure à la moyenne mondiale en Afrique subsaharienne (1.1 % par an) ainsi que dans la région Proche-Orient et Afrique du Nord (1.3 % par an).

1.2.3. Le recul des prix de l'énergie à la faveur du fléchissement de la demande de combustibles fossiles

D'après l'Agence internationale de l'énergie (AIE) (AIE, 2024[1]), la demande de combustibles fossiles devrait ralentir, atteignant un pic avant 2030, en raison des gains d'efficience énergétique, de l'électrification des véhicules et du déploiement rapide des énergies renouvelables. Il pourrait s'ensuivre un nouveau tassement des prix internationaux de l'énergie.

Le cours de référence du pétrole utilisé dans les *Perspectives*, qui a atteint son plus haut, à 101 USD/baril, en 2022, s'est replié à 80 USD/baril en 2024 et, selon les projections, poursuivra ce repli pour atteindre 73 USD/baril en 2025. On considère, aux fins des *Perspectives*, qu'il devrait rester stable, en termes réels, tout au long de la période de projection. De ce fait, les prix des engrais, qui ont bondi en 2022, poursuivraient leur recul et se stabiliseraient, en termes réels, pour toute la durée de la prochaine décennie.

1.2.4. Les politiques en vigueur continuent de s'appliquer dans le scénario de référence

L'action publique tenant un rôle important sur les marchés agricoles, ceux des biocarburants et ceux des produits halieutiques et aquacoles, les réformes dont elle fait l'objet y entraînent généralement des modifications d'ordre structurel. Les *Perspectives* reposent sur l'hypothèse que les dispositions en vigueur continueront de s'appliquer et qu'aucune nouvelle mesure ne sera promulguée. Seuls les accords de libre-échange ratifiés avant la fin du mois de décembre 2024 sont pris en compte dans la publication.

1.2.5. Les projections sont affectées d'une incertitude considérable

Les perspectives des marchés des produits agricoles sont soumises à différents facteurs d'incertitude – environnementaux, sociaux, géopolitiques et économiques, notamment – susceptibles de créer des écarts par rapport aux projections de référence.

Les conflits en cours rappellent que des risques pèsent encore sur la sécurité énergétique, qui menacent directement la production. Bien que les effets immédiats de la crise énergétique mondiale aient commencé à s'atténuer dès 2023, on ne peut exclure de nouvelles perturbations sachant combien le secteur agroalimentaire est dépendant de l'énergie. Le renchérissement des intrants, et en particulier de l'énergie produite à partir de combustibles fossiles, a fait bondir le prix des aliments et porté à leur paroxysme les inquiétudes pour la sécurité alimentaire mondiale. L'analyse de scénario développée dans l'édition 2023 des *Perspectives* avait montré que l'augmentation du prix des engrais de synthèse pouvait avoir à elle seule une incidence significative sur les prix alimentaires. L'Encadré 1.1 permet de pousser plus loin l'analyse de ces incertitudes liées aux intrants àla lumière de récents travaux d'analyse de scénario consacrés aux marchés des engrais de synthèse et à l'action menée par les pouvoirs publics dans l'OCDE.

Encadré 1.2. Les dynamiques croisées des marchés des engrais de synthèse, des politiques publiques et des marchés agricoles

Les conditions qui prévalent sur les marchés des engrais de synthèse, et qui déterminent l'application de ces engrais avec des conséquences directes sur les rendements, ont de vastes répercussions sur les systèmes alimentaires, la stabilité macroéconomique et l'environnement. Ces marchés sont très concentrés et étroitement liés à ceux de l'énergie, ce qui les rend très sensibles aux chocs et aux ruptures d'approvisionnement. De nombreux pays offrent des subventions afin d'encourager des pratiques agricoles faisant appel aux engrais pour garantir leur sécurité alimentaire et soutenir le niveau de vie des exploitants.

À l'aide du modèle d'équilibre partiel Aglink-Cosimo, un récent rapport de l'OCDE permet de mieux comprendre les relations complexes entre les marchés des engrais, les politiques relatives aux engrais de synthèse et leurs répercussions sur les marchés agricoles, la sécurité alimentaire et la durabilité environnementale à moyen terme (Adenäuer, Laget et Cluff, 2024[2]). Ce rapport présente deux analyses de scénario distinctes : l'une étudiant l'hypothèse de pénuries d'engrais et l'autre celle d'une suppression des subventions à l'utilisation d'engrais en Inde.

Le premier scénario, celui d'une diminution de 20 % de l'offre d'azote (N), de phosphore (P) et de potassium (K), en 2025 seulement dans un premier temps, puis en 2025 et 2026, répond à la préoccupation majeure de pénurie d'approvisionnement. On peut considérer que cette pénurie entraînerait une augmentation des coûts de production marginaux semblable au choc de prix observé en 2022. Les pénuries d'engrais sont une sérieuse préoccupation pour de nombreux pays non seulement depuis le début de la guerre entre la Russie et l'Ukraine, mais aussi, et de manière plus générale, en raison des incertitudes géopolitiques qui pèsent sur les échanges mondiaux et sur les marchés des produits de base.

Dans le scénario étudié, il apparaît que les stocks existants peuvent, dans une certaine mesure, atténuer les conséquences immédiates sur les rendements. Cependant, une pénurie qui s'installerait pourrait nuire durablement au secteur agricole. Si modeste soit-elle, une diminution des rendements occasionnerait d'importantes baisses de la production qui feraient enfler les prix alimentaires. Le Graphique 1.3 montre que, dans le cas où les trois engrais de synthèse viendraient à manquer au cours d'une même année (courbe grise), l'indice FAO des prix des produits alimentaires pourrait augmenter de 6 % entre 2025 et 2028. Par contraste, la survenue de deux chocs consécutifs (courbe verte) entraînerait une hausse des prix plus nette, pouvant aller jusqu'à 13 %, sur la même période.

Le second scénario, qui prend pour hypothèse une suppression, par l'Inde, des subventions en faveur des engrais de synthèse, donne à penser qu'une telle décision entraînerait une diminution rapide de la consommation de ces produits au niveau national, et par voie de conséquence une baisse de la production et des exportations agricoles, qui coïnciderait avec une augmentation des importations. La baisse des prix de l'azote et la hausse des cours du riz, lié à la place particulière de l'Inde à la fois en tant que consommateur d'azote et en tant que producteur de riz, n'auraient qu'une incidence limitée sur les prix alimentaires mondiaux et leur effet sur la sécurité alimentaire serait négligeable.

Le scénario étudié donne à penser que les émissions de gaz à effet de serre de l'agriculture diminueraient considérablement, de l'ordre de 7 Mt éq. CO_2, sous l'effet de la baisse notable de l'épandage d'engrais en Inde, baisse que ne compenserait pas la hausse modérée de la consommation dans le reste du monde. Il met ainsi en lumière le lien essentiel qui unit les politiques nationales aux objectifs mondiaux de durabilité environnementale.

Graphique 1.3. Impact des chocs sur l'approvisionnement en engrais sur les prix alimentaires (indice des prix alimentaires de la FAO)

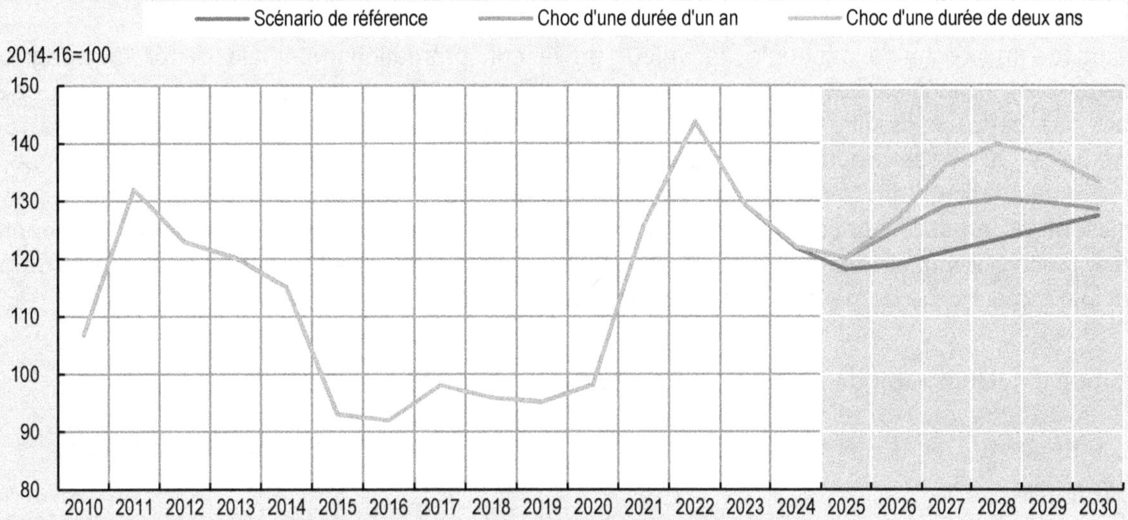

Source : simulations établies à l'aide du modèle Aglink-Cosimo (Adenäuer, Laget et Cluff, 2024[3]).

Les inflexions de la politique extérieure des États-Unis après le mois de décembre 2024, au cours duquel ont été arrêtées les hypothèses de travail, ajoutent une certaine incertitude aux projections de référence actuelles, en particulier en ce qui concerne les échanges internationaux, l'aide alimentaire et les initiatives internationales en faveur de la durabilité.

La hausse des températures, la modification du régime des précipitations, les perturbations subies par les services écosystémiques et la multiplication des phénomènes météorologiques extrêmes ont une incidence de plus en plus marquée sur l'évolution des rendements. Tandis que certaines régions pourraient profiter de périodes végétatives plus longues, d'autres deviennent moins propices à la culture. On part du principe que les exploitants vont s'adapter en modifiant les calendriers de plantation, en diversifiant les cultures et en adoptant des stratégies de lutte intégrée contre les ravageurs. Cependant leur capacité d'adaptation n'est pas identique dans toutes les régions. Dans ce contexte, les échanges internationaux jouent un rôle stabilisateur essentiel. À travers le transfert des produits alimentaires des régions excédentaires vers les régions déficitaires, ils permettent d'amortir les chocs frappant la production locale et stabilisent ainsi l'offre et les prix (Adenäuer, Frezal et Chatzopoulos, 2023[4]).

Les risques sanitaires et phytosanitaires (SPS), et en particulier les épizooties, sont une importante source d'incertitude en ce qui concerne les échanges de produits d'origine animale. Les poussées épizootiques affectant des espèces dont le cheptel se renouvelle rapidement, comme la grippe aviaire, seront relativement vite résorbées et leurs conséquences à long terme seront minimes. À l'inverse, celles qui frappent le bétail dont le cycle de vie est plus long, comme la fièvre aphteuse chez les bovins, peuvent entraîner des restrictions commerciales et avoir de graves répercussions économiques en raison de l'abattage systématique des troupeaux contaminés et de la longueur du processus à suivre pour qu'un élevage soit à nouveau considéré comme indemne.

1.3. Consommation : projections d'évolution pour 2025-2034

1.3.1. Les économies émergentes soutiennent la croissance de la consommation de produits agricoles

Au cours de la prochaine décennie, la valeur de la consommation mondiale de produits agricoles, halieutiques et aquacoles devrait progresser de 13 %, en USD constants, entre maintenant et 2034, sachant que cette croissance interviendra pour l'essentiel dans les pays à faible revenu et à revenu intermédiaire, Où elle sera portée principalement par la présence d'une population plus nombreuse, plus aisée et plus citadine. Le Graphique 1.4 donne à voir comment les pays, selon leur niveau de revenu, répartissent les produits agricoles, halieutiques et aquacoles entre alimentation humaine, alimentation animale, biocarburants et autres utilisations industrielles. Il apparaît que l'alimentation humaine demeure le principal moteur de la demande agricole à l'échelle mondiale.

Graphique 1.4. Utilisation de produits agricoles par type et par catégorie de revenu

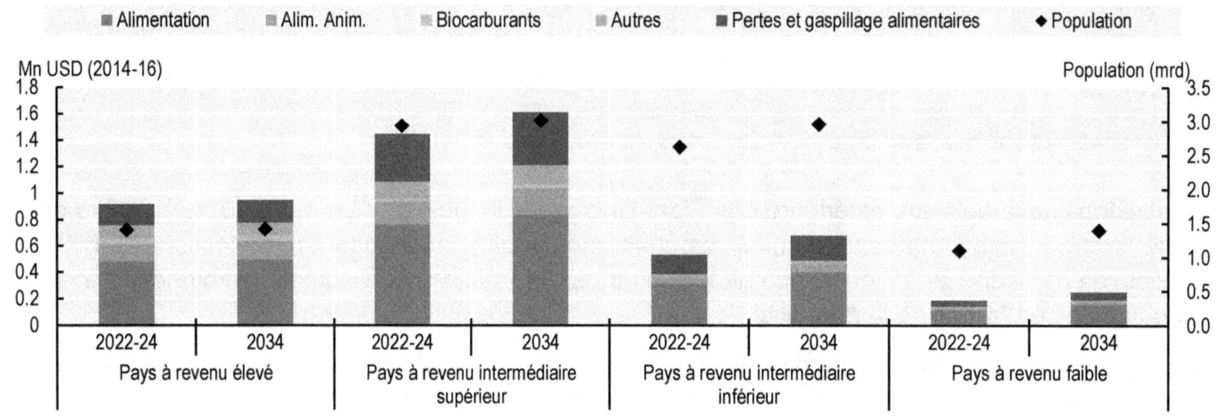

Note : les valeurs sont exprimées en USD constants de 2014-16.
Source : OCDE/FAO (2025), « Perspectives agricoles de l'OCDE et de la FAO », Statistiques agricoles de l'OCDE (base de données), http://data-explorer.oecd.org/s/1hc.

L'Inde et les pays d'Asie du Sud-Est, qui assurent l'essentiel de la croissance observée parmi les pays à revenu intermédiaire de la tranche inférieure, devraient compter pour 39 % de la consommation supplémentaire à l'horizon 2034, contre 32 % au cours des dix dernières années. La croissance démographique, l'augmentation du revenu et l'urbanisation dans la région vont sans doute soutenir la demande d'aliments de base et de produits d'origine animale, et par la même l'utilisation d'une quantité plus importante de produits agricoles pour l'alimentation humaine et animale.

À l'inverse, la Chine, qui a été l'un des principaux moteurs de la demande mondiale au cours de la décennie écoulée ne devrait contribuer qu'à hauteur de 13 % à la croissance de la consommation d'ici 2034, contre 32 % auparavant. Il faut y voir la conséquence du déclin de sa population, d'un moindre accroissement du revenu disponible et de la stabilisation des habitudes alimentaires.

Une forte croissance de la consommation est attendue dans les pays à faible revenu également, en particulier en Afrique subsaharienne qui devrait compter pour 14 % de la consommation supplémentaire de produits agricoles au cours de la décennie à venir. Si la progression du revenu disponible des ménages de la région devrait être moindre qu'en Asie, l'augmentation rapide de la population y suscitera une demande soutenue, en particulier en ce qui concerne les cultures de base.

L'alimentation humaine reste l'utilisation principale des produits agricoles. Dans les pays à revenu intermédiaire de la tranche supérieure, les projections indiquent que l'utilisation de ces produits pour les besoins de l'alimentation animale progressera environ 1.7 fois plus vite que leur utilisation dans le cadre de l'alimentation humaine, en raison d'une demande d'aliments d'origine animale orientée à la hausse. Dans les pays à faible revenu, elle ne progressera toutefois que 1.1 fois plus vite, signe que ces pays continuent de dépendre des aliments de base pour répondre à leurs besoins nutritionnels élémentaires et assurer leur sécurité alimentaire.

1.3.2. Avec l'élévation du niveau de revenu, la consommation dans les pays à faible revenu et à revenu intermédiaire devrait inclure une plus large part de produits animaux et de produits halieutiques et aquacoles

L'apport calorique par jour et par habitant (mesuré par la consommation alimentaire[3] réduite de l'estimation des déchets produits par les ménages) devrait augmenter principalement dans les pays à revenu intermédiaire de la tranche inférieure ainsi que dans ceux de la tranche supérieure, où une stabilisation de l'apport calorique total est attendue vers la fin de la décennie (Graphique 1.5). Dans les pays à faible revenu, la progression du revenu disponible des ménages est trop modeste pour que la consommation alimentaire augmente autant que dans les pays à revenu intermédiaire. Dans les économies à revenu élevé, l'apport en calories n'augmentera qu'à la marge, car le point de saturation est désormais atteint.

Graphique 1.5. Part des différents groupes d'aliments dans la ration calorique totale par jour et par habitant

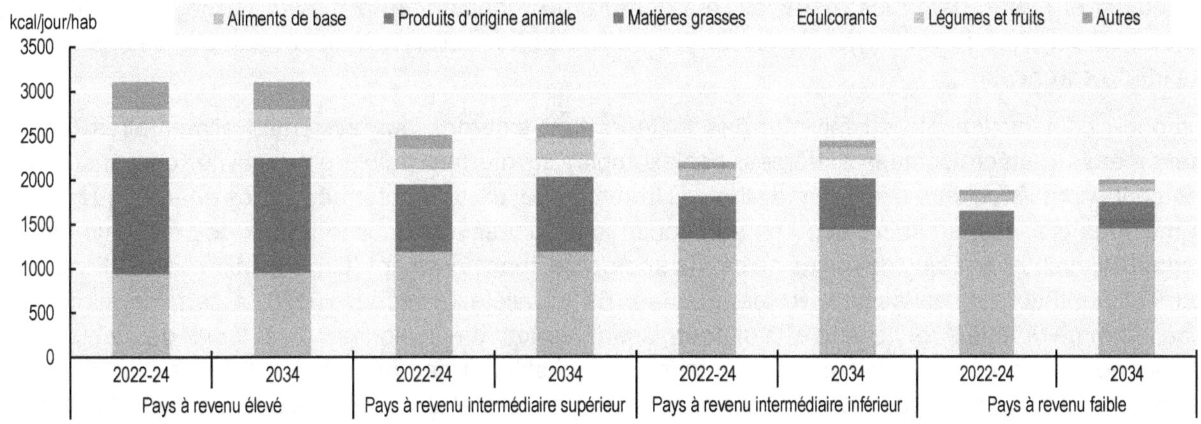

Note : les estimations sont fondées sur les séries chronologiques de l'offre alimentaire provenant de la base de données FAOSTAT relative aux bilans alimentaires qui sont complétées à l'aide de la base de données élaborée pour les besoins des Perspectives et ajustées pour tenir compte des estimations des pertes de distribution et des gaspillages ménagers. Les données relatives aux produits non étudiés dans les Perspectives ont été obtenues par extrapolation. Les aliments de base sont les céréales, les racines et tubercules et les légumineuses. Les produits d'origine animale sont la viande, les produits laitiers (à l'exception du beurre), les œufs et le poisson et autres produits aquatiques. Les matières grasses sont le beurre et les huiles végétales. Les édulcorants sont le sucre et l'isoglucose. La catégorie « Autres » comprend les autres produits végétaux et animaux.
Source : OCDE/FAO (2025), « Perspectives agricoles de l'OCDE et de la FAO », Statistiques agricoles de l'OCDE (base de données), http://data-explorer.oecd.org/s/1hc.

Avec la progression des revenus à moyen terme, le régime alimentaire dans les pays à faible revenu et dans les pays à revenu intermédiaire devrait intégrer une portion plus importante de produits d'origine animale. À l'inverse, aucune évolution fondamentale n'est observée pour l'heure ni attendue dans les pays à revenu élevé, en particulier en ce qui concerne la consommation de viande. Même s'ils sont de mieux en mieux connus et disponibles en plus grande quantité, les substituts de viande d'origine végétale ne représentent encore qu'une faible partie de la consommation alimentaire totale. Qui plus est, les tendances récentes donnent à penser qu'une diminution de la consommation de viande dépend bien davantage de la fluctuation des prix que d'une évolution durable et délibérée des habitudes alimentaires. Par conséquent, il y a peu de chances que ces habitudes changent à court terme dans les économies à revenu élevé, mais des ajustements plus significatifs pourraient avoir lieu à plus longue échéance en raison de l'évolution des préférences générationnelles.

L'augmentation attendue de la consommation de produits d'origine animale est particulièrement forte dans les pays à revenu intermédiaire de la tranche inférieure, puisque l'apport quotidien de produits animaux, halieutiques et aquacoles par personne devrait y progresser d'environ 25 %, en moyenne. Cette progression est une bonne nouvelle sur le plan nutritionnel : ces pays, en effet, devraient franchir ainsi le seuil des 300 kcal/jour issues d'aliments d'origine animale riches en nutriments qui a été fixé par la FAO, dans son Panier alimentaire sain[4], pour calculer le coût et l'accessibilité financière d'un régime bon pour la santé (Herforth et al., 2022[5]).

Pour les pays à faible revenu, en revanche, il sera encore très difficile de s'aligner sur les préconisations alimentaires mondiales. D'ici 2034, en effet, la ration individuelle d'aliments d'origine animale riches en nutriments ne devrait être que de 143 kcal/jour, bien loin, donc, du minimum visé par le Panier alimentaire sain. La lenteur avec laquelle les produits animaux, halieutiques et aquacoles – riches en protéines et micronutriments essentiels à la croissance et au développement – entrent dans le régime alimentaire montre que la malnutrition, sous toutes ses formes, est encore loin d'être éradiquée (FAO, 2023[6] ; FAO, 2024[7]).

Les projections des habitudes de consommation sont établies à l'échelle régionale, et il importe donc de bien garder à l'esprit qu'elles dissimulent une répartition inégale des nutriments entre les pays, à l'intérieur de ceux-ci et même parmi les ménages, qui perdurera probablement à moyen terme. Même dans les régions ou pays où la ration moyenne semble satisfaisante, certains consommateurs peuvent encore souffrir de carences.

Il importe de tenir compte du fait que des facteurs tant externes aux systèmes alimentaires (conflits, phénomènes météorologiques extrêmes, par exemple) qu'internes (faible productivité, offre insuffisante d'aliments nutritifs ou offre excessive d'aliments bon marché, ultra-transformés et très énergétiques, riches en matières grasses, en sucre et/ou en sel) continuent de tirer à la hausse le prix des aliments nutritifs, rendant l'alimentation saine de moins en moins abordable financièrement (Organisation des Nations Unies pour l'alimentation et l'agriculture, Rome, 2024[8]). En parallèle, le recours accru à certains aliments de base, comme le maïs et le sucre, qui fournissent certes des calories, mais sont de faible valeur nutritionnelle, aggrave les carences alimentaires en substituant ces aliments à d'autres plus nutritifs et accroît l'apport calorique sans fournir pour autant de vitamines et de minéraux et essentiels (FAO, FIDA, OMS, PAM et UNICEF, 2019[9] ; FAO, FIDA, OMS, PAM et UNICEF, 2020[10]).

Dans les pays à revenu élevé, les projections de la consommation tiennent compte de la lente évolution des préférences alimentaires et des nouvelles préoccupations d'ordre sanitaire, accentuées par les mesures visant à prévenir l'excès de gras et d'édulcorants caloriques. Par conséquent, la consommation par personne d'aliments gras et d'édulcorants devrait diminuer au profit d'aliments plus riches en nutriments, comme la volaille, le poisson et autres produits aquatiques, les fruits et les légumes. L'engouement des consommateurs pour la volaille et la viande porcine au détriment de la viande bovine tient à la fois à des considérations sanitaires et à l'écart de prix entre les premières et la seconde.

Graphique 1.6. Aliments d'origine animale dans l'apport alimentaire total

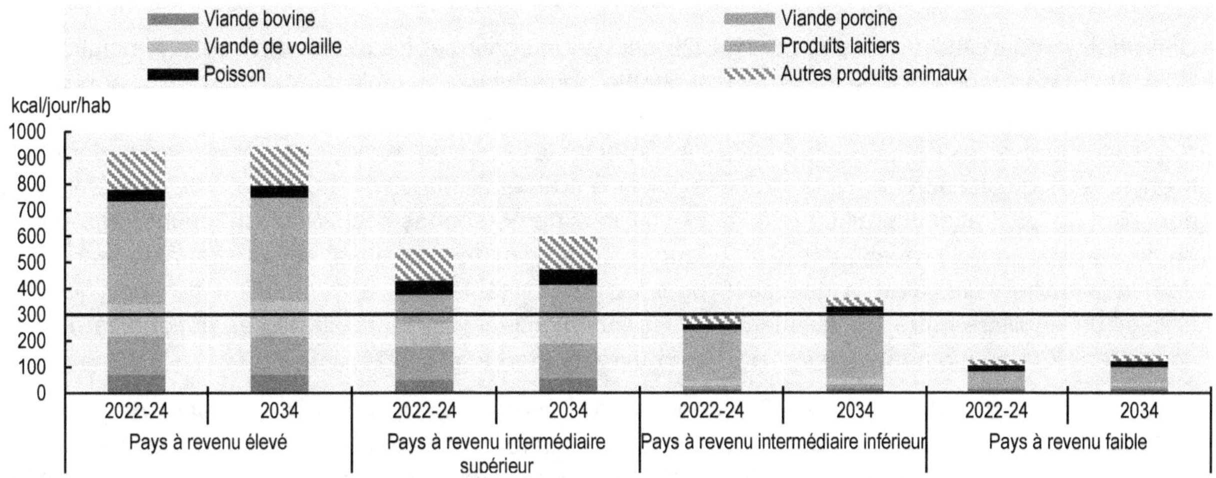

Note : ces estimations sont fondées sur des séries chronologiques provenant de la base de données de FAOSTAT relative aux bilans alimentaires et complétées à l'aide de la base de données élaborée pour les besoins des Perspectives. La catégorie « Autres produits animaux » inclut la viande ovine, les œufs et d'autres produits non examinés dans les Perspectives pour lesquels les estimations sont extrapolées à partir des tendances.

Source : OCDE/FAO (2025), « Perspectives agricoles de l'OCDE et de la FAO », Statistiques agricoles de l'OCDE (base de données), http://data-explorer.oecd.org/s/1hc.

L'édition 2024 des *Perspectives* a permis de montrer que la lutte contre les pertes et le gaspillage alimentaires (PGA) formait une part essentielle de la solution à mettre en place pour assurer la sécurité alimentaire et améliorer la nutrition d'une population mondiale croissante et renforcer la durabilité environnementale. Dans une analyse de scénario développée dans cette même édition, il était estimé que diminuer de moitié les pertes et gaspillages alimentaires d'ici 2030 pourrait réduire le nombre de personnes sous-alimentées de 153 millions[5].

Avec le rapport intitulé *Beyond Food Loss and Waste Reduction Targets* (OCDE, 2025[11]) et les études de cas s'y rapportant, consacrées à l'Australie (OCDE, 2025[12]), à la France (OCDE, 2025[13]) et au Japon (OCDE, 2024[14]), l'OCDE offre une vue d'ensemble, à l'échelle internationale, de l'environnement réglementaire relatif aux pertes et gaspillages alimentaires. Elle s'est appuyée à cet effet sur les données qu'elle avait recueillies auprès des représentants de 42 ministères nationaux et de la Commission européenne afin d'étayer les échanges entre les pays et de hâter l'introduction, dans ce domaine, de mesures plus efficaces, fondées sur des éléments probants et adaptées au contexte (Encadré 1.3).

Encadré 1.3. Environnement réglementaire relatif aux pertes et gaspillage alimentaires à l'échelle internationale : principaux éclairages issus du rapport *Beyond Food Loss and Waste reduction Targets*, publié en 2025 par l'OCDE

En 2011, la FAO a publié ses premières estimations des pertes et du gaspillage alimentaires, dont il ressortait que 30 % environ de l'ensemble des denrées alimentaires produites étaient perdus ou gâchés (FAO, 2011[15]). Depuis, la nécessité de lutter contre les pertes et gaspillage alimentaires (PGA) a été largement relayée à l'échelle internationale. Les pays se sont engagés à atteindre les Objectifs de développement durable à l'horizon 2030 qui ont été adoptés en 2015. Certains d'entre eux se sont fixé, en matière de lutte contre les PGA, des objectifs plus ambitieux encore que ceux auxquels ils ont souscrit sur la scène internationale. La France, par exemple, entend faire diminuer de moitié les PGA le long de toutes les chaînes d'approvisionnement d'ici 2030, en commençant par la distribution et la restauration collective, où ce doit être chose faite en 2025.

Une analyse quantitative réalisée par l'OCDE est venue confirmer dernièrement que la diminution des PGA était une étape nécessaire et indispensable pour relever le triple défi consistant à nourrir une population toujours plus nombreuse, préserver les moyens de subsistance des ménages ruraux et réduire les émissions de GES, de manière à respecter les engagements pris en faveur de la durabilité. Il en ressort qu'atteindre la cible 12.3 des ODD entraînerait une diminution de 4 % des émissions agricoles de GES et sauverait de la faim 137 millions de personnes d'ici 2030[6]. Il apparaît également, en contrepoint, que le revenu des agriculteurs pourrait diminuer lui aussi sous l'effet d'un recul de la demande alimentaire, d'où la nécessité pour les responsables de la formulation des politiques de trouver un équilibre entre les avantages et les inconvénients de leurs stratégies nationales de lutte contre les PGA au moment de les mettre en œuvre (Nenert et al., 2025[16]).

La lutte contre les PGA s'est intensifiée depuis 2015, avec notamment la mise en place de stratégies nationales. De nombreux pays font appel à plusieurs instruments différents à cet effet, les ménages et le commerce de détail étant l'objet d'une attention toute particulière de la part des pouvoirs publics (Graphique 1.7) dont témoigne l'introduction de mesures incitatives à leur égard (campagnes de sensibilisation, initiatives volontaires, par exemple). Cela étant, le manque de clarté des objectifs fixés, qui ne comportent souvent ni échéance ni niveaux de référence, et la multiplication des initiatives sont de nature à susciter le désengagement des diverses parties prenantes le long de la chaîne d'approvisionnement.

Graphique 1.7. Niveau d'attention que les pouvoirs publics portent aux différents maillons de la chaîne agroalimentaire

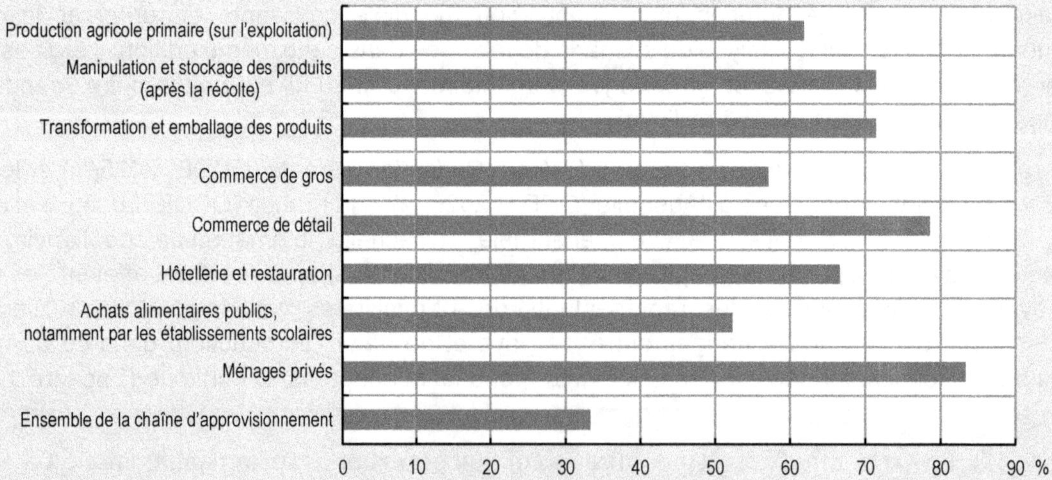

Note : pourcentage de pays dans lesquels un instrument au moins s'adresse à un maillon donné de la chaîne d'approvisionnement.
Source : OCDE (2025), « Beyond food loss and waste reduction targets: Translating reduction ambitions into policy outcomes ».

Rares sont les pays qui évaluent à intervalles réguliers et de manière spécifique l'effet de leurs politiques de lutte contre les PGA, si bien qu'il est difficile de déterminer quelles sont celles qui se révèlent efficaces et de les répliquer à grande échelle afin de maximiser les retombées pour les systèmes alimentaires. Le Japon, par exemple, évalue sous différents angles les répercussions de sa stratégie et des instruments qui en relèvent. La sensibilisation des consommateurs et l'évolution des comportements sont ainsi appréciées dans le cadre d'une enquête annuelle auprès des ménages, tandis que les retombées économiques et environnementales ont fait l'objet d'une évaluation a posteriori en 2023.

1.3.3. L'augmentation de la consommation d'aliments pour animaux est soutenue par l'expansion des cheptels et l'intensification des systèmes de production dans les domaines de l'élevage et de l'aquaculture, en particulier dans les pays à revenu intermédiaire

Sur la période de projection, les effectifs mondiaux de bovins, d'ovins, de porcins et de volaille (comptabilisés en unités de gros bétail) devraient s'accroître de 7 %, tandis que la production de viande, de produits laitiers et d'œufs (calculée sur la base de la valeur protéique) augmentera de 16.6 %, signe de gains de productivité des cheptels. Ces tendances sont encore plus nettes dans les cas des pays à revenu intermédiaire de la tranche inférieure, où les effectifs du bétail devraient progresser de 10 % et la production de 43.6 % d'ici 2034. Cette amélioration en continu de la productivité est rendue possible par le passage à des régimes alimentaires plus intensifs qui, avec la progression des cheptels, devraient entraîner une augmentation de 15 % de la consommation mondiale d'alimentation animale (en équivalent protéique).

L'efficience de la production est variable à l'échelle mondiale en raison de différences quant aux technologies employées, aux modes de gestion et d'alimentation du bétail et à la qualité de cette alimentation. Le Graphique 1.8 montre le taux attendu de croissance annuelle de la consommation de protéines par unité animale productive comparé à la croissance de la productivité dans l'élevage de non-ruminants. Ce graphique fait principalement apparaître l'évolution de la quantité de protéines employées pour l'alimentation animale et de la quantité de protéines animales produites dans les systèmes d'élevage porcin et d'élevage de volailles, la diagonale correspondant à une progression symétrique de l'une et de l'autre grandeur. Les points situés au-dessus de cette droite signalent un gain d'efficience, la quantité de protéines animales produite étant supérieure à celle des protéines consommées par les animaux, et inversement pour ceux situés en dessous.

Dans les pays à revenu intermédiaire de la tranche inférieure, le passage à des systèmes de production à caractère plus commercial et intensif devrait entraîner un accroissement de la consommation alimentaire par unité animale produite, de l'ordre de 1.7 % par an. Cet accroissement sera néanmoins inférieur à celui de la productivité (2 %), ce qui signifie que l'élevage de non-ruminants améliore son efficience productive globale. L'intensité d'utilisation d'aliments pour animaux devrait progresser plus rapidement dans les pays à faible revenu, signe que la transition de l'élevage vivrier à l'élevage commercial se poursuit, et excéder de ce fait la croissance attendue de la productivité animale. Dans les pays à revenu intermédiaire de la tranche supérieure et dans les pays à revenu élevé, l'intensité de consommation d'aliments pour animaux ne progressera qu'à la marge et son rythme de croissance s'alignera plus étroitement encore sur celui de la productivité. Les progrès de la génétique et de la technologie d'alimentation animale ainsi que la place grandissante de la volaille parmi les animaux d'élevage sont à l'origine de gains d'efficience productive dans ces pays industrialisés.

Les projections indiquent que l'adoption de pratiques et de technologies durables devrait contribuer à améliorer l'efficience des productions animales à l'échelle mondiale. Des innovations telles que l'alimentation de précision, l'amélioration de la gestion des maladies, l'emploi des déchets alimentaires pour l'alimentation animale et l'optimisation des programmes de sélection contribueront sans doute à une utilisation plus efficiente des ressources et à une meilleure productivité globale. Ces progrès aideront grandement à satisfaire la demande croissante de protéines animales tout en contenant les conséquences environnementales de leur production.

Graphique 1.8. Variation annuelle de la quantité de protéines produites et consommées par l'élevage de non-ruminants

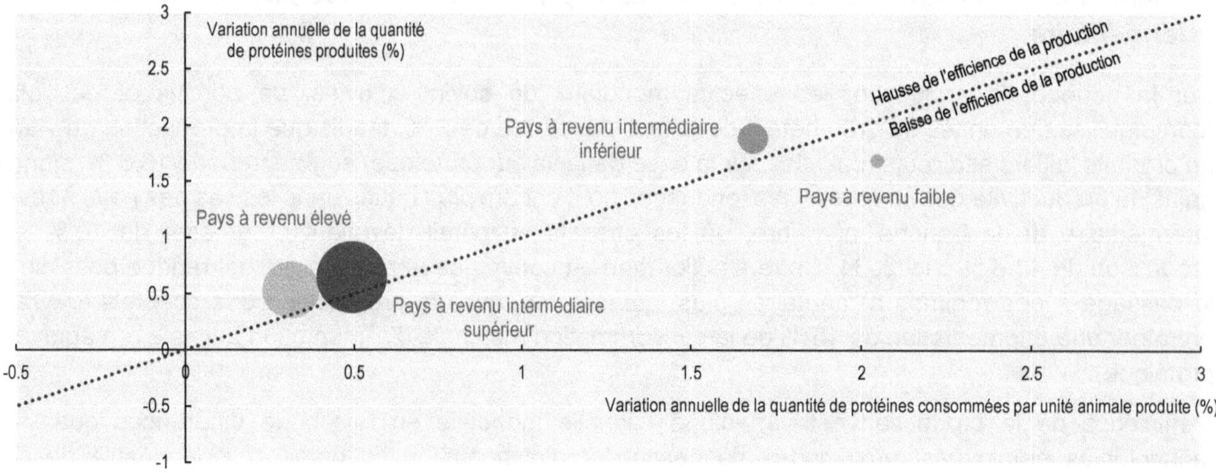

Note : la taille des bulles correspond à la part des non-ruminants (viande porcine, volaille et œufs) dans la production totale de protéines au cours de la période de référence (2022-24).

Source : OCDE/FAO (2025), « Perspectives agricoles de l'OCDE et de la FAO », Statistiques agricoles de l'OCDE (base de données), http://data-explorer.oecd.org/s/1hc.

StatLink https://stat.link/cu1exp

1.3.4. Les pays à revenu intermédiaire sont à l'origine de la hausse de l'utilisation des produits agricoles de base comme matières premières dans la production de biocarburants

Les biocarburants sont des carburants liquides produits à partir de la biomasse et généralement mélangés à des carburants fossiles pour réduire les émissions de GES et accroître la sécurité énergétique. Leur production crée une demande supplémentaire de produits agricoles. C'est du maïs et du sucre qu'est issue la majeure partie de la production d'éthanol, tandis que le biodiesel provient surtout des huiles végétales et des huiles de cuisson usagées, mais le classement de ces matières premières varie d'un pays producteur à un autre (Tableau 1.1).

La demande mondiale de biocarburants devrait progresser au rythme de 0.9 % par an, portée par une demande de carburants en hausse et par les mesures de soutien mises en place à l'échelon national. Au cours des prochaines années, l'essentiel de la croissance de la consommation de biocarburants proviendra vraisemblablement des pays à revenu intermédiaire, en particulier du Brésil et de l'Inde, en ce qui concerne l'éthanol, et de l'Indonésie, en ce qui concerne le biodiesel.

Dans la mesure où la demande de biocarburants reste orientée à la hausse, il n'est pas exclu que les diverses méthodes de production faisant appel à la biomasse non alimentaire aient une incidence sur l'utilisation des principaux produits agricoles en guise de matières premières (Graphique 1.9). Aux États-Unis, la progression significative de la demande d'huile végétale et de biocarburants issus de déchets au cours de la prochaine décennie pourrait bien faire croître l'offre de gazole renouvelable. Il est possible, cependant, que les risques de fraude – notamment par l'importation de matières premières du biodiesel prétendument issues de déchets – amèneront le pays à imposer des restrictions sur les importations. La croissance de la consommation de biocarburants pourrait aussi être tirée par les carburants d'aviation durables, même si leur part est encore négligeable à ce jour.

Tableau 1.1. Classement des producteurs de biocarburants en fonction des principales matières premières utilisées

	Classement des producteurs en 2022-24 (parts de marché)		Principales matières premières utilisées pendant la période de référence 2022-24	
	Éthanol	Biodiesel	Éthanol	Biodiesel
États-Unis	N° 1 (45.7 %)	N° 2 (22.3 %)	Maïs	Huile de soja, huiles de cuisson usagées
Union européenne	N° 5 (5.3 %)	N° 1 (29.3 %)	Maïs, blé, betterave sucrière	Huile de colza, huiles de cuisson usagées, huile de palme
Brésil	N° 2 (25.3 %)	N° 4 (11.7 %)	Canne à sucre, maïs, mélasse	Huile de soja, huiles de cuisson usagées
Chine	N° 3 (8.3 %)	N° 5 (4.3 %)	Maïs, manioc	Huiles de cuisson usagées
Inde	N° 5 (5.4 %)	N° 15 (0.3 %)	Canne à sucre, mélasse, riz, maïs, blé	Huiles de cuisson usagées
Canada	N° 6 (1.4 %)	N° 12 (0.9 %)	Maïs, blé	Huile de colza, huiles de cuisson usagées, huile de soja
Indonésie	N° 19 (0.1 %)	N° 3 (18.5 %)	Mélasse	Huile de palme
Argentine	N° 8 (1 %)	N° 8 (2.2 %)	Maïs, canne à sucre, mélasse	Huile de soja
Thaïlande	N° 7 (1.1 %)	N° 7 (2.4 %)	Mélasse, manioc, canne à sucre	Huile de palme
Colombie	N° 15 (0.3 %)	N° 9 (1.2 %)	Canne à sucre	Huile de palme

Notes : le numéro indique la place du pays considéré dans le classement de la production mondiale ; le pourcentage précise la part de ce même pays dans la production totale pour la période de référence.
Les *Perspectives agricoles de l'OCDE et de la FAO 2025-2034* intègrent le « gazole renouvelable » (ou huile végétale hydrotraitée, HVH) dans le biodiesel, bien qu'il s'agisse de deux produits différents.
Source : OCDE/FAO (2025), « Perspectives agricoles de l'OCDE et de la FAO », Statistiques agricoles de l'OCDE (base de données), http://data-explorer.oecd.org/s/1hc.

Graphique 1.9. Part de la production de biocarburants et des autres utilisations industrielles dans l'utilisation totale de produits agricoles

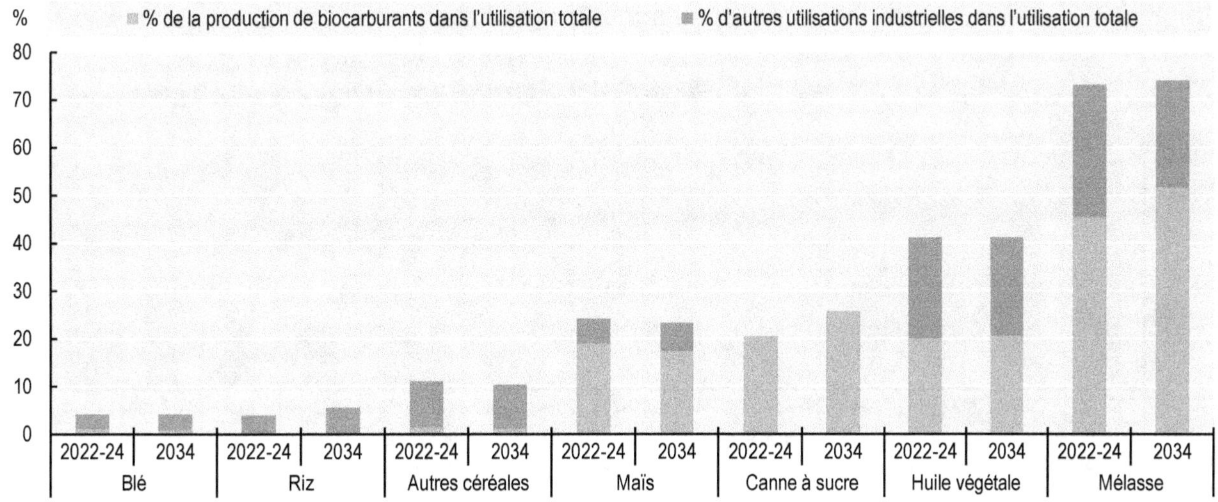

Source : OCDE/FAO (2025), « Perspectives agricoles de l'OCDE et de la FAO », Statistiques agricoles de l'OCDE (base de données), http://data-explorer.oecd.org/s/1hc.

1.4. Production : projections d'évolution pour 2025-2034

1.4.1. L'augmentation de la consommation et la modification des préférences alimentaires en faveur des produits d'origine animale devraient orienter les investissements en direction de l'élevage et de l'aquaculture et pousser la production vers le haut

Au cours de la prochaine décennie, la valeur brute de la production agricole mondiale (mesurée en USD constants) devrait augmenter de 14 %, pour atteindre 3 960 milliards USD en 2034. La production animale devrait être en tête de cette tendance (avec une hausse de 16 %), suivie par la production végétale (+14 %), et enfin la production halieutique et aquacole (+12 %). Les pays à revenu intermédiaire de l'Asie développée et de l'Est, de l'Asie du Sud et du Sud-Est, de l'Afrique subsaharienne ainsi que de la région Amérique latine et Caraïbes devraient continuer d'être les principales sources du développement de l'agriculture au niveau mondial (Graphique 1.10), contribuant pour 83 % à la croissance de la production mondiale, contre 79 % au cours de la précédente décennie.

La région Asie-Pacifique englobe l'Asie développée et de l'Est, qui comprend la Chine, ainsi que l'Asie du Sud et du Sud-Est, qui inclut l'Inde. L'ensemble de la région Asie-Pacifique revêt une importance cruciale pour l'avenir de la production agricole mondiale et devrait contribuer pour 54 % à son augmentation. L'Inde devrait être le principal moteur de la hausse de la production en Asie-Pacifique – à hauteur de 40 % –, suivie par la Chine qui, malgré un affaiblissement de sa contribution, continuera de jouer un rôle important. Une part non négligeable de l'augmentation de la production agricole mondiale devrait avoir lieu en Amérique latine et dans les Caraïbes, même si son ampleur sera modérée. En Afrique subsaharienne, au Proche-Orient et en Afrique du Nord, une forte progression de la production est attendue, ce qui portera à 19 % leur contribution globale à la croissance de la production mondiale, contre 13 % pendant la précédente décennie. Dans les régions industrialisées d'Amérique du Nord, d'Europe et d'Asie centrale, les perspectives de hausse de la production devraient être limitées en raison des contraintes de ressources et des réglementations, l'augmentation provenant surtout des pays d'Europe orientale et d'Asie centrale.

Graphique 1.10. Tendances de la production agricole mondiale

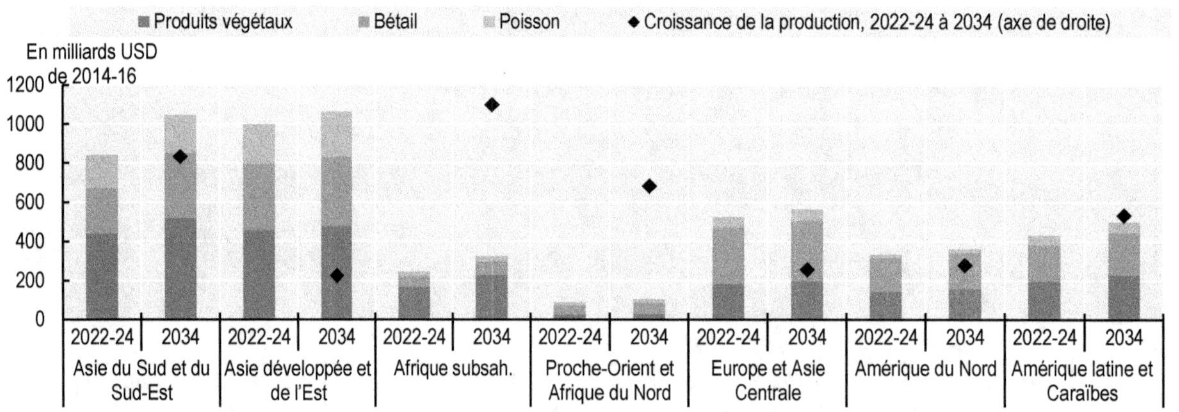

Note : les valeurs sont exprimées en USD constants de 2014-16.
Source : OCDE/FAO (2025), « Perspectives agricoles de l'OCDE et de la FAO », Statistiques agricoles de l'OCDE (base de données), http://data-explorer.oecd.org/s/1hc.

La part de l'élevage dans la production agricole totale devrait progresser dans les pays à revenu intermédiaire d'Asie ainsi que du Proche-Orient et d'Afrique du Nord (Graphique 1.11). L'accroissement de la demande intérieure de protéines d'origine animale dû à l'augmentation des revenus et des populations dans ces régions, ainsi que les débouchés à l'exportation, sont appelés à attirer davantage d'investissements dans les secteurs de l'élevage et de la pêche, ce qui stimulera la production. Même dans des régions comme l'Amérique latine et les Caraïbes ainsi que l'Afrique subsaharienne, où la part de la production animale est stable ou en légère baisse, la forte progression de l'ensemble de la production au cours des dix prochaines années entraînera dans son sillage celle des produits d'origine animale.

La Chine, qui est à la tête des évolutions constatées dans l'Asie développée et de l'Est, devrait conserver sa part actuelle de produits animaux dans la production agricole totale. En revanche, l'Inde, qui est le moteur des évolutions en Asie du Sud et du Sud-Est, devrait voir la part de sa production animale augmenter fortement d'ici 2034, sous l'effet des hausses substantielles de la production de poisson, de volaille et de produits laitiers. Bien que la production végétale soit aujourd'hui dominante en Afrique subsaharienne, la production animale devrait globalement bondir de 29 % à l'horizon 2034, les plus gros volumes étant enregistrés du côté de la volaille, de la viande bovine et des produits laitiers. Au Proche-Orient et en Afrique du Nord, la volaille et les produits laitiers devraient être les principaux moteurs de la croissance.

Graphique 1.11. Part de la production animale dans la production agricole totale

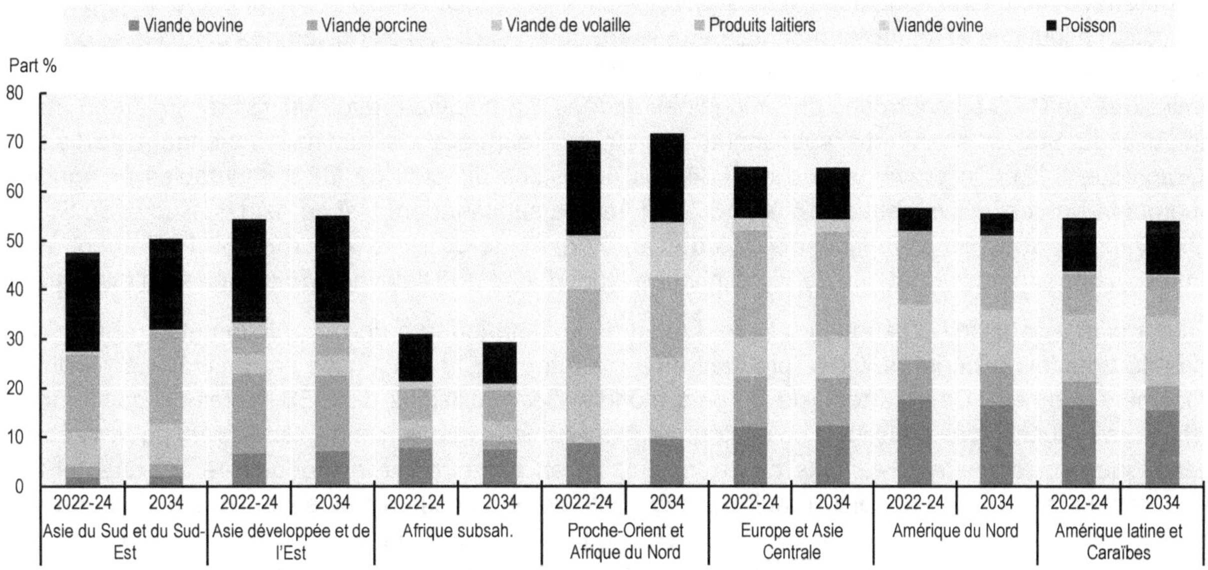

Note : part de la production animale dans la production agricole totale, mesurée à partir des valeurs de production en dollars constants 2014-16.
Source : OCDE/FAO (2025), « Perspectives agricoles de l'OCDE et de la FAO », Statistiques agricoles de l'OCDE (base de données), http://data-explorer.oecd.org/s/1hc.

Dans presque toutes les régions, la part de la production halieutique et aquacole est en légère baisse. Bien que le volume total de cette production continue de s'accroître, un important ralentissement est à prévoir du fait de la diminution des gains de productivité à l'échelle mondiale causée par le durcissement de la réglementation environnementale et la disponibilité réduite de sites de production adaptés.

En dépit d'une hausse continue de la production animale et aquacole dans les pays à revenu intermédiaire d'Asie, d'Amérique latine et des Caraïbes, et d'Afrique, le potentiel de progression est limité car les producteurs ont un accès restreint aux technologies de production avancées et reçoivent peu d'incitations (prix du marché faibles, coûts des intrants élevés et obstacles réglementaires). Ces défis devront impérativement être relevés de façon durable si l'on veut que les secteurs de l'élevage et de l'aquaculture de ces régions libèrent tout leur potentiel de croissance.

1.4.2. L'augmentation de la production agricole, halieutique et aquacole au niveau mondial, ainsi qu'une évolution à la hausse de la production animale, devraient entraîner une augmentation des émissions de GES du secteur agricole

L'agriculture, la foresterie et les autres affectations des terres (AFAT) représentent environ 22 % des émissions mondiales de GES d'origine anthropique. La moitié de ces émissions provient des émissions directes de méthane et d'oxyde nitreux des exploitations agricoles, et l'autre moitié des émissions indirectes de CO_2 résultant de l'utilisation des terres, du changement d'affectation des terres et de la foresterie (UTCATF) liés à l'expansion de l'agriculture. Les *Perspectives* s'intéressent uniquement aux émissions directes associées à la production des exploitations agricoles, qui sont utilisées pour établir des projections à partir des données historiques provenant de la base de données FAOSTAT, conformément à l'approche de niveau 1 proposée par le Groupe d'experts intergouvernemental sur l'évolution du climat (GIEC). Cette méthode simple consiste à appliquer aux activités agricoles des coefficients d'émissions tels que la taille des cheptels, l'épandage d'engrais de synthèse ou la culture du riz à l'hectare, entre autres. Des méthodes plus approfondies tenant compte des pratiques de gestion fourniraient des estimations plus précises, mais elles ne rentrent pas dans le cadre de ces *Perspectives*.

En utilisant cette méthode de base, les *Perspectives* montrent que l'accroissement prévu de la production agricole, halieutique et aquacole mondiale – qui sera dû en partie à l'extension des cheptels et des terres agricoles, en particulier dans les pays à revenu intermédiaire – entraînera directement une hausse des émissions de GES au cours des dix prochaines années. La hausse prévue devrait avoir lieu en majorité en Asie du Sud et en Afrique subsaharienne, où les troupeaux de ruminants prennent de l'ampleur (Graphique 1.12). On prévoit que d'ici 2034, les émissions directes de GES imputables à l'agriculture augmenteront respectivement de 14 % et 8 % en Afrique subsaharienne et en Asie du Sud et du Sud-Est. En revanche, dans les pays industrialisés d'Asie, d'Amérique du Nord, d'Europe et d'Asie centrale, les émissions ne progresseront que de façon minime étant donné que l'élevage de ruminants n'évoluera pas.

En comparaison avec l'Amérique du Nord, l'Afrique subsaharienne a une population et un cheptel bovin plus de trois fois supérieurs. Or sa productivité – mesurée par la production par animal – équivaut à un dixième seulement. Compte tenu de l'impact mondial des émissions de GES, le fait de concentrer les efforts de réduction des émissions du secteur agricole sur les régions à faible rendement pourrait être très bénéfique. En réorientant l'élevage des ruminants et en augmentant la productivité, un cheptel moins important serait nécessaire pour produire une quantité de protéines animales identique ou supérieure, ce qui permettrait de réduire les émissions de méthane liées à la fermentation entérique et à la gestion des effluents. Ces efforts amélioreraient en outre les moyens d'existence des communautés rurales où sont élevés la plupart des ruminants. Il convient de préciser que si la production bovine dans ces régions génère une grande quantité d'émissions, la consommation plus importante de produits agricoles dans les pays industrialisés (en particulier de produits d'origine animale) contribue également pour une grande part aux émissions mondiales de GES directement liées au secteur agricole. Il en résulte donc que le problème des émissions nécessite une approche équilibrée tenant compte à la fois des modes de production et de consommation au niveau mondial.

Les ruminants et d'autres élevages représenteront, d'après les projections, quelque 70 % de l'augmentation mondiale des émissions directes de GES imputables à l'agriculture ; les engrais de synthèse – qui constituent une autre source majeure d'émissions de GES à cause de l'oxyde nitreux qui se dégage lors de la fertilisation – devraient y contribuer à hauteur de 28 %. Les *Perspectives* ne tiennent pas compte des émissions de GES provenant de la production des engrais, mais le fait de les inclure multiplierait par deux l'empreinte écologique indiquée. La riziculture est une autre source importante d'émissions directes de GES liées à l'agriculture, les rizières irriguées émettant de grandes quantités de méthane. Toutefois, l'augmentation prévue de la production de riz devrait provenir principalement de l'amélioration des rendements – et non de l'extension des rizières –, ce qui fera baisser les émissions liées à la riziculture.

Il est important de noter que si les émissions directes de GES sont une composante essentielle de l'empreinte écologique de l'AFAT, elles ne sont pas la seule. L'intégration d'autres facteurs aux indicateurs de durabilité (comme l'incidence des activités agricoles sur les ressources en eau, la santé des sols et la biodiversité, la capacité du secteur à séquestrer le carbone et à promouvoir la résilience environnementale) permettrait d'avoir une vision plus exhaustive des questions agro-environnementales. Une telle approche permettrait d'étayer l'analyse des diverses options à la disposition des pouvoirs publics pour gérer et améliorer l'empreinte écologique du secteur agricole en ne se contentant pas de traiter la question des émissions de GES.

Graphique 1.12. Émissions directes de GES de la production animale et végétale, par activité

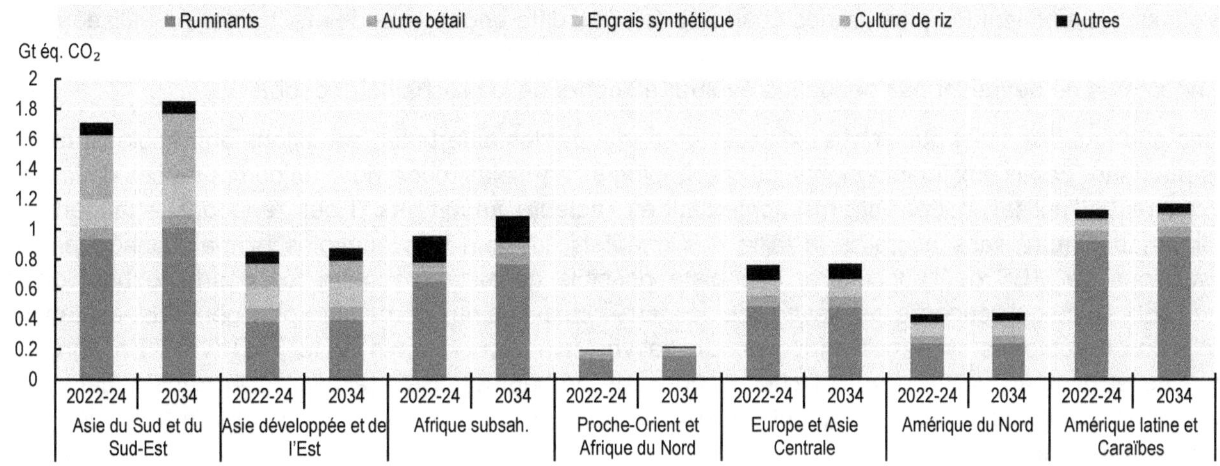

Note : ces estimations sont fondées sur des séries chronologiques provenant de la base de données de FAOSTAT « Changement climatique : émissions provenant des systèmes agroalimentaires », complétées à l'aide de la base de données élaborée pour les besoins des Perspectives. Les équivalents CO2 sont calculés sur la base du potentiel de réchauffement global de chaque gaz figurant dans le sixième Rapport d'évaluation du GIEC. Pour les catégories d'émission qui ne sont associées à aucune des variables étudiées (à savoir les émissions liées à l'exploitation de sols organiques et aux feux de savane), la valeur disponible la plus récente a été retenue. La catégorie « Autres » comprend les émissions directes de GES dues aux résidus de récolte et à leur incinération, aux feux de savane et à l'exploitation des sols organiques.
Source : FAOSTAT, base de données sur les émissions d'origine agricole, http://www.fao.org/faostat/fr/#data/GT, consultée en décembre 2024 ; OCDE/FAO (2025), « Perspectives agricoles de l'OCDE et de la FAO », Statistiques agricoles de l'OCDE (base de données), http://data-explorer.oecd.org/s/1hc.

1.4.3. La croissance de la production agricole mondiale sera stimulée par des gains de productivité – qui réduiront l'intensité carbone du secteur –, mais des écarts importants subsisteront dans ce domaine

En supposant une poursuite de la transition vers des systèmes de production plus intensifs dans les pays à faible revenu et à revenu intermédiaire, les projections montrent que la hausse de la production végétale mondiale proviendra à 83 % de l'amélioration des rendements. De la même manière, la progression de la production animale, halieutique et aquacole devrait résulter pour une très grande part des gains de productivité, même si l'expansion des troupeaux jouera également un rôle important. L'adoption progressive de meilleures techniques de sélection génétique, l'amélioration de la gestion des exploitations agricoles, l'utilisation accrue d'intrants comme les engrais et les produits chimiques, ainsi que l'accès accru à des services vétérinaires pour les animaux devraient progressivement accroître la productivité de l'agriculture dans les pays à faible revenu et à revenu intermédiaire.

Dans la mesure où la hausse de la production proviendra en grande partie des améliorations de la productivité – et non de l'expansion des terres cultivées ou des cheptels –, on s'attend à ce que l'intensité carbone de la production agricole diminue dans toutes les régions au cours de la prochaine décennie. L'Afrique subsaharienne et l'Asie du Sud devraient connaître les baisses de l'intensité carbone (c'est-à-dire le volume d'émissions par unité de production ou par activité) les plus importantes, malgré l'augmentation du niveau des émissions directes de GES. La raison à cela est qu'il est généralement plus facile de réduire les émissions dans les systèmes de production qui en génèrent initialement beaucoup que dans les régions où les rendements sont plus élevés et où les gains marginaux provenant de la réduction des émissions sont faibles.

En dépit des projections de hausse de la productivité agricole dans un grand nombre de pays à faible revenu et à revenu intermédiaire, de grandes disparités subsistent avec les pays industrialisés. Le Graphique 1.13 représente les variations de rendements qui existent entre les régions pour une sélection de produits végétaux. Les produits de l'élevage et les produits végétaux, comme le maïs et le riz, sont les produits qui affichent les plus grands écarts du fait des différences entre les technologies utilisées et du leur potentiel de rendement supérieur. Comme le montre le graphique précité, les différences de rendements ne devraient pas beaucoup évoluer au cours de la prochaine décennie.

Bien que ces disparités puissent s'expliquer en partie par les différentes conditions agroécologiques, les écarts dans l'accès aux financements, aux technologies agricoles modernes, les compétences de la main-d'œuvre et l'utilisation des intrants sont d'autres facteurs importants. Pour répondre à la demande alimentaire future sans accroître la taille des cheptels, les surfaces agricoles et, par conséquent, les émissions de GES de l'agriculture, une piste possible consiste à réduire les écarts technologiques existants en ce qui concerne les élevages et les terres cultivées ou, de manière plus générale, à intensifier de façon durable les systèmes agricoles. L'initiative Main dans la main de la FAO (voir l'Encadré 1.3), conçue et dirigée par les pays à l'aide de données probantes, vise à accélérer la transformation des systèmes agroalimentaires dans le but d'éradiquer la pauvreté, d'éliminer la faim et la malnutrition, ainsi que de réduire les inégalités.

Graphique 1.13. Évolution des rendements prévus d'une sélection de cultures dans certaines régions, entre 2022-24 et 2034

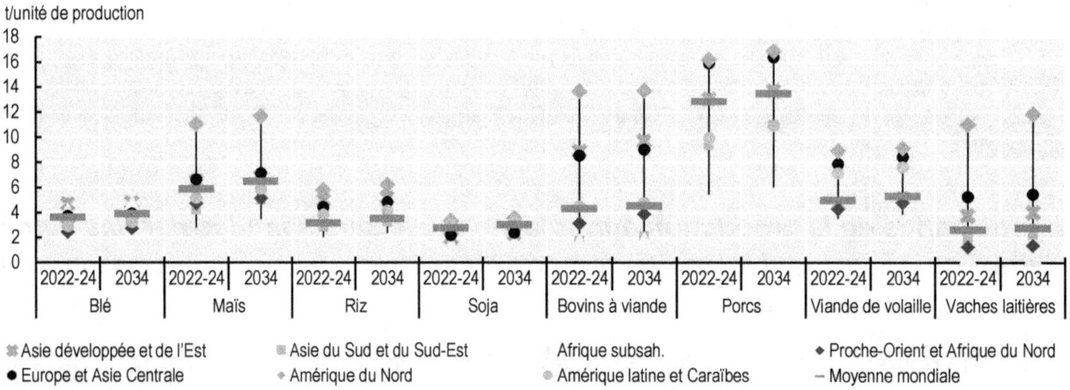

Note : la productivité est mesurée en tonnes de céréales par surface récoltée pour les cultures, en tonnes de lait par vache pour les produits laitiers, en tonnes de viande pour 100 animaux productifs pour la viande bovine et porcine, et en tonnes de viande pour 1 000 poules pondeuses pour la volaille. Chaque symbole représente le rendement moyen d'un produit donné dans une région donnée. Les lignes rouges correspondent à la moyenne mondiale par produit.

Source : OCDE/FAO (2025), « Perspectives agricoles de l'OCDE et de la FAO », Statistiques agricoles de l'OCDE (base de données), http://data-explorer.oecd.org/s/1hc.

StatLink https://stat.link/o46cav

Encadré 1.4. L'initiative Main dans la main ou la transformation des systèmes agroalimentaires

Lancée en 2019, l'initiative Main dans la main (HIH) de la FAO vise à accélérer la transformation des systèmes agroalimentaires et le développement rural à grande échelle en promouvant des investissements ciblés et des partenariats. L'initiative encourage les partenariats entre les pays qui y adhèrent et les investisseurs, créant ainsi des opportunités d'investissement aux niveaux national et régional. Lors du Forum de l'investissement Main dans la main qui a lieu chaque année, les autorités nationales peuvent présenter leurs priorités d'investissement afin d'orienter la transformation des systèmes agroalimentaires dans leurs pays.

Accroître la productivité de l'agriculture et réduire la pauvreté et l'insécurité alimentaire

L'initiative HIH privilégie les régions du monde les plus vulnérables, ciblant les investissements là où la productivité agricole et les économies rurales sont les plus faibles. Elle fait appel à des techniques d'analyse avancées et à des données géospatiales pour déterminer à quels endroits les interventions auront le plus d'impact, afin de s'assurer que les investissements profiteront aux communautés qui en ont le plus besoin. Les *Perspectives agricoles de l'OCDE et de la FAO* peuvent être utiles dans ce processus, en fournissant des projections économiques et des éclairages stratégiques, ainsi qu'en identifiant des domaines d'action possibles pour permettre une prise de décision éclairée.

Afin d'accroître la productivité de façon durable, l'initiative HIH promeut une agriculture climato-compatible, l'amélioration des systèmes d'irrigation ainsi que la gestion durable des terres. Ces efforts permettent de combler les écarts technologiques et de mettre en place des solutions durables pilotées à l'échelon local, qui contribuent à la résilience économique et environnementale à long terme. Les projets notables d'amélioration de la productivité sont par exemple les suivants :

- En Éthiopie, l'initiative HIH cible les zones agricoles à fort potentiel telles que les zones d'approvisionnement en produits agricoles de Bulbula à l'est de la région d'Oromia, où les investissements dans les engrais, les variétés de semences et les machines agricoles devraient considérablement stimuler la production et la commercialisation du blé (Organisation des Nations Unies pour l'alimentation et l'agriculture, 2022[17]).
- Au Guatemala, les typologies territoriales établies grâce à l'initiative Main dans la main ont été intégrées dans le système d'investissement public national et font désormais partie du cadre de planification gouvernemental qui est utilisé pour analyser l'ensemble des investissements publics, dont l'affectation de fonds pour l'irrigation et l'infrastructure routière (FAO, 2024[18]).
- En Afrique du Sud, le plan d'investissement établi par l'initiative HIH – qui s'élève à presque 553 millions USD – met l'accent sur les systèmes d'irrigation pour accroître l'industrialisation et la mécanisation de l'agriculture, ainsi que pour améliorer l'intégration commerciale des marchés (FAO, 2024[19]).

Renforcer les économies rurales et l'accès aux marchés

L'initiative Main dans la main reconnaît l'importance du développement économique dans les zones rurales. Les partenariats public-privé qu'elle suscite permettent de renforcer les chaînes de valeur agricoles, de la production à la distribution en passant par la transformation. Les *Perspectives agricoles de l'OCDE et de la FAO* complètent cet effort en fournissant des projections sur les tendances de la croissance à l'échelle mondiale, ce qui aide les responsables de l'action publique à aligner leurs stratégies agricoles sur les marchés internationaux.

Promouvoir la résilience et la durabilité

Les investissements dans les énergies renouvelables, l'agroforesterie et la gestion durable de la filière de l'élevage contribuent à la viabilité à long terme. Une autre priorité est la gestion efficiente de l'eau et des ressources naturelles. Grâce à la préservation des sols, aux actions de reforestation et à l'optimisation des techniques d'irrigation, l'initiative HIH améliore la productivité sans provoquer l'épuisement des ressources naturelles (Organisation des Nations Unies pour l'alimentation et l'agriculture, 2024[20]).

La possibilité de modifier la trajectoire de l'agriculture mondiale

Lorsqu'elle est mise en œuvre par les autorités publiques et des partenaires (dont le secteur privé, des banques, des fonds de soutien, des institutions financières internationales et des partenaires de développement internationaux), l'initiative HIH peut influer sur l'avenir des systèmes agroalimentaires mondiaux en les rendant plus inclusifs, plus productifs et plus durables pour les générations futures.

1.5. Analyse de scénario : réduire les émissions et éradiquer la faim ?

1.5.1. Présentation des technologies de réduction des émissions

Le secteur agricole est reconnu non seulement comme un émetteur de gaz à effet de serre (GES), mais aussi comme une possible source de solutions. Les émissions de GES imputables à l'agriculture – principalement du méthane (CH_4), de l'oxyde nitreux (N_2O) et du dioxyde de carbone (CO_2) – proviennent de toutes sortes d'activités, dont la fermentation entérique des animaux d'élevage, la gestion des effluents, la riziculture, l'épandage d'engrais et les changements d'affectation des terres. À mesure que la demande alimentaire mondiale continue d'augmenter, la difficulté consiste à réduire l'impact environnemental de la production agricole tout en assurant la sécurité alimentaire (Section 1.4.2).

L'édition 2024 des *Perspectives* (OCDE/FAO, 2024[21]) présentait un scénario simplifié simulant les effets d'une diminution de moitié, à l'horizon 2030, des pertes alimentaires le long des chaînes d'approvisionnement et d'une réduction des gaspillages au niveau de la distribution et des consommateurs, conformément à la cible 12.3 des Objectifs de développement durable. Ce scénario laissait entrevoir la possibilité d'une diminution de 4 % des émissions mondiales de GES de l'agriculture, qui se répartirait de manière relativement homogène entre les pays, quel que soit leur niveau de revenu. Il prévoyait en outre une baisse des prix de l'alimentation se traduisant par une augmentation de la ration alimentaire dans les pays à faible revenu (+10 %) et dans les pays à revenu intermédiaire de la tranche inférieure (+6 %), ce qui entraînerait à terme une diminution de 153 millions du nombre d'individus souffrant de sous-alimentation (–26 %) d'ici 2030.

L'édition 2025 des *Perspectives* examine d'autres pistes possibles pour réduire l'impact environnemental de la production agricole tout en éradiquant la sous-alimentation dans le monde, en se concentrant sur l'utilisation à grande échelle de technologies de réduction des émissions. Dans le domaine de l'agriculture, les technologies précitées englobent un large éventail d'innovations, d'outils et de pratiques conçus pour abaisser les émissions de GES provenant des systèmes de production sans nuire à la productivité. Cela comprend à la fois des interventions biologiques et techniques qui agissent sur les principales sources d'émissions dans les secteurs de la production végétale et animale. Les paragraphes suivants fournissent des exemples des technologies qui sont en cours de développement ou de mise en œuvre pour réduire les émissions de GES tout en préservant ou améliorant la productivité de l'agriculture.

Dans le secteur de l'élevage, les technologies d'atténuation visent surtout à réduire les émissions de méthane liées à la fermentation entérique, à accroître l'efficacité alimentaire et à améliorer les systèmes de gestion des effluents. La gestion des rations alimentaires joue un rôle central et des stratégies comme l'optimisation du rendement et de la qualité des pâturages, l'amélioration de la digestibilité des fourrages et l'équilibrage des rations avec précision sont mises en œuvre avec l'aide de l'intelligence artificielle. Ces procédés permettent d'accroître l'efficacité de la conversion alimentaire et de réduire la production de méthane au cours de la digestion. Des additifs comme le 3-NOP et le Bovaer, déjà autorisés dans l'Union européenne, ont prouvé leur efficacité pour réduire les émissions des ruminants, mais leur utilisation continue d'être problématique dans les pays à faible revenu et les pays à revenu intermédiaire où le pâturage reste prédominant. L'utilisation d'algues dans l'alimentation des ruminants offre d'autres possibilités, même si des études plus approfondies sont nécessaires pour évaluer leurs impacts et leur extensibilité sur le long terme. La gestion de la reproduction, la prévention et le traitement des maladies, ainsi que la sélection animale peuvent également contribuer de manière significative à réduire les émissions de méthane grâce à un meilleur rapport d'efficacité entre aliments et émissions.

Les technologies permettant une meilleure gestion des effluents offrent une autre possibilité de réduction des émissions. Les digesteurs anaérobies capturent le méthane émanant des effluents entreposés et le transforment en biogaz renouvelable. D'autres techniques comme la séparation des solides et des liquides, l'utilisation de cuves de stockage fermées et des méthodes d'épandage des effluents plus efficaces permettent de réduire les émissions directes de méthane et les pertes d'azote. Des techniques d'épandage peu polluantes – comme l'utilisation de pendillards – ont montré qu'elles permettaient de réduire sensiblement la volatilisation de l'ammoniac et les émissions indirectes qui y sont associées. Toutefois, malgré le potentiel qu'elles offrent sur le plan technique, ces solutions ont généralement été peu adoptées. Les obstacles à leur adoption sont notamment le coût élevé des investissements initiaux, l'inadéquation des infrastructures et l'absence de cadres d'action facilitateurs ou d'incitations financières. Par conséquent, les producteurs manquent souvent de moyens ou de motivation pour adopter de telles pratiques, en particulier dans les zones où l'accès au crédit ou aux services de conseil est limité.

Dans le secteur de la production végétale, les technologies de réduction des émissions consistent surtout à améliorer l'efficacité de l'utilisation des éléments nutritifs, à limiter le plus possible la perturbation du sol et à accroître la séquestration du carbone dans les sols. L'agriculture de précision offre à cet égard d'importantes possibilités en permettant l'application ciblée des intrants à l'aide d'équipements guidés par GPS, de capteurs en temps réel et de l'apprentissage automatique. Les engrais et les pesticides peuvent ainsi être épandus de façon plus précise, avec moins d'émissions d'oxyde nitreux et moins de rejets dans l'environnement. Le respect des périodes et des méthodes d'épandage des intrants est par ailleurs capital. Une meilleure synchronisation de l'épandage des effluents et des engrais avec les besoins en nutriments des cultures, ainsi que l'utilisation d'inhibiteurs de la nitrification et de technologies à taux variable, peuvent réduire sensiblement les émissions et les pertes de nutriments.

Outre la gestion des intrants, diverses pratiques concernant les sols et le paysage contribuent à l'atténuation des émissions et au stockage du carbone. Le travail de conservation du sol et l'absence de labour aident à retenir le carbone organique des sols, tandis que l'utilisation de cultures de couverture d'hiver et la création de zones tampons réduisent l'érosion et le lessivage de l'azote. Dans les zones humides, la restauration des tourbières et la réhumidification des sols organiques offrent des possibilités prometteuses de séquestration du carbone sur le long terme. D'autres solutions innovantes (comme l'agrivoltaïque) sont à l'étude et visent à combiner l'utilisation des terres agricoles avec la production d'énergie solaire.

Malgré le large éventail de technologies disponibles, le taux d'adoption reste limité, en particulier dans les pays à faible revenu et à revenu intermédiaire. Les obstacles sont notamment les coûts initiaux élevés, l'accès limité aux financements, des incitations insuffisantes de la part des pouvoirs publics, et l'absence générale de sensibilisation ou de soutien technique. Dans ces pays, la promotion de pratiques peu onéreuses, adaptées aux spécificités locales – comme la gestion intégrée des nutriments et de l'eau, le recyclage des matières organiques, l'agroforesterie et l'amélioration de la rotation des cultures – offre de multiples retombées bénéfiques et sert de point de départ concret lorsque l'on manque de solutions à forte intensité de capital.

1.5.2. Mise en œuvre des technologies de réduction des émissions selon le modèle Aglink-Cosimo

Comme l'explique la Section 1.4.2, les *Perspectives* se concentrent exclusivement sur les émissions directes de GES liées à la production des exploitations agricoles. Les données sur les émissions de GES sont tirées des séries chronologiques de FAOSTAT avant de faire l'objet de projections conformément à l'approche de niveau 1 proposée par le GIEC. Dans le scénario de référence, les émissions sont calculées en appliquant – pour chaque produit – des coefficients d'émissions à un ensemble d'activités de production comme la fermentation entérique, la gestion des effluents, la riziculture, l'épandage d'engrais de synthèse, l'épandage des effluents sur les sols et le fait de les laisser dans les pâturages.

Si une étude plus approfondie (à un niveau supérieur) permettrait une estimation plus précise des émissions, le manque de données à l'échelle mondiale limite actuellement l'ampleur de la modélisation sur le degré d'adoption des technologies de réduction des émissions par les producteurs. Par conséquent, pour évaluer l'impact potentiel de ces technologies sur l'agriculture mondiale via l'analyse de scénarios – en utilisant le modèle Aglink-Cosimo –, d'autres méthodes ont été mises au point pour intégrer la dynamique de l'atténuation de l'offre.

Réduire les émissions à l'aide de technologies tout en maintenant les niveaux de production requiert des producteurs qu'ils réalisent des investissements supplémentaires pouvant parfois s'avérer substantiels. Le lien entre le coût de la mise en œuvre et la quantité d'émissions réduites varie selon la région et le type d'activité agricole. Il est généralement évalué à l'aide de courbes de coût marginal de réduction (CMR), qui représentent le rapport coût-efficacité des différentes options d'atténuation.

Les courbes de CMR utilisées dans la présente analyse résultent du modèle GLOBIOM (*Global Biosphere Management Model*, ou modèle de gestion de la biosphère mondiale), conçu par l'Institut international pour l'analyse des systèmes appliqués (IIASA) (IIASA, 2023[22]). Le GLOBIOM étudie l'influence des décisions prises en matière d'agriculture et d'affectation des terres sur le niveau des émissions de GES. L'intégration de ces informations dans le modèle Aglink-Cosimo permet de simuler la réaction des producteurs aux incitations financières qui majorent le coût des émissions. Dans ce type de cas, il est attendu que les producteurs adoptent des pratiques plus efficientes (comme l'amélioration de l'alimentation ou de la génétique des animaux, ou encore la modernisation des équipements) pour réduire les émissions sans faire de concessions sur la production.

Dans la pratique, le coefficient d'émission est la principale variable qui est ajustée dans ce scénario afin de refléter la réduction possible de l'intensité des émissions. Cette réduction correspond à l'adoption de technologies plus écologiques et de systèmes de production plus efficients. Dans le modèle Aglink-Cosimo, cela se traduit par des coefficients d'émissions différents du scénario de référence, en adéquation avec les progrès technologiques et les changements structurels attendus, bien que les processus sous-jacents ne soient pas explicitement examinés du fait de la structure d'équilibre partiel du modèle. Le modèle GLOBIOM renseigne sur le coût marginal de réduction, en tablant sur un prix du carbone de 60 USD par tonne d'équivalent CO_2. Cette valeur approximative permet de relier les nouveaux coefficients d'émissions avec les coûts de production y afférents. Dans le modèle Aglink-Cosimo, ces coûts sont ajoutés aux autres coûts de production, en supposant que la charge en est assumée pleinement par les producteurs.

1.5.3. Les technologies de réduction des émissions nécessitent une augmentation moindre de la productivité pour atteindre l'objectif de faim « zéro » de manière durable

Le scénario élaboré dans l'édition 2022 des *Perspectives agricoles de l'OCDE et de la FAO* (OCDE/FAO, 2022[23]) prévoyait l'élimination de la faim à l'échelle mondiale à l'horizon 2030 tout en maintenant les émissions de GES imputables à l'agriculture dans les limites autorisées pour atteindre un réchauffement planétaire de 1.5-2 °C. L'analyse reposait sur l'hypothèse que l'investissement dans la productivité agricole et l'amélioration de l'accès aux marchés allaient s'accélérer, et qu'un soutien ciblé serait fourni aux régions à faible revenu et en situation d'insécurité alimentaire.

Pour que les deux objectifs susmentionnés soient atteints, le scénario de 2022 prévoyait une nécessaire augmentation de la productivité agricole mondiale de 28 % au cours de la décennie suivante, soit trois fois plus que dans les projections du scénario de référence. Ce gain de productivité était nécessaire pour répondre à l'augmentation de la demande alimentaire, en particulier en Afrique subsaharienne et en Asie du Sud, tout en évitant d'avoir à étendre l'utilisation des terres à des fins agricoles, qui est une cause majeure des émissions de GES. Bien que le scénario ait mis l'accent sur l'augmentation de la productivité, il n'a pas envisagé l'adoption à grande échelle de technologies de réduction des émissions du côté de la production.

S'appuyant sur le scénario de 2022, la présente édition des *Perspectives* introduit un nouveau scénario intégrant l'utilisation de technologies permettant de réduire les émissions de GES liées à la production agricole, qui correspond au coût marginal de réduction des émissions en tablant sur un prix de carbone fixé à 60 USD par tonne d'équivalent CO_2. L'intégration de ces technologies modifie sensiblement ce qui est attendu du côté de la production pour atteindre les deux objectifs susmentionnés. En cas d'adoption généralisée de ces technologies, l'augmentation globale de la productivité qui est nécessaire pour accroître la quantité de nourriture à la disposition des ménages de toutes les catégories de revenu de manière à parvenir à éliminer la faim[7] et pour faire baisser de 7 % des émissions de GES par rapport à la période de référence (2022-24) passe de 28 % à 15 % au niveau mondial à l'horizon 2034[8].

L'objectif de faim « zéro » est atteint en portant le revenu moyen par habitant à un niveau suffisant pour que la prévalence de la sous-alimentation passe en dessous du seuil de 2.5 % dans tous les pays où les projections l'annoncent supérieure à ce seuil dans le scénario de référence. La consommation alimentaire dans les pays jouissant de la sécurité alimentaire devrait rester inchangée par rapport au scénario de référence. Dans les pays à revenu intermédiaire de la tranche inférieure, l'augmentation de l'apport moyen en calories qui est nécessaire pour réduire la famine est estimée à 10 % entre la période de référence et l'échéance du scénario. Dans les pays à faible revenu, une hausse de 35 % serait requise. Ces hypothèses sont représentées sur le Graphique 1.14.

Pour atteindre cet objectif de faim « zéro », sans tabler sur une diminution significative des inégalités d'accès à la nourriture, il faut que la production alimentaire augmente de 10 %, en particulier dans les pays à faible revenu et dans les pays à revenu intermédiaire de la tranche inférieure. La réduction des émissions générées par ce surcroît de production de telle sorte que les émissions directes de GES imputables à la production des exploitations agricoles diminuent de 7 % par rapport à leur niveau actuel suppose des gains de productivité et une adoption à plus grande échelle des technologies de réduction des émissions. Le Graphique 1.15 montre que l'importance relative de ces évolutions varie selon les régions.

Dans les régions comptant un pourcentage élevé de pays à faible revenu (Afrique subsaharienne, Proche-Orient et Afrique du Nord, Asie du Sud-Est), on note surtout une hausse de la production. Celle-ci est particulièrement évidente en Afrique, où les émissions de GES continuent de s'accroître par rapport à la situation actuelle. La principale raison est que l'élimination de la faim dans ces régions nécessite une forte augmentation de la production.

En revanche, dans les régions jouissant d'une plus grande sécurité alimentaire (Europe et Asie centrale, Amérique du Nord, Amérique latine et Caraïbes, Asie développée et de l'Est), les gains de productivité et l'adoption de technologies de réduction des émissions sont les évolutions qui dominent. Leur conséquence est une baisse absolue des émissions de GES.

Graphique 1.14. Apport alimentaire moyenne par habitant des principales catégories de produits alimentaires (en équivalents calories), par catégorie de pays selon le revenu

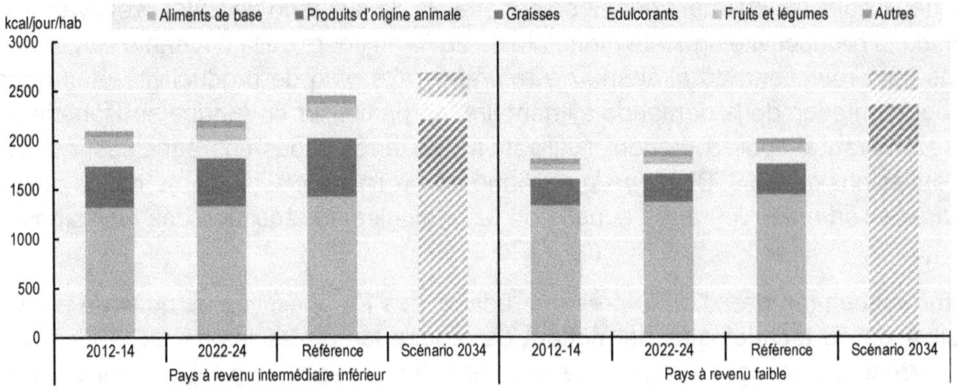

Note : les estimations sont fondées sur les séries chronologiques de l'offre alimentaire provenant de la base de données FAOSTAT relative aux bilans alimentaires qui sont complétées à l'aide de la base de données élaborée pour les besoins des Perspectives et ajustées pour tenir compte des estimations des pertes de distribution et des gaspillages ménagers. Les données relatives aux produits non étudiés dans les Perspectives ont été obtenues par extrapolation. Les aliments de base sont les céréales, les racines et tubercules et les légumineuses. Les produits d'origine animale sont la viande, les produits laitiers (à l'exception du beurre), les œufs et le poisson et autres produits aquatiques. Les matières grasses sont le beurre et les huiles végétales. Les édulcorants sont le sucre et l'isoglucose. La catégorie « Autres » comprend les autres produits végétaux et animaux.
Source : OCDE/FAO (2025), « Perspectives agricoles de l'OCDE et de la FAO », Statistiques agricoles de l'OCDE (base de données), http://data-explorer.oecd.org/s/1hc.

Graphique 1.15. Croissance de la production agricole et des émissions de GES entre 2022-24 (base de référence) et 2034 (scénario envisagé)

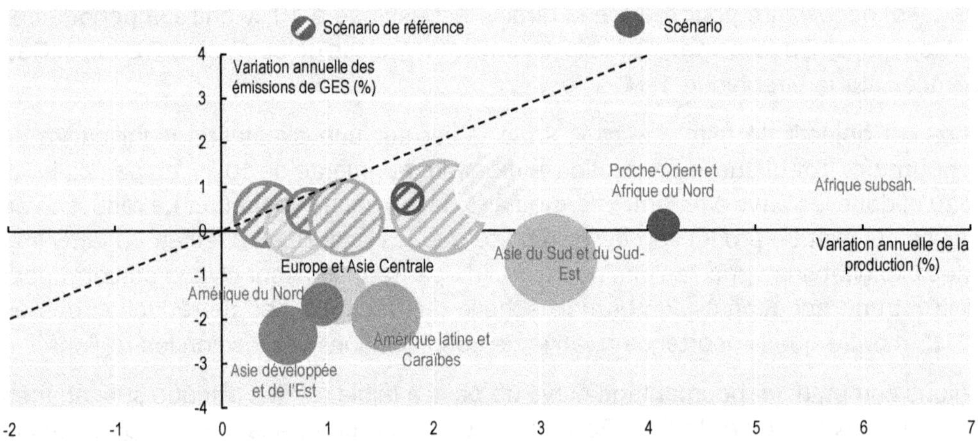

Note : ce graphique illustre les projections de l'augmentation annuelle des émissions directes de GES de l'agriculture et de la valeur nette estimée de la production des produits végétaux et animaux pris en compte dans les Perspectives (en USD constants de 2014-16). La taille des bulles représente le volume des émissions de GES d'origine agricole en 2034. Ces estimations sont fondées sur des séries chronologiques provenant de la base de données de FAOSTAT « Changement climatique : émissions provenant des systèmes agroalimentaires », complétées à l'aide de la base de données élaborée pour les besoins des Perspectives. Les équivalents CO2 sont calculés sur la base du potentiel de réchauffement global de chaque gaz figurant dans le sixième Rapport d'évaluation du GIEC. Pour les catégories d'émission qui ne sont associées à aucune des variables étudiées (à savoir les émissions liées à l'exploitation de sols organiques et aux feux de savane), la valeur disponible la plus récente a été retenue. La catégorie « Autres » comprend les émissions directes de GES dues aux résidus de récolte et à leur incinération, aux feux de savane et à l'exploitation des sols organiques. La valeur nette de la production repose sur les estimations par les auteurs de l'utilisation de semences et d'aliments pour animaux autoproduits.
Source : FAOSTAT, base de données sur les émissions d'origine agricole et base de données sur la valeur de la production agricole, http://www.fao.org/faostat/fr/#data/, consultées en janvier 2025 ; OCDE/FAO (2025), « Perspectives agricoles de l'OCDE et de la FAO », Statistiques agricoles de l'OCDE (base de données), http://data-explorer.oecd.org/s/1hc.

StatLink https://stat.link/wnzvp3

1.6. Échanges : projections d'évolution pour 2025-2034

1.6.1. Les échanges entre régions exportatrices et régions importatrices vont s'intensifier

Suite à la conclusion de l'Accord de l'OMC sur l'agriculture en janvier 1995 et à l'adhésion de la Chine à cette organisation en décembre 2001, le commerce de produits agroalimentaires a considérablement augmenté. La part des produits étudiés dans les *Perspectives* qui font l'objet d'échanges est passée de 16 % en 2000 à 23 % au cours de la période de référence 2022-24, ce qui montre que les échanges progressent plus vite que la production agricole.

Le commerce agroalimentaire mondial a également affiché une remarquable résilience au cours des dernières années, malgré les nombreuses perturbations auxquelles il a été confronté. La pandémie de Covid-19, les conflits géopolitiques, le protectionnisme commercial et les goulets d'étranglement sur les chaînes d'approvisionnement ont représenté d'importants défis. Le secteur a néanmoins réussi à s'adapter et à continuer à fonctionner, ce qui atteste de sa robustesse et de sa résilience. Toutefois, depuis 2019, la part de la production qui est commercialisée s'est stabilisée entre 22 % et 23 %.

Dans la mesure où la production agricole se trouve souvent à distance des régions où la demande en matière d'alimentation humaine et animale devrait le plus augmenter, une coopération multilatérale efficace et un système commercial reposant sur des règles demeurent extrêmement importants. Ces mécanismes offrent la garantie que les produits alimentaires peuvent être efficacement distribués des régions excédentaires vers celles qui sont déficitaires, assurant ainsi la sécurité alimentaire à l'échelle mondiale et la subsistance des populations rurales. En supposant que les marchés mondiaux de produits agricoles continueront à fonctionner correctement, les *Perspectives* prévoient que le pourcentage de calories consommées qui traversent les frontières internationales se stabilisera aux alentours de 22 %. Cette projection montre l'importance continue des échanges internationaux pour la croissance du secteur agroalimentaire mondial, et souligne la nécessité de préserver et de renforcer les cadres commerciaux existants.

La différenciation croissante entre les régions exportatrices ou importatrices nettes de produits agricoles devrait se poursuivre dans les dix prochaines années (Graphique 1.6). Les régions exportatrices nettes (Amérique latine, Amérique du Nord, Europe et Asie centrale) assisteront sans doute à une augmentation de leurs excédents. En Amérique latine, les principaux pays exportateurs (comme le Brésil, l'Argentine et le Paraguay) ont enregistré une forte hausse de leurs exportations au cours de la précédente décennie et devraient continuer à générer des excédents, confirmant ainsi la position de la région au premier rang des exportations agricoles mondiales. L'Amérique du Nord devrait conserver la deuxième position, ses exportations agricoles nettes enregistrant un rebond après être retombées de leur niveau record de 2020 et s'être stabilisées à un niveau inférieur. La région Europe et Asie centrale est devenue exportatrice nette en 2014, après la restructuration et le développement de l'agriculture ainsi que les améliorations de la productivité qui en ont résulté du fait des investissements intérieurs et étrangers dans les pays de la mer Noire.

À l'opposé, les régions enregistrant une forte croissance démographique et une expansion de la classe moyenne devraient voir leurs importations nettes augmenter proportionnellement à la hausse de leur consommation. En Asie du Sud et du Sud-Est, la demande tirée par les revenus et la croissance démographique aux Philippines, en Malaisie, en Inde, au Viet Nam et en Thaïlande ont fait passer la région du statut d'exportatrice nette il y a dix ans à importatrice nette pendant la période de référence. Sur le moyen terme, des pays comme la République islamique d'Iran, les Philippines, l'Indonésie, la Malaisie ainsi que les pays les moins avancés de la région feront croître la demande d'importations. En Afrique subsaharienne, où les marchés mondiaux de produits agroalimentaires sont indispensables pour répondre aux besoins de sécurité alimentaire d'une population connaissant une croissance rapide, les importations nettes d'aliments de base devraient bondir de 55 % d'ici 2034. Néanmoins, l'Afrique voit progresser ses exportations de fruits (voir l'Encadré 1.5). Dans la région Proche-Orient et Afrique du Nord, les importations devraient s'accroître tandis que les exportations seront en baisse. La croissance démographique et les perspectives de production intérieure limitée – due au manque de ressources – contribueront à une hausse des importations nettes estimée à 34 % à l'horizon 2034.

Graphique 1.16. Solde net des échanges des principaux produits agricoles par région, en valeur constante

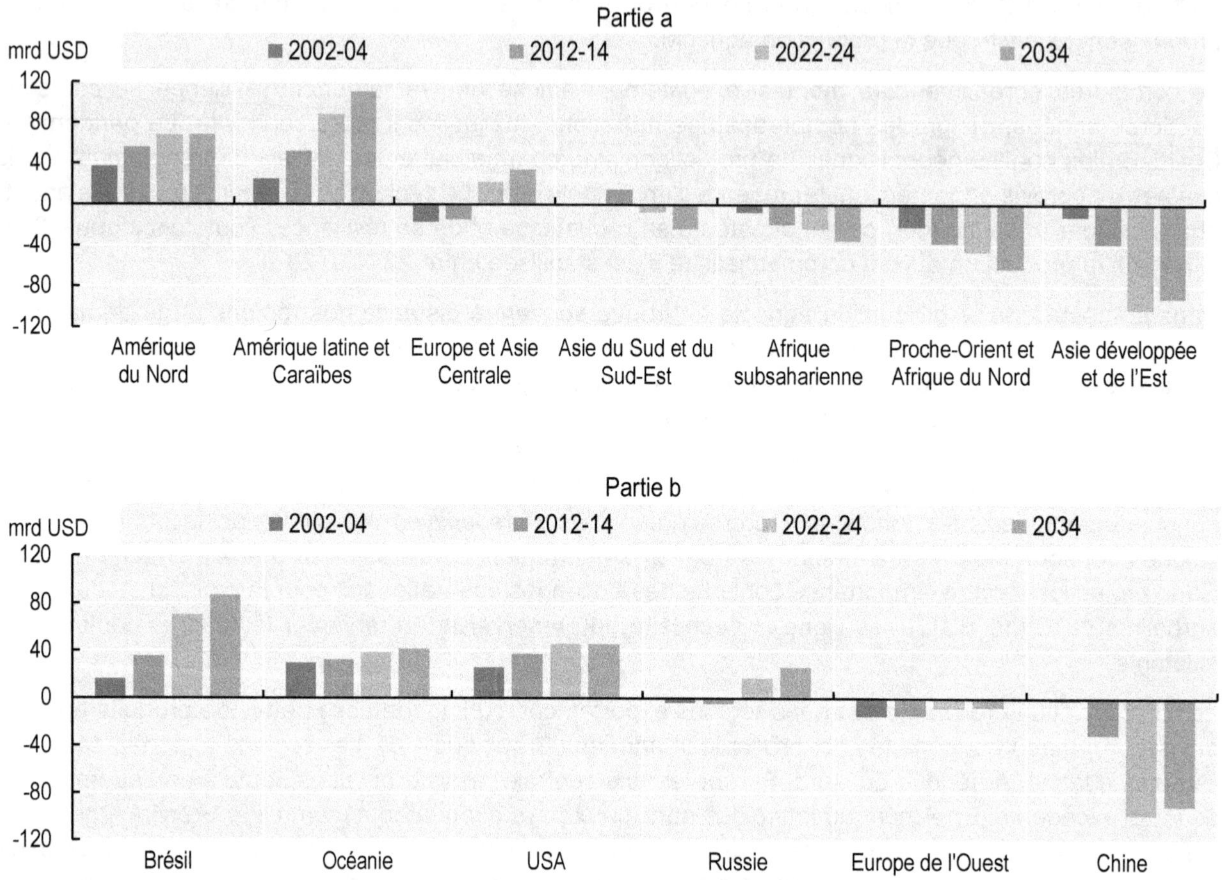

Note : solde net des échanges (exportations moins importations) des produits pris en considération dans les Perspectives agricoles, exprimé en USD constants de 2014-16. Les chiffres relatifs au solde net des échanges tiennent compte des échanges intrarégionaux mais font abstraction des échanges intra-UE.

Source : OCDE/FAO (2025), « Perspectives agricoles de l'OCDE et de la FAO », Statistiques agricoles de l'OCDE (base de données), http://data-explorer.oecd.org/s/1hc

Encadré 1.5. Le rôle des fruits en Afrique

Le secteur des fruits représente une source essentielle de nourriture et recèle un fort potentiel rémunérateur sur un marché mondial de plus en plus concurrentiel. La majorité de la production de fruits est, en Afrique, destinée à la consommation interne. Ces fruits assurent à la population un apport en micronutriments essentiels et une relative diversification alimentaire, et l'on voit depuis quelques années croître sensiblement les échanges commerciaux dont ils font l'objet.

Compte tenu des importantes retombées économiques par hectare que génèrent certaines cultures de fruits, le développement durable de ce secteur est un moyen d'optimiser les ressources limitées du continent et de contribuer à réduire le déficit commercial qui est le sien en ce qui concerne les aliments essentiels. Le secteur peut contribuer encore à la sécurité alimentaire en étant une source de revenu pour les producteurs agricoles et en améliorant l'alimentation des ménages.

Les principaux fruits produits, en quantité et en valeur, sont la banane plantain et la banane à cuire, qui servent d'aliments de base en raison de leur teneur en amidon, ainsi que la banane. Les principaux producteurs de fruits en Afrique, au regard de la valeur de la production, sont l'Algérie, l'Afrique du Sud, l'Égypte, le Maroc et le Nigéria.

Les fruits faisant l'objet d'échanges commerciaux à l'échelle du continent sont très différents de ceux échangés avec l'extérieur. Les fruits les plus fréquemment commercialisés en Afrique sont les pommes, les jus de fruits et les bananes. Les exportations quant à elles concernent essentiellement les agrumes et le raisin, en raison de leur valeur unitaire plus élevée sur les marchés extérieurs. Cette tendance est portée presque exclusivement par l'expansion des exportations de l'Afrique du Sud, de l'Égypte et du Maroc, qui ont considérablement progressé au cours des deux décennies précédentes (Graphique 1.17).

Graphique 1.17. Exportations de fruits en provenance d'Afrique

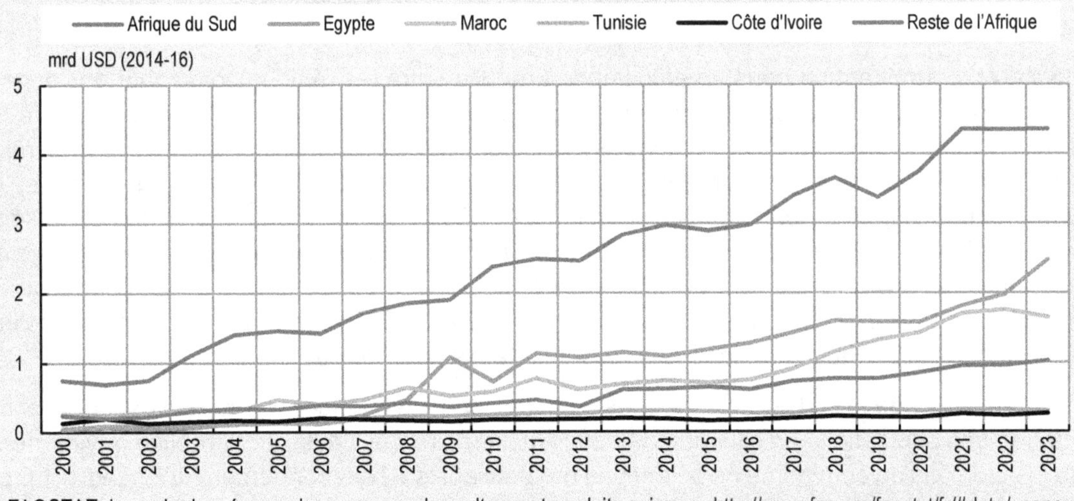

Source : FAOSTAT, base de données sur le commerce des cultures et produits animaux, http://www.fao.org/faostat/fr/#data/, consultées en avril 2025.

Tendances et perspectives

D'après les projections établies pour la production de bananes et de fruits tropicaux et dont il est fait état au Chapitre 10 de la présente publication, la possible progression de la production de fruits en Afrique d'ici 2034 sera probablement influencée par une extension modérée des surfaces cultivées, mais aussi par une productivité toujours médiocre. La croissance de la consommation ne sera pour sa part que graduelle en raison d'une faible croissance des revenus, des problèmes environnementaux et des contraintes géopolitiques qui pèseront sur l'accès aux consommateurs et sur l'accessibilité des produits. Dans ces circonstances, l'amélioration du bilan nutritionnel paraît bien incertaine.

La croissance des échanges à l'échelle de l'Afrique devrait être favorisée par la Zone de libre-échange continentale africaine (ZLECAf) et l'urbanisation, qui est propice à la création de chaînes de valeurs formelles pour la production de fruits. En ce qui concerne les débouchés commerciaux extérieurs, l'Afrique du Sud devrait continuer à tirer parti de la progression de la demande au Proche-Orient, et notamment en Arabie saoudite et aux Émirats arabes unis (EAU), ainsi que sur les marchés d'Extrême-Orient. Le Maroc et l'Égypte jouissent pour leur part d'une excellente situation pour satisfaire la demande d'importations des marchés européens, qui est en hausse. Les exportations de fruits du Kenya devraient elles aussi augmenter, en particulier celles d'avocats, en raison d'une demande de plus en plus forte sur les marchés mondiaux et de nouveaux investissements visant à développer les capacités de production.

Les principaux leviers de croissance future du secteur des fruits en Afrique sont les infrastructures de transport et la chaîne du froid. Les pays enclavés se heurtent à des problèmes particulièrement importants, puisqu'il leur est extrêmement difficile d'accéder aux marchés internationaux. En outre, les périodes de récolte soumettent le secteur aux aléas météorologiques qui compliquent encore la production et la commercialisation.

1.6.2. Les échanges jouent un rôle crucial au regard de l'amélioration de la sécurité alimentaire, de la nutrition et de la durabilité environnementale

Les échanges internationaux de produits agricoles sont extrêmement importants pour équilibrer les excédents et les déficits alimentaires entre les pays, stabiliser les prix de l'alimentation et fournir aux consommateurs du monde entier des aliments plus variés et nutritifs. Ils permettent aussi aux parties prenantes des secteurs de l'agriculture et de l'alimentation d'intervenir sur les marchés mondiaux et les chaînes de valeur agroalimentaires, ce qui accroît leur capacité à produire, à engranger des revenus et à acheter des produits alimentaires.

Par ailleurs, en permettant un transfert efficient de produits entre les régions possédant des capacités de production optimales et celles qui en ont besoin, avec l'appui de dispositions et de normes environnementales promouvant des pratiques agricoles durables dans les accords commerciaux, les échanges agricoles peuvent encourager une utilisation plus durable des terres, de l'eau et d'autres ressources naturelles, réduisant ainsi la pression qui pèse sur les écosystèmes locaux et diminuant l'empreinte carbone du secteur à l'échelle mondiale. Cela dit, l'impact net des échanges agroalimentaires internationaux sur l'environnement est difficile à déterminer car la relocalisation de la production vers des régions où les normes environnementales sont moins strictes et le transport des produits agricoles sur de longues distances peuvent contribuer à la hausse des émissions de gaz à effet de serre.

Il est indispensable que le cadre des échanges actuel évolue, de manière à garantir la sécurité alimentaire et la nutrition des populations en situation de déficit alimentaire mais aussi la durabilité environnementale, afin que les bienfaits du commerce ne soient pas préjudiciables à l'environnement. L'Encadré 1.6 présente de façon succincte les travaux concernant le lien entre le commerce, la nutrition et la viabilité écologique. Si essentiels qu'ils soient à la durabilité, les aspects sociaux et économiques demeurent difficiles à quantifier ou à modéliser. Il sera nécessaire de mettre au point de nouvelles approches analytiques et de nouvelles méthodes qui n'entrent pas dans le cadre du modèle Aglink-Cosimo.

Encadré 1.6. Le rôle des échanges au regard de l'amélioration de la sécurité alimentaire, de la nutrition et de la durabilité environnementale

Le commerce fait partie intégrante des systèmes agroalimentaires car il établit le lien entre les producteurs et les consommateurs du monde entier. Il permet de transférer les produits des régions excédentaires vers celles qui sont déficitaires, contribuant ainsi à la sécurité alimentaire, à la stabilisation des prix et à la diversification des régimes alimentaires.

Le commerce international a joué un rôle clé en rendant cette transformation nutritionnelle possible. En 2023, les échanges mondiaux de produits agricoles et alimentaires ont atteint 1 900 milliards USD. Le volume des calories échangées a plus que doublé entre 2000 et 2023. La diversité des produits disponibles à la consommation s'est considérablement accrue, avec une moyenne actuelle de 225 contre 120 du côté de la production intérieure (Organisation des Nations Unies pour l'alimentation et l'agriculture, 2024[24]). Les échanges permettent donc aux pays disposant de ressources agroécologiques réduites de compléter leur production intérieure avec des importations riches en éléments nutritifs qui offrent une garantie de qualité nutritionnelle et de sécurité alimentaire. L'analyse empirique laisse entendre que l'ouverture commerciale a tendance à réduire le retard de croissance chez les enfants de moins de cinq ans, quel que soit le niveau de revenu du pays.

Cependant, les échanges peuvent aussi contribuer à accroître la disponibilité d'aliments très énergétiques, riches en matières grasses, en sucre et/ou en sel, même si leurs effets en termes d'obésité sont hétérogènes et liés aux habitudes et aux contextes alimentaires de chaque pays (Organisation des Nations Unies pour l'alimentation et l'agriculture, 2024[24]). Pour ce qui est des pays très dépendants des importations, une disponibilité accrue d'aliments (ultra-)transformés via les échanges peut accélérer la transition vers une alimentation obésogène.

Pourtant, la viabilité écologique du modèle commercial actuel n'est pas garantie. Dans les pays à faible revenu et à revenu intermédiaire, la hausse des revenus et la modification des préférences devraient accroître la consommation de produits animaux et halieutiques au cours de la prochaine décennie. Dans le même temps, la croissance démographique ajoutera une pression supplémentaire sur la demande agrégée en protéines. La production animale et aquacole contribue pour une part importante aux émissions de gaz à effet de serre (GES), et selon le lieu et le mode de production, les échanges peuvent amplifier cet impact. L'intensité des émissions est en revanche très variable. Il est donc possible, dans certaines conditions, que les échanges réduisent les émissions mondiales en relocalisant la production dans des régions plus efficientes, notamment où les émissions liées au transport sont relativement faibles (Avetisyan, Hertel et Sampson, 2013[25]).

Ce résultat dépend cependant de plusieurs facteurs. Les contraintes structurelles, les politiques commerciales et les préférences nationales peuvent empêcher la mise en œuvre de flux commerciaux éco-efficients. D'autre part, si des garde-fous environnementaux ne sont pas mis en place, l'ouverture aux échanges peut conduire à une utilisation intensive des ressources dans le cadre de la production, à la déforestation et au recul de la biodiversité (Organisation des Nations Unies pour l'alimentation et l'agriculture, 2022[26]). On voit donc que l'impact net des échanges sur l'environnement et la nutrition dépend du contexte et est souvent ambigu.

S'agissant de l'avenir, la mise en œuvre de politiques promouvant des marchés alimentaires mondiaux ouverts et efficients, ainsi que l'instauration de réglementations et de normes de durabilité au niveau national, sont indispensables. Il est de plus en plus fréquent que les accords commerciaux régionaux intègrent des dispositions environnementales et promeuvent des systèmes de certification volontaire (Organisation des Nations Unies pour l'alimentation et l'agriculture, 2022[26]). L'alignement des échanges sur les objectifs environnementaux et nutritionnels nécessitera des investissements dans la production éco-efficiente, un meilleur calcul de l'empreinte carbone des différentes chaînes de valeur, ainsi qu'une analyse nuancée des cas où les échanges favorisent – ou empêchent – la résilience des systèmes alimentaires locaux.

Note : Selon les comptes disponibilité/utilisation de la FAO, les produits alimentaires peuvent être soit des aliments pris individuellement (comme les myrtilles ou les pommes de terre), soit des catégories de produits (comme les légumes surgelés ou les aliments à base de chocolat).

1.7. Prix : projections d'évolution pour 2025-2034

1.7.1. La baisse continue des prix mondiaux des produits agricoles en valeur réelle sur le long terme repose sur la poursuite des investissements dans l'amélioration de la productivité

Les *Perspectives* utilisent les prix en vigueur dans les grands ports internationaux comme références pour faire la lumière sur les marchés mondiaux des produits agricoles. Les prix mondiaux des produits agricoles en valeur réelle devraient suivre une tendance à la baisse sur le long terme, en supposant une amélioration continue de la productivité et des conditions météorologiques normales, qui devraient abaisser le coût marginal de production de la plupart des produits agricoles (Graphique 1.18).

Graphique 1.18. Évolution à long terme des prix des produits agricoles, en valeur réelle

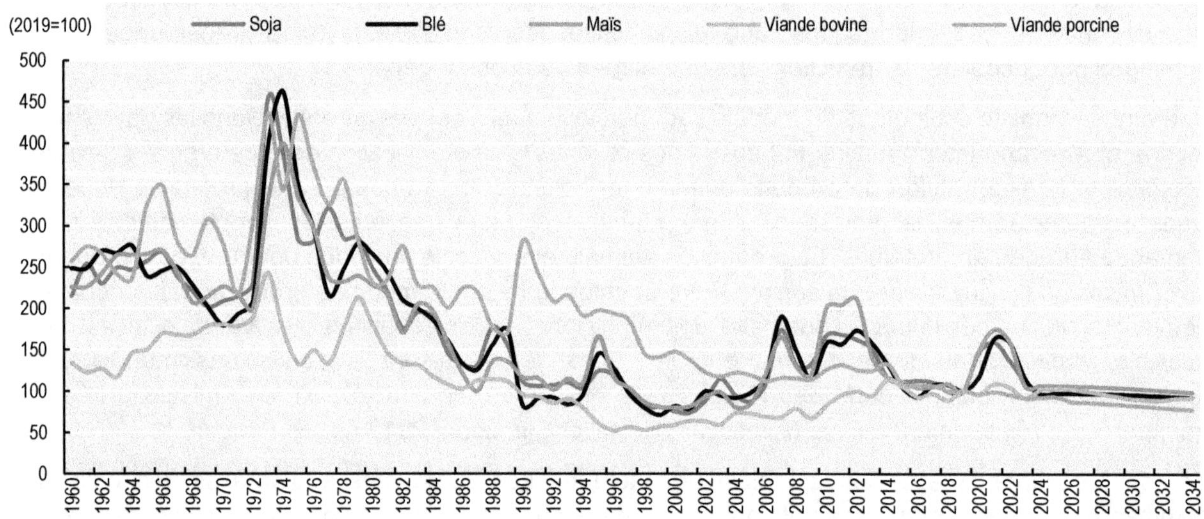

Note : les données rétrospectives concernant le soja, le blé, le maïs et le bœuf proviennent de la Banque mondiale, « World Commodity Price Data » (1960-89). Celles concernant le porc sont tirées des statistiques du ministère de l'Agriculture des États-Unis (USDA QuickStats) (1960-89).

Source : OCDE/FAO (2025), « Perspectives agricoles de l'OCDE et de la FAO », Statistiques agricoles de l'OCDE (base de données), http://data-explorer.oecd.org/s/1hc.

La poursuite des investissements dans la biotechnologie, la mécanisation et l'agriculture de précision – qui permettent d'améliorer la productivité de l'agriculture – est indispensable pour faire effectivement baisser les prix des produits agricoles en valeur réelle. Sans ces investissements, le secteur risque d'avoir du mal à obtenir les gains de productivité requis, ce qui pourrait entraîner la majoration des coûts de production et l'augmentation des prix des produits agricoles.

Il est en outre important de reconnaître que l'impact véritable des variations des prix mondiaux des produits agricoles sur les producteurs et les consommateurs locaux est extrêmement variable. Des facteurs comme les coûts de transport, les fluctuations de la monnaie locale, les politiques commerciales et le degré d'intégration des marchés intérieurs dans le système commercial international déterminent si, et dans quelle mesure, les signaux de prix internationaux se répercutent sur les marchés intérieurs, influençant de ce fait les prix de l'alimentation à l'échelon local. À titre d'exemple, des coûts de transport élevés peuvent atténuer l'effet des variations des prix mondiaux en les rendant moins perceptibles par les producteurs et les consommateurs locaux, alors que les fluctuations de la monnaie locale peuvent soit amplifier, soit atténuer cet effet. La compréhension de cette dynamique est cruciale pour les responsables de l'action publique souhaitant stabiliser les prix des aliments au niveau local et garantir la sécurité alimentaire.

1.7.2. Les simulations stochastiques montrent la variation possible des projections des prix

Les projections des prix présentées dans ces *Perspectives* sont le fruit de l'interaction entre les facteurs fondamentaux de l'offre et de la demande dans le contexte des tendances attendues en matière de météorologie et de rendements, ainsi que des hypothèses spécifiques concernant la situation macroéconomique et les politiques publiques. Bien que ces *Perspectives* s'appuient sur les meilleures informations disponibles, ces projections et les hypothèses qui les sous-tendent présentent inévitablement un degré d'incertitude. Parmi ces incertitudes figurent les événements météorologiques extrêmes, les maladies des animaux et des végétaux, les changements d'orientations stratégiques et les tensions géopolitiques, qui peuvent avoir des conséquences sur les perspectives de production et d'échanges et provoquer une volatilité inattendue du marché.

Le risque d'instabilité des prix des produits alimentaires est particulièrement élevé en raison du manque d'élasticité croissant de la demande mondiale d'aliments par rapport au prix, en particulier dans les pays à revenu élevé et intermédiaire. Ce manque de flexibilité signifie que des perturbations même minimes de l'offre peuvent provoquer des fluctuations des prix de grande ampleur qui ont un impact sur l'accessibilité financière des aliments pour les populations vulnérables, qui peinent peut-être déjà à se nourrir correctement. Par conséquent, des mesures de protection sociale (comme des subventions alimentaires, une aide financière ciblée et des filets de sécurité robustes) sont d'une importance capitale pour atténuer les effets délétères des variations des prix des produits alimentaires. De même, un environnement économique et politique favorable – c'est-à-dire privilégiant les investissements dans la production alimentaire locale, instaurant une plus grande discipline commerciale et favorisant l'amélioration de la résilience et de l'efficience des chaînes d'approvisionnement alimentaires – est également nécessaire.

Pour évaluer les répercussions de ces écarts par rapport aux tendances prévues, une analyse stochastique partielle des projections de référence a été réalisée. Cette analyse simule la variabilité potentielle future des principaux déterminants des prix en s'appuyant sur leur variabilité observée par le passé. Elle tient compte des fluctuations des facteurs macroéconomiques mondiaux et des rendements de certaines cultures, mais pas de la variabilité liée aux maladies des animaux ou aux modifications des politiques publiques. Les résultats agrégés de plusieurs sessions de l'analyse stochastique partielle (voir le Graphique 1.19) montrent que les prix ont une probabilité de 75 % de rester à l'intérieur de l'intervalle bleu, quelle que soit l'année considérée, et une probabilité de 90 % de rester à l'intérieur de l'intervalle vert. La probabilité qu'un événement extrême faisant passer les prix à l'extérieur de ces intervalles se produise au moins une fois au cours de la période de projection est de 40 %. L'analyse stochastique partielle permet aux responsables de l'action publique de mieux comprendre les risques budgétaires que peut entraîner le versement de prestations sociales en cas de hausse des prix des produits alimentaires, ou les risques que font courir des prix bas pour la subsistance des producteurs.

Graphique 1.19. Niveau de référence et intervalles stochastiques applicables à certains prix de référence internationaux

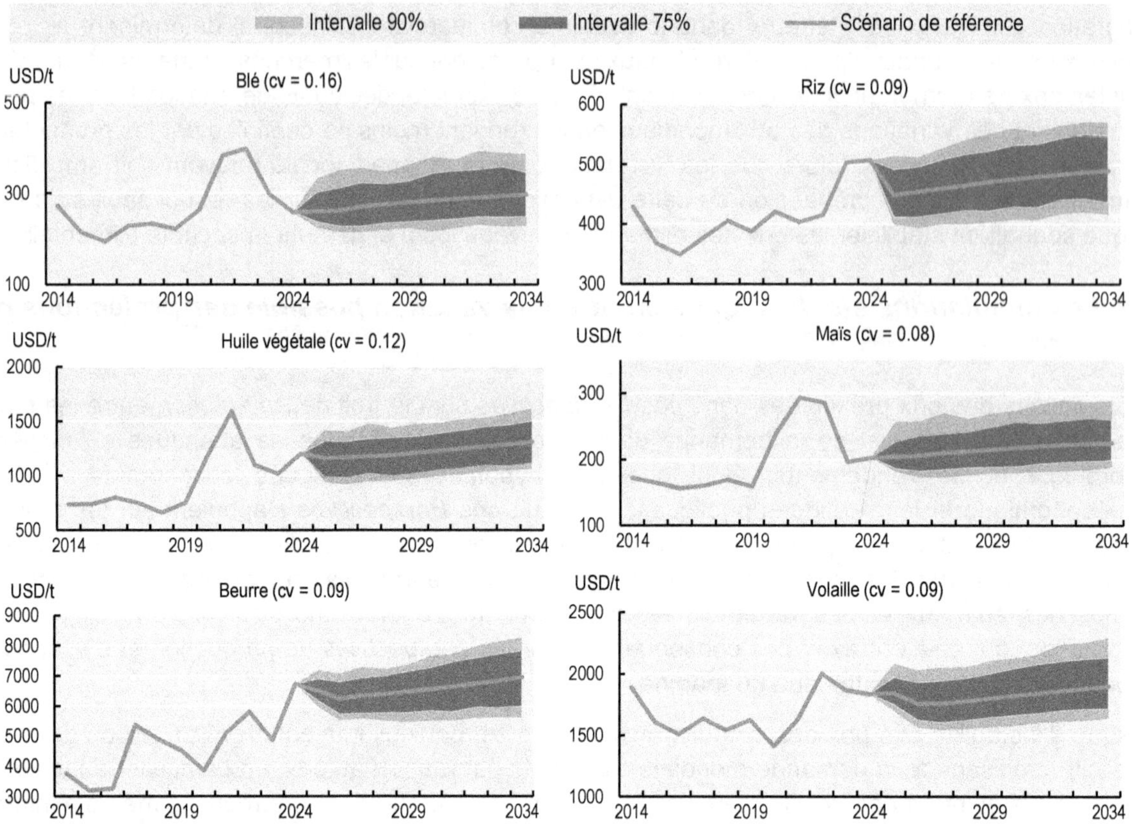

Note : évolution attendue des prix nominaux dans le cadre du scénario de base des Perspectives (ligne continue) par rapport aux effets stochastiques représentés dans les intervalles de confiance de 75 % (en bleu) et de 90 % (en vert).
Source : OCDE/FAO (2025), « Perspectives agricoles de l'OCDE et de la FAO », Statistiques agricoles de l'OCDE (base de données), http://data-explorer.oecd.org/s/1hc.

StatLink https://stat.link/8j0132

Références

Adenäuer, M., C. Frezal et T. Chatzopoulos (2023), « Mitigating the impact of extreme weather events on agricultural markets through trade », *OECD Food, Agriculture and Fisheries Papers*, n° 198, Éditions OCDE, Paris, https://doi.org/10.1787/aa584482-en. [4]

Adenäuer, M., E. Laget et M. Cluff (2024), « Fertile Futures : Scenario Analysis on the Interconnected Dynamics of Fertiliser and Agricultural Markets », *OECD Food, Agriculture and Fisheries Papers*, n° 207, Éditions OCDE, Paris, https://doi.org/10.1787/b1606a57-en. [2]

Adenäuer, M., E. Laget et M. Cluff (2024), « Fertile Futures : Scenario Analysis on the Interconnected Dynamics of Fertiliser and Agricultural Markets », *OECD Food, Agriculture and Fisheries Papers*, n° 207, OECD Publishing, Paris, https://doi.org/10.1787/b1606a57-en. [3]

AIE (2024), *World Energy Outlook 2024*, https://www.iea.org/reports/world-energy-outlook-2024?language=fr. [1]

Avetisyan, M., T. Hertel et G. Sampson (2013), « Is Local Food More Environmentally Friendly? The GHG Emissions Impacts of Consuming Imported versus Domestically Produced Food », *Environmental and Resource Economics*, vol. 58/3, pp. 415-462, https://doi.org/10.1007/s10640-013-9706-3. [25]

FAO (2024), *Advancing public investment in agriculture to reduce rural poverty and end hunger: key developments in Guatemala under the Hand-in-Hand Initiative*, https://www.fao.org/hand-in-hand/news/guatemala-hand-in-hand/en. [18]

FAO (2024), *Hand-in-Hand Regional Initiative for Southern Africa*, https://www.fao.org/hand-in-hand/hih-IF-2024/southern-africa/en. [19]

FAO (2024), *The State of World Fisheries and Aquaculture 2024*, FAO, https://doi.org/10.4060/cd0683en. [7]

FAO (2023), *Contribution of terrestrial animal source food to healthy diets for improved nutrition and health outcomes*, FAO, https://doi.org/10.4060/cc3912en. [6]

FAO (2011), *Global Food Losses and Food Waste. Extent, Causes and Prevention*, FAO, https://www.fao.org/4/mb060e/mb060e00.htm. [15]

FAO, FIDA, OMS, PAM et UNICEF (2020), *L'État de la sécurité alimentaire et de la nutrition dans le monde 2020 - Des financements pour éliminer la faim, l'insécurité alimentaire et toutes les formes de malnutrition*, FAO, FIDA, OMS, PAM et UNICEF, https://doi.org/10.4060/ca9692en. [10]

FAO, FIDA, OMS, PAM et UNICEF (2019), *L'État de la sécurité alimentaire et de la nutrition dans le monde 2019 - Des financements pour éliminer la faim, l'insécurité alimentaire et toutes les formes de malnutrition*, Organisation des Nations Unies pour l'alimentation et l'agriculture, Rome, https://doi.org/10.4060/ca5162en. [9]

Herforth, A. et al. (2022), *Methods and options to monitor the cost and affordability of a healthy diet globally*, FAO, https://doi.org/10.4060/cc1169en. [5]

IIASA (2023), *Global Biosphe Management Model (GLOBIOM) documentation*, https://pure.iiasa.ac.at/id/eprint/18996/1/GLOBIOM_Documentation.pdf. [22]

Nenert, C. et al. (2025), *The potential effects of reducing food loss and waste : Impacts on the triple challenge and cost-benefits analysis*, Éditions OCDE, Paris, https://doi.org/10.1787/bd2aedc6-en. [16]

OCDE (2025), *A Stocktaking of Food Loss and Waste Policies: Australia*, Éditions OCDE, https://www.oecd.org/content/dam/oecd/en/topics/policy-issue-focus/food-loss-and-waste/A%20Stocktaking%20of%20FLW-Japan.pdf (consulté le 2 avril 2025). [12]

OCDE (2025), *A Stocktaking of Food Loss and Waste Policies: France*, Éditions OCDE, https://www.oecd.org/content/dam/oecd/en/topics/policy-issue-focus/food-loss-and-waste/A%20Stocktaking%20of%20FLW-France.pdf (consulté le 2 avril 2025). [13]

OCDE (2025), « Beyond food loss and waste reduction targets : Translating reduction ambitions into policy outcomes », *OECD Food, Agriculture and Fisheries Papers*, n° 214, Éditions OCDE, Paris, https://doi.org/10.1787/59cf6c95-en. [11]

OCDE (2024), *A Stocktaking of Food Loss and Waste Policies: Japan*, https://www.oecd.org/content/dam/oecd/en/topics/policy-issue-focus/food-loss-and-waste/A%20Stocktaking%20of%20FLW-Japan.pdf (consulté le 2 avril 2025). [14]

OCDE/FAO (2024), *Perspectives agricoles de l'OCDE et de la FAO 2024-2033*, Éditions OCDE, Paris et Organisation des Nations Unies pour l'alimentation et l'agriculture, Rome, https://doi.org/10.1787/96f19970-fr. [21]

OCDE/FAO (2022), *Perspectives agricoles de l'OCDE et de la FAO 2022-2031*, Éditions OCDE, Paris, https://doi.org/10.1787/63c6c63f-fr. [23]

Organisation des Nations Unies pour l'alimentation et l'agriculture, Rome (2024), *L'État de la sécurité alimentaire et de la nutrition dans le monde 2024 - Des financements pour éliminer la faim, l'insécurité alimentaire et toutes les formes de malnutrition*, FAO, FIDA, OMS, PAM et UNICEF, https://doi.org/10.4060/cd1254en. [8]

Organisation des Nations Unies pour l'alimentation et l'agriculture (2024), *Hand-in-Hand (HIH) Targeted investments for sustainable and at-scale agrifood aystems development*, https://openknowledge.fao.org/handle/20.500.14283/cd0917en. [20]

Organisation des Nations Unies pour l'alimentation et l'agriculture (2024), *The State of Agricultural Commodity Markets 2024 - Trade and nutrition Policy coherence for healthy diets*, https://doi.org/10.4060/cd2144en. [24]

Organisation des Nations Unies pour l'alimentation et l'agriculture (2022), *Ethiopia Hand-in-Hand Initiative Investment Forum 2022*, https://www.fao.org/hand-in-hand/investment-forum-2022/ethiopia/en (consulté le 2025). [17]

Organisation des Nations Unies pour l'alimentation et l'agriculture (2022), *The State of Agricultural Commodity Markets 2022 - The geograpgy of food and agricultural trade: Policy approaches for sustainable development*, FAO, https://doi.org/10.4060/cc0471en. [26]

Notes

[1] Pour ce qui est de l'évolution démographique, les *Perspectives* se fondent sur les projections de la variante moyenne tirées de la révision de 2024 de la base de données du rapport de l'ONU sur les Perspectives de la population dans le monde.

[2] Les hypothèses relatives au PIB et au revenu par habitant au niveau national au cours de la prochaine décennie reposent sur les *Perspectives de l'économie mondiale* du Fonds monétaire international (octobre 2024), dont l'horizon de projection, fixé à 2029, est étendue jusqu'en 2034.

[3] Pour les besoins des *Perspectives*, la consommation alimentaire s'entend des aliments disponibles, déduction faite de ceux jetés lors de la distribution.

[4] Norme mondiale utilisée par la FAO pour calculer le coût et l'accessibilité financière d'un régime bon pour la santé, le Panier alimentaire sain repose sur le panier moyen et les préconisations issus des recommandations nutritionnelles nationales fondées sur le choix des aliments. Il correspond à un apport énergétique alimentaire cible de 2 330 kcal/personne/jour.

[5] Le même scénario annonçait un recul de 4 % des émissions directes de GES d'origine agricole. Cela étant, la mise en place de mesures visant à réduire les pertes et le gaspillage alimentaires aurait un coût non négligeable et exigerait de résoudre un certain nombre de problèmes, dont la détérioration des moyens de subsistance des producteurs induite par la baisse de la production et du prix de leurs produits.

[6] Cette estimation est proche de celle tirée d'une analyse antérieure publiée dans l'édition 2024 des *Perspectives*, où l'on évaluait à 153 millions le nombre de personnes qui n'auraient plus à souffrir de la faim si les PGA étaient divisés par deux d'ici 2030. L'écart entre les deux analyses (16 millions de personnes) peut être attribué à l'introduction, dans le cadre de modélisation Aglink-Cosimo, d'une structure de coûts plus précise en ce qui concerne la réduction des PGA et ses effets sur la demande alimentaire.

[7] Dans ce scénario, l'objectif de faim « zéro » est atteint lorsque la prévalence de la sous-alimentation (indicateur ODD 2.1.1) est inférieure à 2.5 % dans chaque pays. La prévalence de la sous-alimentation est calculée à partir de la disponibilité moyenne en calories, des besoins énergétiques alimentaires minimaux et des inégalités d'accès à la nourriture dans un pays. La disponibilité moyenne en calories dans un pays est fonction du revenu par habitant et évolue avec celui-ci. Le revenu par habitant est ajusté de telle sorte que la disponibilité en calories soit supérieure aux besoins énergétiques alimentaires minimaux de 97.5 % des consommateurs, les habitudes alimentaires étant ajustées en parallèle pour correspondre au niveau de revenu. La projection des inégalités d'accès à la nourriture épouse la tendance baissière à long terme dans la plupart des pays, et le niveau de ces inégalités demeure conforme à la base de référence retenue pour le scénario.

[8] Ces deux pourcentages ne sont pas totalement comparables car ils correspondent à des périodes de référence différentes où le niveau de productivité initial n'était pas le même, et tendent vers des horizons différents. Ces différences, ainsi que l'intégration de technologies particulières dans le scénario de 2025, appellent à faire preuve de prudence lors de la comparaison des résultats.

2 Céréales

Ce chapitre s'intéresse aux marchés mondiaux des céréales : il en décrit l'évolution puis présente des projections à moyen terme pour la période 2025-34. Les projections couvrent la consommation, la production, les échanges et le prix du blé, du riz, du maïs et d'autres céréales secondaires. Ce chapitre s'achève par un examen des principaux risques et incertitudes susceptibles d'avoir une incidence sur les marchés mondiaux des céréales au cours de la prochaine décennie.

2.1. Principaux éléments des projections

La croissance de la consommation mondiale de céréales devrait être modérée, du fait d'une augmentation plus mesurée de leur utilisation pour l'alimentation animale et pour la fabrication de biocarburants. La consommation de céréales destinées à l'alimentation humaine devrait progresser de 1.1 % par an pour atteindre 1.28 Gt d'ici 2034, principalement sous l'effet de la hausse de la population en Asie et en Afrique. Le développement de la production animale en Asie et dans les Amériques entraînera une augmentation de l'utilisation des céréales pour l'alimentation animale.

La production mondiale de céréales devrait augmenter de 1.1 % par an, atteignant 3.2 Gt d'ici 2034, et sera principalement due à l'augmentation des rendements plutôt qu'à une extension des superficies récoltées. Les rendements céréaliers devraient s'accroître de 0.9 % par an en moyenne, stimulés par les améliorations technologiques, l'adoption plus large de variétés de semences améliorées et la progression des pratiques agricoles, dont l'utilisation optimisée des intrants et des ressources.

Les échanges mondiaux de céréales continueront de se développer au rythme de la production. La part de la production échangée restera légèrement supérieure aux 17 % enregistrés pendant la période de référence. La plupart des pays africains et asiatiques, à l'exception des principaux exportateurs de riz, devraient rester ou devenir des importateurs nets de céréales. Cette évolution reflète non seulement les disparités en matière de disponibilité des ressources naturelles, mais aussi la hausse de la population et des revenus, qui fait augmenter la demande au-delà des capacités d'approvisionnement nationales. Parallèlement, les Amériques et certaines parties d'Europe devraient consolider leur position de fournisseurs mondiaux clés.

En valeur réelle, les prix annuels des céréales devraient baisser durant la période de projection, sous l'effet de la réduction des coûts de production entraînée par la croissance de la productivité et les gains d'efficacité. Toutefois, les prix nominaux des céréales devraient afficher une tendance à la hausse, en raison de l'inflation supposée.

Les projections de référence sont entourées d'incertitudes à moyen terme, étant donné que les hypothèses concernant les coûts énergétiques, les conditions météorologiques, les tensions géopolitiques, la demande d'importations émanant de la République populaire de Chine (ci-après « la Chine ») et les politiques commerciales qui les sous-tendent pourraient ne pas se matérialiser. En outre, les prix des produits alimentaires à la consommation réels pourraient ne pas refléter entièrement l'évolution des prix des produits agricoles, étant donné que les coûts de transformation et l'état des marchés locaux peuvent peser davantage que les variations des prix mondiaux.

2.2. Tendances actuelles du marché

Les prix mensuels du maïs ont augmenté régulièrement depuis juillet 2024 pour atteindre 221 USD/t en février 2025, tirés par la contraction de l'offre mondiale – qui découle d'une diminution de la production mondiale et des stocks, en particulier au Brésil – et une demande soutenue d'exportations des États-Unis. L'incertitude entourant les mesures commerciales et l'état des cultures pour les récoltes en cours en Argentine et au Brésil continuent également à jouer sur les variations des prix mondiaux.

Les prix du blé ont été plus instables, fluctuant entre 250 et 270 USD/t, mais ont globalement diminué au deuxième semestre 2024 et sont restés bas en glissement annuel en février 2025. Malgré le resserrement de l'offre de la Fédération de Russie (ci-après « la Russie ») et de l'Union européenne, l'évolution générale des prix reste modeste en raison de la forte concurrence s'exerçant entre les autres exportateurs dans un contexte de baisse de la demande émanant de divers importateurs tels que la Chine et le Pakistan où l'offre nationale était suffisante en 2024. L'offre saisonnière actuelle de l'Australie et de l'Argentine aide à compenser les répercussions des conditions de culture défavorables et de la diminution des quantités exportables au sein de l'Union européenne.

Les cours internationaux de l'orge ont renoué avec leur tendance à la hausse à long terme en 2024 et ont augmenté régulièrement depuis septembre 2024 du fait de préoccupations concernant l'approvisionnement dans les grandes régions exportatrices et de caractéristiques favorables de la demande à d'autres fins que l'alimentation humaine, comme l'alimentation animale et la fabrication de malt.

Les cours mondiaux du riz, qui sont restés élevés la majeure partie de l'année 2024, ont chuté depuis octobre 2024, sous l'effet de l'abrogation des restrictions à l'exportation en Inde, de la perspective de récoltes abondantes pour les fournisseurs de l'hémisphère Nord, du ralentissement de la demande d'importations en Indonésie et de la dépréciation des devises des principaux exportateurs par rapport au dollar des États-Unis.

2.3. Projections relatives au marché

2.3.1. Consommation

Les pays asiatiques alimenteront la croissance de la demande de céréales

L'alimentation humaine continuera de représenter la majeure partie de la demande de céréales, suivie de près par l'alimentation animale. En 2034, 40 % de l'ensemble des céréales seront directement consommés par l'homme, tandis que 33 % seront utilisés pour les aliments pour animaux. Les biocarburants et les autres usages devraient représenter les 27 % restants. Toutefois, ces parts varient selon le type de céréales. Si le blé et le riz sont principalement utilisés pour la consommation humaine, le maïs et les autres céréales secondaires sont majoritairement destinés à la consommation animale (Graphique 2.1).

Graphique 2.1. Consommation mondiale de céréales en 2034

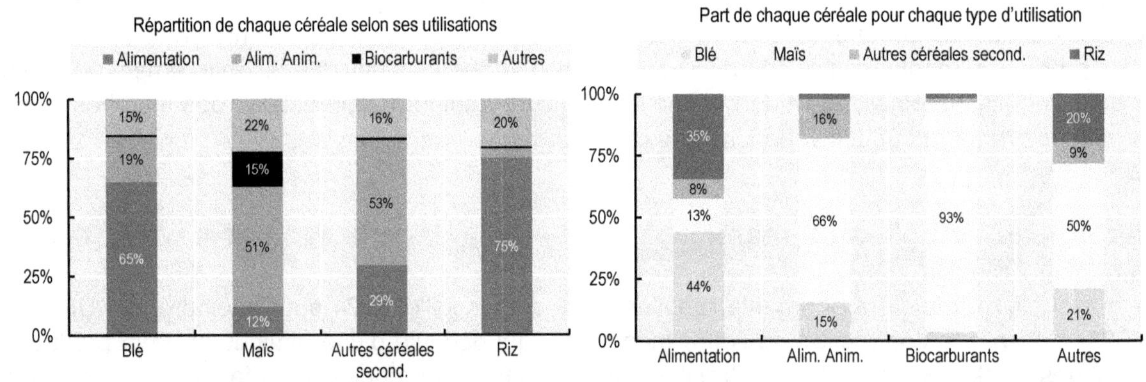

Note : comment interpréter les graphiques – l'alimentation humaine représentera 65 % de la consommation totale de blé en 2034 (à gauche). Le blé représentera 44 % de la consommation totale de céréales dans le cadre de l'alimentation humaine (à droite).
Source : OCDE/FAO (2025), « Perspectives agricoles de l'OCDE et de la FAO », Statistiques agricoles de l'OCDE (base de données), http://data-explorer.oecd.org/s/1hc.

En 2034, entre 49 % et 65 % de la consommation mondiale de céréales devrait avoir lieu dans les cinq principaux pays consommateurs de chaque céréale (Graphique 2.2), ce qui est nettement moins concentré que la production (Graphique 2.4). La consommation mondiale de céréales devrait progresser pour passer de 2.8 Gt pendant la période de référence à 3.2 Gt en 2034, principalement sous l'effet de leur utilisation accrue dans l'alimentation humaine (+146 Mt) et animale (+134 Mt). Les pays asiatiques représenteront

54 % de l'augmentation totale de la demande. La consommation dans le cadre de l'alimentation humaine devrait progresser à un rythme légèrement plus soutenu qu'au cours des dix années précédentes. La hausse mondiale de l'utilisation des céréales dans l'alimentation animale devrait être due au premier chef au maïs, suivi par les autres céréales secondaires et le blé.

Graphique 2.2. Concentration de la demande mondiale de céréales en 2034

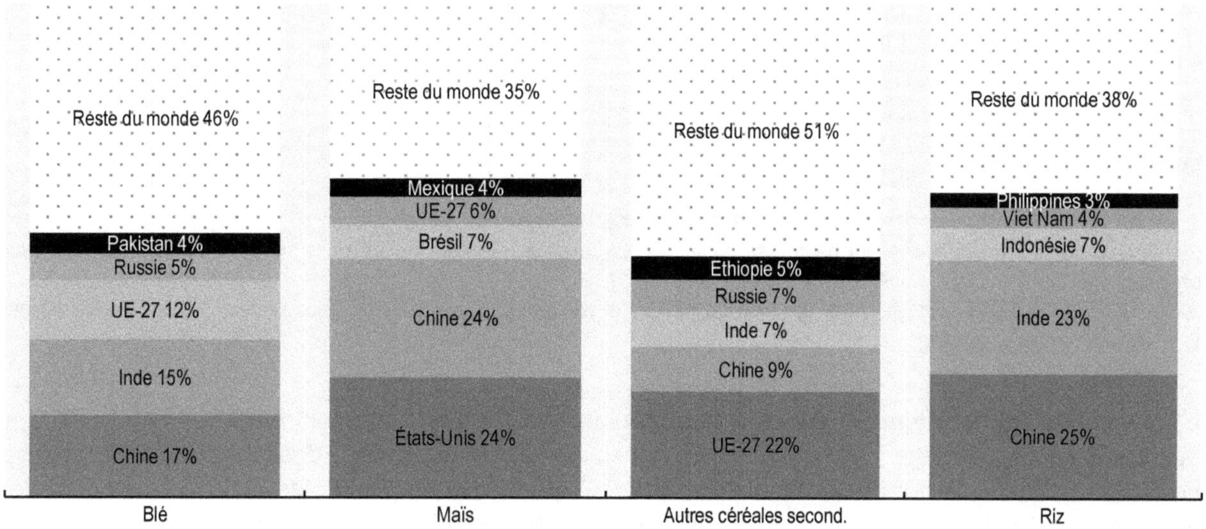

Note : les chiffres indiqués correspondent aux pourcentages du total mondial correspondant.
Source : OCDE/FAO (2025), « Perspectives agricoles de l'OCDE et de la FAO », Statistiques agricoles de l'OCDE (base de données), http://data-explorer.oecd.org/s/1hc.

La consommation de blé devrait croître de 11 % d'ici 2034 par rapport à la période de référence. L'Inde et la Chine devraient y contribuer à hauteur de 30 %. L'utilisation mondiale de blé pour l'alimentation humaine devrait croître de 57 Mt, mais se maintenir aux alentours de 65 % de la consommation totale. Cette hausse sera légèrement plus faible que lors de la précédente décennie, suivant le ralentissement de la croissance de la population mondiale.

À l'échelle mondiale, l'augmentation de la consommation alimentaire de blé est tirée par l'Asie, où le blé est la composante essentielle du régime alimentaire d'une grande part de la population. En Afrique, la consommation alimentaire de blé continue de progresser au-delà du périmètre traditionnel de l'Afrique du Nord, se développant en Afrique subsaharienne. Par ailleurs, la demande de produits alimentaires transformés, qui nécessitent du blé de qualité supérieure, riche en protéines, produit en Amérique du Nord, en Australie et, dans une moindre mesure, dans l'Union européenne et en Russie, est en hausse. Certains pays d'Afrique du Nord et d'Asie occidentale et centrale, notamment l'Égypte, la Türkiye et la République islamique d'Iran, resteront d'importants consommateurs de blé, avec des niveaux élevés de consommation par habitant. La production mondiale d'éthanol à base de blé devrait diminuer de 6 % par rapport à la période de référence.

Le riz est principalement destiné à la consommation humaine et représente l'un des principaux aliments de base en Asie, en Amérique latine et dans les Caraïbes, et de plus en plus, en Afrique. La consommation totale mondiale de riz devrait s'accroître de 1 % par an au cours de la période de projection, contre 1.1 % lors de la précédente décennie. Les pays d'Asie représentent 69 % de cette projection de hausse, qui s'explique davantage par la croissance démographique que par l'augmentation de la consommation par habitant (Tableau 2.1). La consommation moyenne de riz par habitant devrait augmenter de 0.8 kilogramme par rapport à la période de référence, tirée essentiellement par l'Asie et l'Afrique subsaharienne.

Tableau 2.1. Consommation de riz par habitant

	kg/personne/an		Taux de croissance (% par an)
	2022-2024	2034	
Afrique	24.8	27.7	0.95
Amérique du Nord	10.4	10.8	0.50
Europe	6.4	6.8	0.22
Océanie	19.1	19.7	0.19
Amérique latine et Caraïbes	25.2	24.9	-0.30
Asie	71.9	73.3	0.10
Monde	50.2	51.0	0.07

Note : la dernière colonne indique le taux de croissance annuel moyen calculé selon la méthode des moindres carrés, 2025-2034 (voir le glossaire).
Source : OCDE/FAO (2025), « Perspectives agricoles de l'OCDE et de la FAO », Statistiques agricoles de l'OCDE (base de données), http://data-explorer.oecd.org/s/1hc.

La consommation mondiale de maïs devrait augmenter de 1.3 % par an, contre 1.7 % par an pendant la décennie précédente. Cette croissance résulte principalement d'une hausse des revenus qui se traduit par une progression de la demande de maïs fourrager, qui devrait continuer de représenter 50 % de la consommation totale de maïs. Les pays asiatiques représenteront 56 % de la hausse de la consommation en alimentation animale, en raison de l'essor et de l'intensification rapides des secteurs de l'élevage du bétail et de la volaille. À l'échelle mondiale, la demande de maïs fourrager devrait croître de 104 Mt pour atteindre 709 Mt, à un rythme plus lent que celui des dix dernières années.

La demande de maïs fourrager en Chine, pays grand consommateur de maïs, devrait progresser d'environ 1 % par an, contre 2.5 % durant la décennie précédente. Si le développement de l'élevage et la reconstitution des élevages porcins après l'épizootie de peste porcine africaine ont entraîné un redressement de la demande intérieure de maïs fourrager ces dernières années, la Chine devrait enregistrer un ralentissement de la croissance de son secteur de l'élevage, ainsi qu'une amélioration de l'efficacité alimentaire et une diversification de la composition de la ration alimentaire, des avancées appuyées par des interventions visant à améliorer l'autosuffisance en matière d'offre d'aliments pour animaux.

L'utilisation du maïs blanc pour l'alimentation humaine devrait augmenter principalement en Afrique subsaharienne, où la croissance de la population est forte. Le maïs restera un aliment de base important qui représentera environ un quart de l'apport calorique total. La consommation de maïs dans le cadre de l'alimentation humaine dans les pays africains devrait enregistrer une hausse de 2.8 % par an approximativement.

À l'échelle mondiale, l'utilisation de maïs pour la production de biocarburants devrait progresser bien plus lentement qu'au cours des vingt dernières années, les marchés nationaux de l'éthanol des principaux producteurs étant limités par les mesures relatives aux biocarburants. Le Brésil et l'Inde devraient être les moteurs de cette hausse.

La consommation mondiale d'autres céréales secondaires devrait augmenter de près de 33 Mt – soit 1 % par an – au cours des dix ans à venir, contre -0.1 % par an lors de la précédente décennie, tirée par un surcroît d'utilisation en Afrique et en Asie. Elle devrait rester stable dans les pays à revenu élevé. La part de l'alimentation humaine dans la consommation totale devrait passer de quelque 27 % au cours de la période de référence à 29 % en 2034. Dans les pays d'Afrique subsaharienne, le millet représente une source essentielle de nourriture du fait de sa résistance et son adaptabilité aux conditions climatiques variées et parfois rudes de la région.

Les taux de perte et de gaspillage alimentaires des céréales sont généralement inférieurs à ceux des denrées plus périssables. La majeure partie des pertes se produit pendant le transport et la transformation, d'autres pertes ayant lieu durant la phase de distribution (dont la vente au détail) et au sein des ménages. Les pertes et le gaspillage alimentaires totaux dans le secteur céréalier devraient rester stables par rapport à l'estimation de la période de référence, s'établissant à 19 % de la production mondiale de céréales. Ces chiffres soulignent la nécessité d'adopter des stratégies globales combinant des progrès technologiques, une amélioration des infrastructures, des initiatives et une éducation des consommateurs pour atténuer ces pertes tout au long de la chaîne d'approvisionnement.

2.3.2. Production

L'intensification des rendements alimente la croissance de la production

Au cours de la décennie écoulée, la superficie récoltée en céréales a augmenté à un taux annuel moyen de 0.33 % au niveau mondial. Cette croissance devrait ralentir pour s'établir à 0.14 % par an sur les dix prochaines années, ce qui représentera 16.2 Mha de terres supplémentaires à l'horizon 2034. L'Amérique latine et les Caraïbes ainsi que les pays asiatiques représenteront 61 % de cette expansion, ce qui s'explique en grande partie par la disponibilité de terres frontalières et la mise en valeur des terres. À l'échelle planétaire, les superficies de blé, de maïs et de riz devraient augmenter respectivement de 2 %, 5 % et 1 % par rapport à la période de référence, tandis que celles des autres céréales secondaires et du riz devraient légèrement s'accroître. L'expansion des terres agricoles devrait être limitée, du fait de l'urbanisation et de la mise en œuvre de mesures en faveur de l'environnement et de la durabilité, comme des restrictions à la déforestation, au changement d'affectation des terres, ainsi que la préservation des écosystèmes riches en carbone. La hausse de la production mondiale devrait donc reposer sur l'intensification des rendements.

Les rendements mondiaux des céréales devraient progresser de 0.9 % par an pendant la prochaine décennie, contre 0.8 % durant la décennie précédente, atteignant une moyenne mondiale de 4.2 t/ha en 2034. L'augmentation de la production de céréales dépendra de plus en plus des gains de productivité, ce qui laisse penser que l'amélioration des technologies, l'optimisation des pratiques agricoles et l'utilisation plus efficace des intrants seront essentiels pour appuyer cette évolution. Les rendements mondiaux devraient atteindre 3.9 t/ha pour le blé, 6.5 t/ha pour le maïs, 3.5 t/ha pour le riz et 2.3 t/ha pour les autres céréales secondaires d'ici la fin de la décennie (Graphique 2.3).

Malgré l'augmentation des rendements céréaliers, les disparités régionales devraient persister, sans convergence attendue, à l'échelle mondiale, entre les régions à rendement élevé et celles à faible rendement. Dans les pays à rendement élevé, la croissance des rendements ralentit, faisant écho à la réduction des gains marginaux découlant des technologies existantes et au resserrement des contraintes liées aux politiques environnementales. En revanche, dans les pays à faible rendement, les progrès sont variables. Certains tirent les bénéfices d'une modernisation rapide et d'investissements ciblés, tandis que d'autres restent vulnérables à la stagnation de la productivité due à des contraintes naturelles et structurelles. Par conséquent, la sécurité alimentaire mondiale dépendra de l'efficacité des interventions stratégiques pour ce qui est de combler ces écarts en garantissant que les régions les plus en retard aient accès aux outils et aux technologies nécessaires à une croissance durable des rendements.

Graphique 2.3. Rendements régionaux des céréales

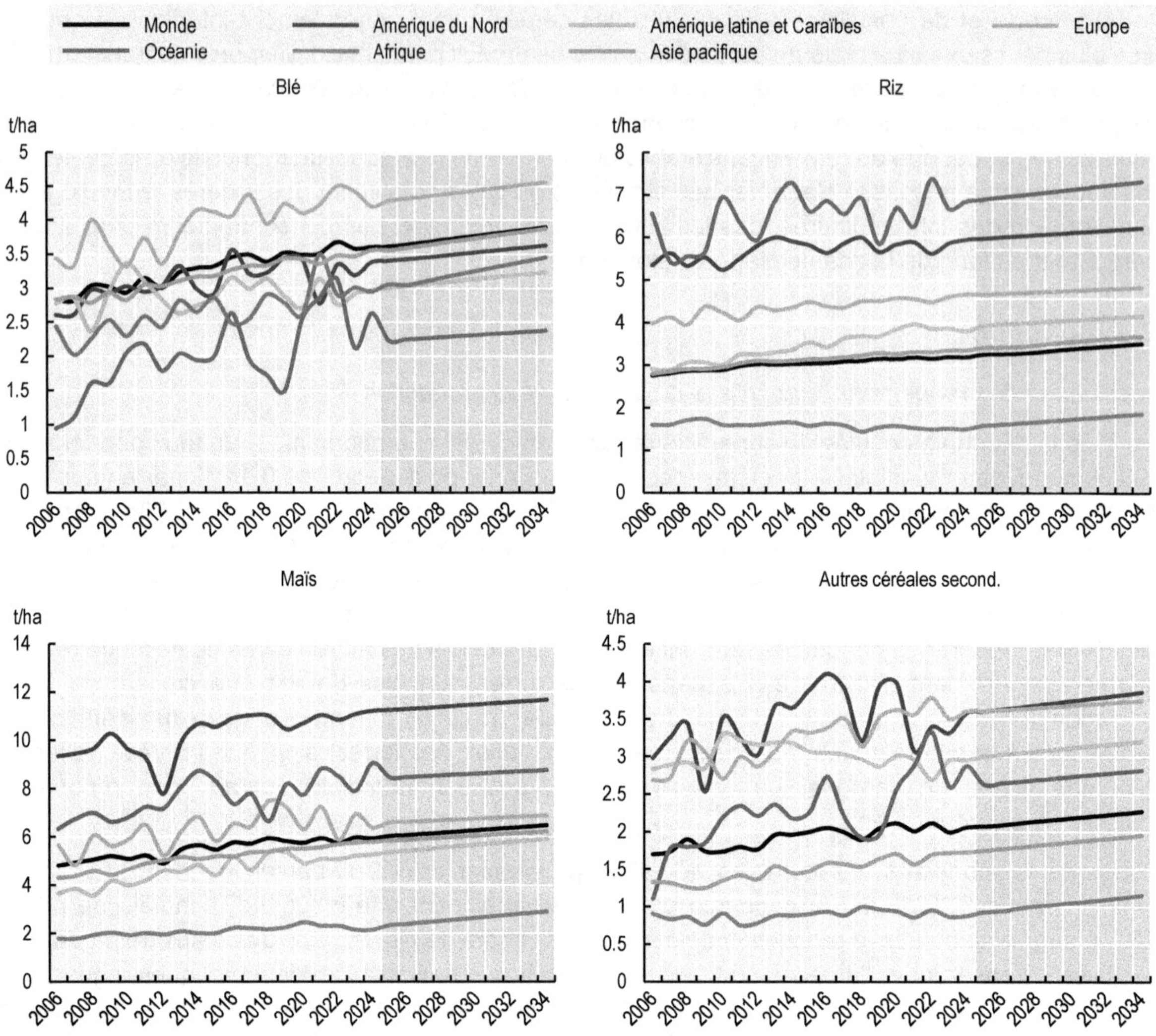

Note : les rendements présentés ont été calculés en divisant la production totale par la superficie récoltée totale dans la région correspondante. Dans le graphique sur le riz, « Océanie » fait référence à l'Australie (c'est-à-dire que le rendement du riz de l'Australie est présenté). Les rendements du riz sont exprimés sur la base du riz usiné.
Source : OCDE/FAO (2025), « Perspectives agricoles de l'OCDE et de la FAO », Statistiques agricoles de l'OCDE (base de données), http://data-explorer.oecd.org/s/1hc.

La production totale de céréales devrait croître d'environ 1.1 % par an comme pendant la décennie écoulée, atteignant 3.2 Gt en 2034. Les pays à faible revenu et à revenu intermédiaire de la tranche inférieure enregistreront une hausse de la production céréalière environ 2.4 fois supérieure à celle des pays à revenu élevé et à revenu intermédiaire de la tranche supérieure, reflétant les différences d'augmentation des rendements. Cette projection s'appuie sur les améliorations prévues des rendements découlant d'un meilleur accès aux intrants et aux techniques agricoles modernes dans les régions à faible revenu. Dans les pays à revenu élevé, la production augmentera plus modérément en raison des niveaux de productivité déjà élevés et des possibilités limitées d'extension des superficies. Les pays d'Amérique latine et des Caraïbes devraient afficher une croissance de la production relativement forte (1.8 % par an) grâce à la hausse des investissements dans les technologies agricoles et les infrastructures. En Afrique, la croissance vigoureuse (2.3 % par an) s'explique par une nette amélioration des rendements, résultat des efforts de modernisation de l'agriculture. En Amérique du Nord, la croissance des rendements alimentera une augmentation de la production d'environ 0.6 % par an, la superficie récoltée n'enregistrant qu'une expansion modeste. Du fait des mesures en faveur de la durabilité et des contraintes foncières, le paysage agricole européen devrait rester stable, avec une superficie récoltée presque identique, mais mieux utilisée, une hausse modeste des rendements et une hausse annuelle de la production de 0.8 %. En Océanie et en Asie, la production céréalière totale progressera modérément de 1.2 % et 0.9 % respectivement.

La production mondiale de blé devrait progresser de 74 Mt pour s'établir à 874 Mt d'ici à 2034, dont 42 Mt proviendront d'Asie. L'Inde, troisième producteur mondial de blé, devrait fournir la plus grande partie du blé supplémentaire. Le pays représentera 29 % de la hausse de la production mondiale, grâce à l'amélioration des rendements et à l'extension des superficies cultivées découlant des politiques nationales mises en œuvre pour améliorer l'autosuffisance. Cependant, en raison de la croissance démographique ininterrompue et de l'augmentation de la demande intérieure, l'Inde devrait devenir un importateur net d'ici 2034. La production se développera également en Russie, au Pakistan, en Argentine, au Canada et aux États-Unis. Ensemble, ces pays seront à l'origine de la moitié de l'augmentation totale. La Chine, l'Inde et l'Union européenne représenteront 46 % de la production mondiale de blé en 2034 (Graphique 2.4).

Graphique 2.4. Concentration de la production mondiale de céréales en 2034

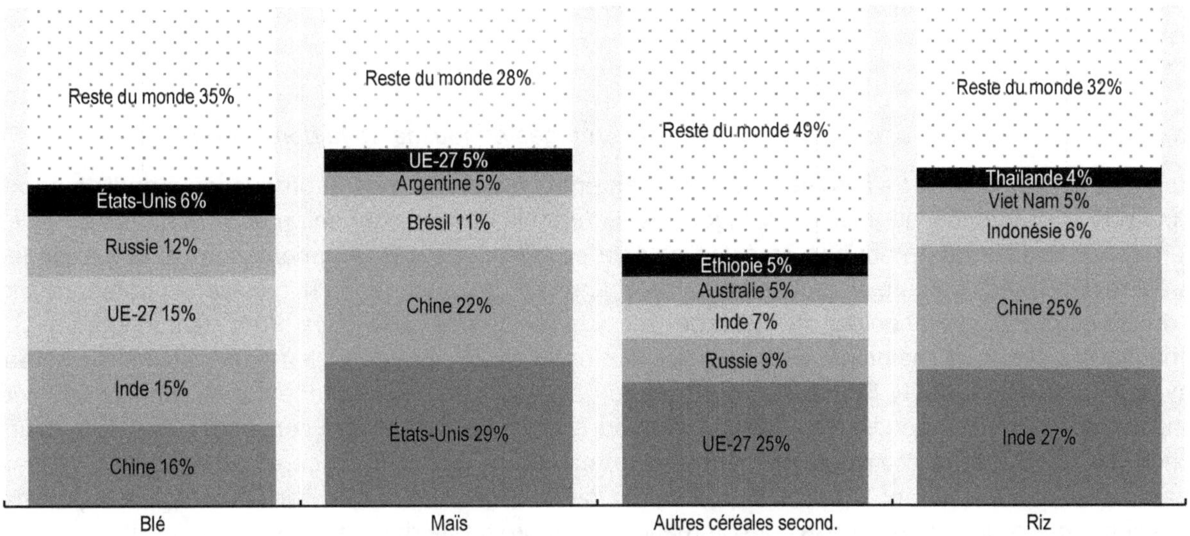

Note : les chiffres indiqués correspondent aux pourcentages du total mondial correspondant.
Source : OCDE/FAO (2025), « Perspectives agricoles de l'OCDE et de la FAO », Statistiques agricoles de l'OCDE (base de données), http://data-explorer.oecd.org/s/1hc.

S'agissant du maïs, la production mondiale devrait croître de 188 Mt pour s'établir à 1.4 Gt à l'horizon 2034, les hausses les plus fortes en valeur absolue par rapport à la période de référence étant enregistrées aux États-Unis (33 Mt), au Brésil (32 Mt) et en Chine (27 Mt), en réaction à une demande mondiale croissante et à des cadres d'action nationaux favorables. Au Brésil, où la production de maïs de seconde récolte répond à la demande mondiale et aux signaux de prix pendant la récolte nationale du soja, l'augmentation prévue de la production dépassera la moyenne mondiale de 1.2 % par an. La production mondiale de maïs devrait également progresser plus rapidement que la moyenne mondiale en Afrique subsaharienne, faisant écho à l'amélioration des rendements.

La production mondiale de riz devrait croître de 61 Mt et être ainsi portée à 598 Mt en 2034, grâce à l'amélioration des rendements dans les pays à faible revenu et à revenu intermédiaire de la tranche inférieure. L'augmentation de la production des pays asiatiques, qui représentent la majeure partie de la production mondiale de riz, devrait être vigoureuse. L'Inde, premier producteur mondial de riz en 2034, représentera 41 % de cette hausse, suivie par les pays d'Asie les moins avancés, le Viet Nam, l'Indonésie, les Philippines et la Thaïlande (37 % ensemble). En Chine, la production s'accroîtra de 0.11 % par an, contre 0.06 % lors de la décennie précédente. Comme dans la plupart des grands pays producteurs de riz, cette croissance résultera de meilleurs rendements, tandis que la superficie récoltée enregistrera un léger recul. Ces prévisions rendent compte des efforts actuellement déployés pour mettre fin à l'exploitation des terres moins productives dans le cadre d'initiatives plus larges visant à rendre la production de riz plus efficace. La baisse des superficies récoltées en riz en Chine et au Brésil sera compensée par des hausses dans les pays africains et d'autres pays asiatiques. Dans les pays à revenu élevé et à revenu intermédiaire de la tranche supérieure, la production ne s'accroîtra que de manière marginale, alors que la moyenne mondiale sera de 0.9 % par an.

La production mondiale d'autres céréales secondaires – comme le sorgho, l'orge, le millet, le seigle et l'avoine – devrait atteindre 330 Mt d'ici à 2034, en hausse de quelque 33 Mt par rapport à la période de référence. Les pays africains contribueront à hauteur de 45 % à cette augmentation, stimulés par une forte croissance de la demande, conséquence de la poussée démographique rapide, ainsi que par la dépendance persistante à l'égard des aliments de base, qui encourage le développement de la production locale. À l'échelle des pays, les principaux contributeurs seront l'Inde (+4.1 Mt), l'Éthiopie (+3.2 Mt) et le Nigéria (+2.7 Mt). La production de l'Union européenne et des États-Unis devrait croître de 2.3 Mt et 1.4 Mt respectivement par rapport à la période de référence.

2.3.3. Échanges

Croissance modérée, modification des parts des échanges et hausse de la demande d'importations

Les échanges mondiaux de céréales, qui représentent quelque 17 % de la production mondiale pendant la période de référence, augmenteront légèrement durant la décennie à venir. Les Amériques et l'Europe fournissent traditionnellement des céréales à l'Asie et à l'Afrique, où l'augmentation de la demande de céréales destinées à la consommation humaine et animale, qui découle de la croissance démographique et du développement du secteur de l'élevage, est plus rapide que celle de la production intérieure. Cette dynamique devrait se maintenir au cours des dix prochaines années et les exportations de céréales devraient augmenter de 14 % d'ici 2034 par rapport à la période de référence. Le Graphique 2.5 illustre l'importance des échanges de céréales par rapport à la production et à la consommation. Les volumes échangés par l'Océanie sont relativement faibles, mais les quantités de céréales exportées devraient représenter près des deux tiers de la production de la région en 2034. Par ailleurs, les importations représenteront plus d'un tiers de la consommation intérieure totale dans les pays africains.

Les exportations de blé devraient s'accroître d'environ 21 Mt pour atteindre 226 Mt à l'horizon 2034. La Russie demeurera le premier exportateur mondial de cette céréale et sera à l'origine d'un quart des exportations mondiales d'ici 2034 (Graphique 2.6). Les exportations du deuxième exportateur mondial de blé, l'Union européenne, devraient progresser de 1.4 % par an à partir de 2025, atteignant 31.6 Mt en 2034, soit 14 % des échanges mondiaux. Les exportations du Canada et des États-Unis resteront concurrentielles et représenteront respectivement 13 % et 12 % des échanges mondiaux à l'horizon 2034. Les États-Unis, le Canada, l'Australie et l'Union européenne devraient conserver les marchés du blé de qualité supérieure, à teneur élevée en protéines, en particulier en Asie. Si la Russie joue un rôle sur ces marchés, elle restera plus compétitive sur les marchés du blé tendre sensibles aux prix, tels que ceux de l'Afrique du Nord, de l'Afrique subsaharienne et de l'Asie occidentale. Du côté des importations, les régions de l'Afrique du Nord et du Proche-Orient verront leur part dans les échanges totaux de blé légèrement augmenter au cours de la prochaine décennie.

Graphique 2.5. Échanges de céréales en pourcentage de la production et de la consommation

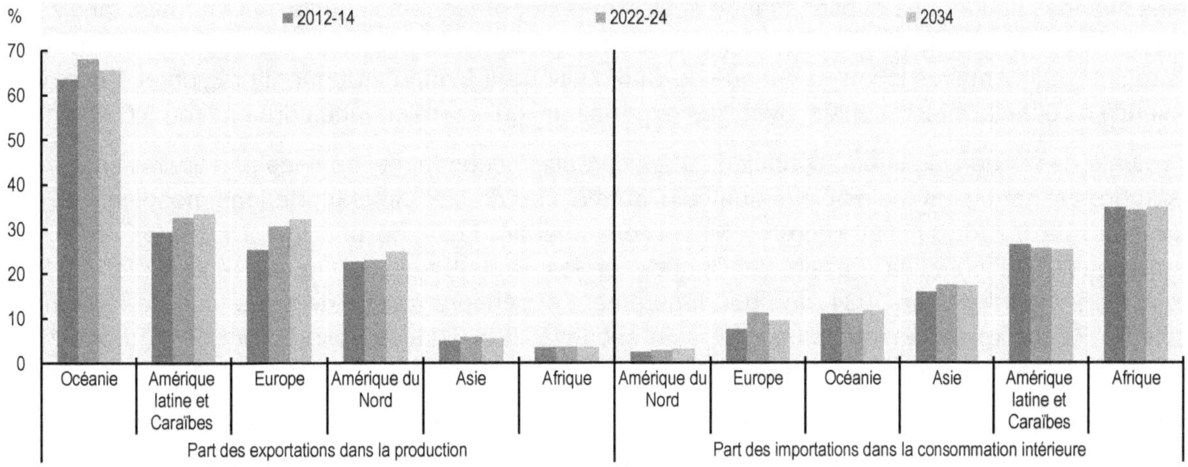

Note : les estimations présentées incluent les échanges intrarégionaux, sauf pour l'Union européenne.
Source : OCDE/FAO (2025), « Perspectives agricoles de l'OCDE et de la FAO », Statistiques agricoles de l'OCDE (base de données), http://data-explorer.oecd.org/s/1hc.

Graphique 2.6. Concentration des échanges mondiaux de céréales en 2034

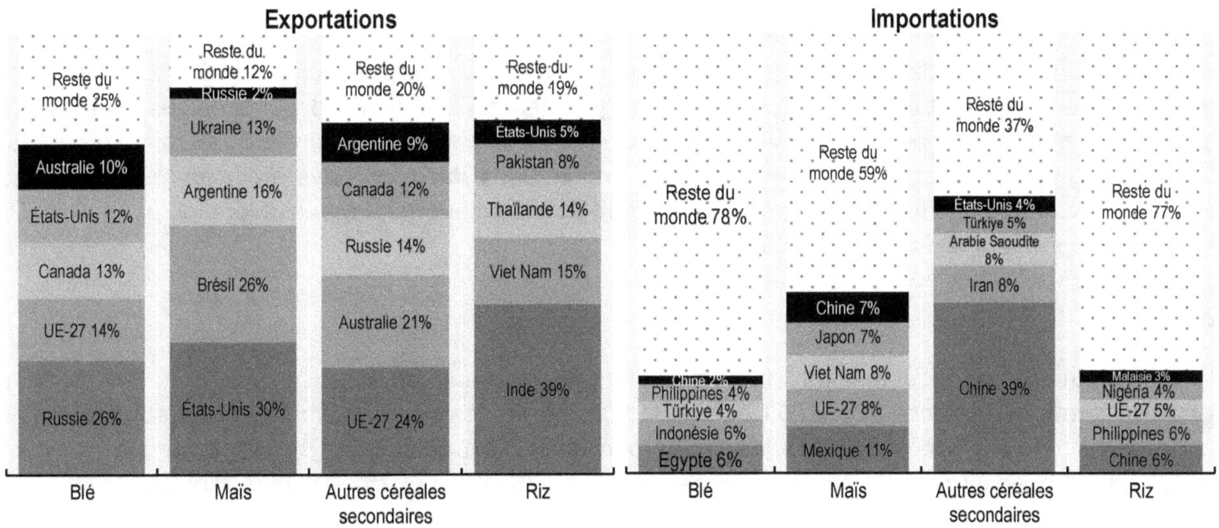

Note : les chiffres indiqués correspondent aux pourcentages des totaux mondiaux.
Source : OCDE/FAO (2025), « Perspectives agricoles de l'OCDE et de la FAO », Statistiques agricoles de l'OCDE (base de données), http://data-explorer.oecd.org/s/1hc.

Les exportations de maïs devraient s'accroître d'environ 29 Mt pour atteindre 210 Mt à l'horizon 2034. Les quatre principaux exportateurs – les États-Unis, le Brésil, l'Argentine et l'Ukraine – représenteront 91 % de cette hausse. Les États-Unis devraient conserver la première place de ce classement, avec un taux de croissance inférieur à celui de la décennie précédente et à la moyenne mondiale de 1.6 % par an. Les exportations brésiliennes, qui ont bénéficié d'une augmentation des rendements nationaux et de la diminution des exportations des États-Unis pendant la période de référence, ainsi que de la levée des mesures non tarifaires de la Chine en 2023, croîtront à un rythme plus de deux fois supérieur à la moyenne mondiale. Les importations de maïs de la Chine devraient diminuer de 20 % par rapport à la période de référence d'ici 2034 en raison des réserves stratégiques et de la politique commerciale du pays, de l'accroissement de la production intérieure et de la diversification des aliments pour animaux. Les pays moins avancés de l'Afrique subsaharienne devraient rester presque autosuffisants en maïs, tandis que le maïs blanc continuera de jouer un rôle clé pour la sécurité alimentaire en tant que composante essentielle des régimes alimentaires locaux. L'Afrique du Sud continuera à approvisionner la région et à accroître sa présence à l'échelle internationale, avec des exportations qui devraient atteindre environ 5.6 Mt en 2034.

Le volume des échanges internationaux d'autres céréales secondaires, dont les principales sont l'orge et le sorgho, est nettement moins élevé que celui du maïs ou du blé. Les exportations mondiales devraient augmenter de 6.2 Mt pour atteindre 52 Mt à l'horizon 2034. Les cinq principaux exportateurs – l'Union européenne, l'Australie, la Russie, le Canada et les États-Unis – devraient représenter 80 % des exportations mondiales en 2034, une part légèrement supérieure à celle de la période de référence. La Chine, la République islamique d'Iran, l'Arabie saoudite et la Türkiye absorberont 59 % des échanges mondiaux d'autres céréales secondaires d'ici 2034.

Lors de la précédente décennie, les échanges de riz ont progressé au rythme de 2.3 % par an. Pendant cette décennie, ce rythme devrait ralentir pour s'établir à 1.5 % par an, tandis que le volume global des exportations augmentera de 12 Mt pour s'établir à 65 Mt d'ici à 2034. À la suite de la suppression des restrictions visant les exportations de riz imposées en 2022 et en 2023, l'Inde devrait regagner la part des exportations qu'elle avait perdue. Ce changement devrait consolider le rôle de l'Inde en tant que premier exportateur mondial de riz. La part de marché combinée des cinq principaux exportateurs de riz – l'Inde, le Viet Nam, la Thaïlande, le Pakistan et les États-Unis – devrait également augmenter, passant de 77 % durant la période de référence à 81 % en 2034. Le Viet Nam et la Thaïlande devraient demeurer les deuxième et troisième plus grands importateurs d'ici 2034, avec des taux de croissance annuels supérieurs à la moyenne s'élevant respectivement à 1.4 % et 2 %.

Historiquement, le riz Indica représente la majeure partie des échanges mondiaux de riz. Toutefois, la demande d'autres variétés devrait continuer à augmenter au cours des dix prochaines années. Les importations de la Chine, premier importateur de riz pendant la période de référence, devraient progresser de 0.4 % par an, atteignant 4.1 Mt en 2034. Les importations dans les pays africains, où la demande continue de croître plus rapidement que la production, devraient augmenter sensiblement, progressant de 53 % par rapport à la période de référence.

2.3.4. Prix

Suivant les tendances récentes, les prix nominaux du blé devraient se stabiliser autour de leur tendance à moyen terme et atteindre 296 USD/t d'ici 2034. De même, les cours du maïs et des autres céréales secondaires (mesuré par le prix f.a.b. de l'orge fourragère, port de Rouen) devraient renouer avec leur trajectoire à moyen terme pour atteindre respectivement 225 USD/t et 252 USD/t (Graphique 2.7).

Le prix de référence à l'exportation du riz usiné (indice FAO des prix du riz normalisé par rapport à l'Inde, 5 %) devrait également continuer à baisser, puis se stabiliser conformément à la tendance, étant donné que les quantités exportables seront moins soumises à restriction que ces dernières années À moyen terme, même si la demande émanant de certains pays d'Extrême-Orient, d'Afrique et du Moyen-Orient devrait croître, la hausse de l'offre des exportateurs modérera la hausse des prix nominaux, qui s'établiront à 490 USD/t en 2034.

Sous l'effet de l'amélioration de la productivité et de l'augmentation de l'offre, les prix du blé, du maïs, des autres céréales secondaires et du riz devraient baisser à moyen terme, une fois corrigés des effets de l'inflation (valeur réelle).

Graphique 2.7. Prix mondiaux des céréales

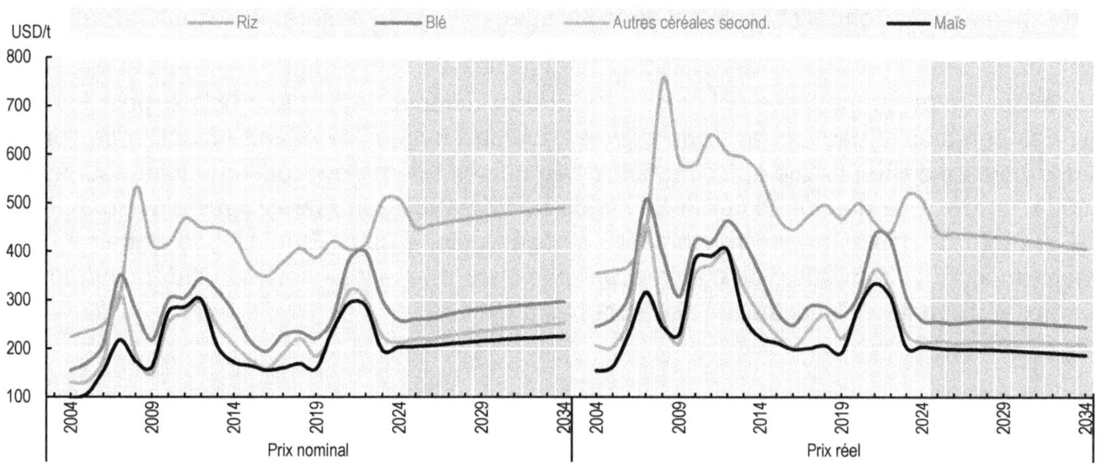

Note : blé : prix f.a.b. du blé rouge d'hiver de catégorie n° 2, ports du Golfe, États-Unis ; maïs : prix f.a.b. du maïs jaune de catégorie n° 2, ports du Golfe, États-Unis ; autres céréales secondaires : prix f.a.b. de l'orge fourragère, port de Rouen, France ; riz (usiné) : indice FAO des prix du riz normalisé par rapport à l'Inde, riz Indica de qualité supérieure, 5 % de brisures, moyenne 2014-16. Les prix réels sont les prix mondiaux nominaux corrigés des effets de l'inflation par le déflateur du PIB des États-Unis (2024 = 1). Les prix correspondent à ceux des campagnes de commercialisation.
Source : OCDE/FAO (2025), « Perspectives agricoles de l'OCDE et de la FAO », Statistiques agricoles de l'OCDE (base de données), http://data-explorer.oecd.org/s/1hc.

2.4 Risques et incertitudes

Un environnement géopolitique, climatique et stratégique plus incertain au cours de la décennie à venir ?

Les marchés des céréales, plus que ceux de nombreux autres produits agricoles, sont fortement touchés par la guerre menée par la Russie contre l'Ukraine, compte tenu du rôle central de ces deux pays sur les marchés mondiaux des céréales. Si les tensions sur les marchés céréaliers se sont quelque peu relâchées et que les prix actuels des marchés semblent refléter les prévisions d'exportations ukrainiennes réduites, mais résilientes, ces dynamiques restent marquées par l'incertitude.

Plusieurs autres facteurs n'apparaissant pas dans les projections actuelles pourraient influer sur les marchés des céréales. D'après les projections, les perspectives de production devraient suivre les tendances, qui sont généralement positives pour les principales régions céréalières. Toutefois, des phénomènes météorologiques extrêmes et des changements dans les schémas climatiques pourraient entraîner une grande volatilité, voire une redistribution, des rendements et des récoltes des céréales, ce qui se répercuterait sur l'offre et les prix au niveau mondial.

L'action des pouvoirs publics sera primordiale. L'accent mis sur le renforcement des politiques visant la durabilité au sein du secteur agricole (p. ex., Un pacte vert pour l'Europe), ainsi que sur les mesures favorisant les biocarburants, pourraient accroître encore la concurrence pour l'accès aux céréales ces dix prochaines années. Les mesures de la Chine visant à renforcer son autosuffisance et à réduire sa dépendance à l'égard des importations pourraient provoquer des variations imprévisibles de sa demande de céréales et de la structure des échanges mondiaux, rendant les prix volatils avant que les marchés mondiaux des céréales ne se soient stabilisés dans une nouvelle « normalité ».

D'autres politiques commerciales pourraient également entraîner des réactions des marchés et redéfinir les flux commerciaux, les balances commerciales et les prix. Une dépendance croissante de plusieurs pays, en particulier dans la région Moyen-Orient et Afrique du Nord (MENA), à l'égard des importations de céréales accroîtrait leur vulnérabilité aux perturbations chroniques des échanges, qui pourraient ne pas être toujours entièrement compensées par les stocks nationaux ou une intensification de la production. Un système d'échanges fonctionnel et fiable est donc indispensable pour assurer la sécurité alimentaire dans ces régions.

Enfin, les ravageurs et les maladies animales restent des facteurs de risque cruciaux pour les marchés mondiaux des céréales et peuvent avoir de graves répercussions en termes de stabilité de l'offre et de volatilité des prix. La peste porcine africaine est restée un sujet de préoccupation majeur tout au long de l'année 2024, ce qui a eu des effets sur la demande de céréales fourragères dans plusieurs régions. Si l'épizootie récente de grippe aviaire hautement pathogène (HPAI) aux États-Unis a entraîné l'abattage d'un nombre important de volailles, on n'en mesure pas encore tous les effets sur la demande d'aliments pour animaux et d'éventuelles fluctuations ne sont pas à exclure.

3 Oléagineux et produits oléagineux

Ce chapitre s'intéresse aux marchés mondiaux des oléagineux : il en décrit l'évolution puis présente des projections à moyen terme pour la période 2025-34. Ces projections englobent la consommation, la production, les échanges et les prix pour le soja, les autres oléagineux, les tourteaux protéiques et l'huile végétale. Le chapitre s'achève par un examen des principaux risques et incertitudes susceptibles d'avoir une incidence sur les marchés mondiaux des oléagineux au cours de la prochaine décennie.

3.1. Principaux éléments des projections

La majorité des graines et fruits oléagineux (p. ex., le fruit du palmier à huile) est triturée ou pressée pour produire des tourteaux protéiques et de l'huile végétale. Environ un quart de la production en poids est utilisé pour la consommation humaine directe sous forme d'huile végétale, mais la majeure partie sert à fabriquer des tourteaux protéiques pour l'alimentation animale. Seule une petite quantité non transformée est employée pour nourrir directement les animaux. Dans l'industrie, l'huile végétale est principalement utilisée comme matière première pour produire du biogazole.

La croissance de la demande d'huile végétale destinée à l'alimentation devrait rester forte. Elle sera tirée par la hausse du revenu disponible et la croissance démographique dans les pays à revenu intermédiaire et par la croissance démographique dans les pays à faible revenu.

L'utilisation directe de l'huile végétale pour produire du biogazole, qui représente actuellement environ 18 % de la consommation mondiale d'huile végétale, devrait progresser à l'échelle mondiale. Cette tendance sera davantage marquée en Indonésie, au Brésil et aux États-Unis s'agissant de l'huile végétale hydrotraitée.

L'utilisation de tourteaux protéiques pour l'alimentation animale sera alignée sur le ralentissement de la demande émanant des principaux pays importateurs. En République populaire de Chine (ci-après « la Chine »), la croissance de la consommation en alimentation animale devrait considérablement ralentir sous l'effet de l'amélioration de l'efficacité alimentaire et des actions engagées pour abaisser la part des tourteaux protéiques dans les rations alimentaires animales.

Les rendements de l'huile de palme et de colza s'amélioreront légèrement, inversant la tendance à la baisse observée durant la dernière décennie dans les principales régions productrices.

Les échanges d'oléagineux et de produits oléagineux représentent une part plus importante de la production que pour d'autres produits agricoles. La production de soja se concentre dans les Amériques et celle d'huile de palme en Asie du Sud-Est.

Les prix de l'huile végétale et des tourteaux protéiques devraient connaître des évolutions différentes. Les prix de l'huile végétale devraient rester relativement élevés en raison de la croissance durable de la demande et de l'augmentation plus lente de la production d'huile de palme et d'autres oléagineux, tandis que ceux des tourteaux protéiques devraient peu évoluer, compte tenu de l'offre et du fort ralentissement de la croissance de la demande.

Certaines incertitudes relatives aux oléagineux et aux produits oléagineux ont une incidence sur la structure de la demande et le succès des efforts déployés pour inverser les baisses de productivité. Environ 18 % de l'huile végétale est utilisée comme matière première pour fabriquer du biogazole et d'autres évolutions du secteur du biogazole influent directement sur les projections de la demande d'huile végétale. S'agissant de la demande de tourteaux protéiques, la Chine pourrait réduire davantage que prévu actuellement la part de tourteaux protéiques dans ses aliments pour animaux. Les rendements de l'huile de palme et de colza ont diminué dans les grandes régions productrices et les projections supposent que les obstacles seront surmontés, ce qui ne sera peut-être pas le cas.

3.2. Tendances actuelles des marchés

Les prix nominaux des oléagineux et des tourteaux oléagineux restent faibles, tandis que les prix de l'huile végétale ont significativement augmenté

L'abondance de l'offre mondiale a pesé sur les cours internationaux du soja, tandis que la diminution des récoltes de graines de colza et de tournesol lors de la saison 2024-25 a fait grimper les prix des autres oléagineux. En revanche, les prix mondiaux de l'huile végétale ont récemment augmenté en raison d'une croissance de la production d'huile de palme inférieure à son taux potentiel, combinée à la baisse des volumes de graines de colza et de tournesol triturés. Les cours internationaux des tourteaux protéiques ont baissé ces derniers mois, les volumes importants triturés pour produire de l'huile dans le monde laissant présager une offre abondante de tourteaux de soja.

En 2024-25, la production mondiale de soja devrait croître de 7 % par rapport à la saison précédente, dépassant pour la première fois 400 Mt, ce qui s'explique principalement par la hausse de la production prévue en Amérique du Sud. Les conditions favorables globales conjuguées à la poursuite de l'expansion des surfaces cultivées au Brésil devraient se traduire par une récolte record. La production mondiale d'huile de palme augmentera de manière marginale en 2025, principalement grâce à la reprise prévue de la production en Indonésie, même si cette hausse pourrait être limitée par des rendements stagnants en Malaisie.

3.3. Projections relatives au marché

3.3.1. Trituration d'oléagineux et production d'huiles végétales et de tourteaux protéiques

Ralentissement de la trituration d'oléagineux à l'échelle mondiale et croissance limitée de la production d'huile de palme

À l'échelle mondiale, la trituration est utilisée pour transformer en tourteaux et en huile quelque 90 % du soja et des autres oléagineux produits. La demande de graines destinées à la trituration augmentera plus vite que celle concernant d'autres usages, notamment la consommation directe de soja (substituts des produits laitiers et de la viande, par exemple), d'arachides et de graines de tournesol dans le cadre de l'alimentation humaine.

La situation géographique des activités de trituration dépend des frais de transport, des politiques commerciales (p. ex., droits de douane différents pour les oléagineux et les produits oléagineux), de la tolérance à l'égard des cultures transgéniques, des coûts de transformation (main-d'œuvre, énergie, etc.) et des infrastructures (installations de trituration, ports, routes, etc.).

En valeur absolue, la trituration du soja devrait augmenter de 62 Mt pendant la période de projection, soit bien moins que les 95 Mt enregistrées pendant la décennie écoulée. Cette progression des activités de trituration devrait concerner majoritairement l'Amérique latine, alors que lors de la décennie écoulée, elle avait eu lieu principalement en Chine. Au niveau mondial, la trituration des autres oléagineux devrait augmenter au rythme de la production pendant la période considérée, et s'effectuer plus souvent dans le pays producteur.

La production mondiale de tourteaux protéiques issus de la trituration des oléagineux est dominée par le tourteau de soja, qui représente plus des deux tiers du total. Elle est par ailleurs concentrée dans un petit groupe de pays (Graphique 3.1). En Chine et dans l'Union européenne, la majeure partie des tourteaux protéiques produits le sont à partir de graines oléagineuses importées, principalement du soja provenant du Brésil et des États-Unis. Dans les autres pays producteurs de premier plan – Argentine, Brésil, Inde et États-Unis – ce sont le soja et d'autres graines oléagineuses produites à l'intérieur des frontières qui dominent.

Graphique 3.1. Trituration d'oléagineux par pays ou région

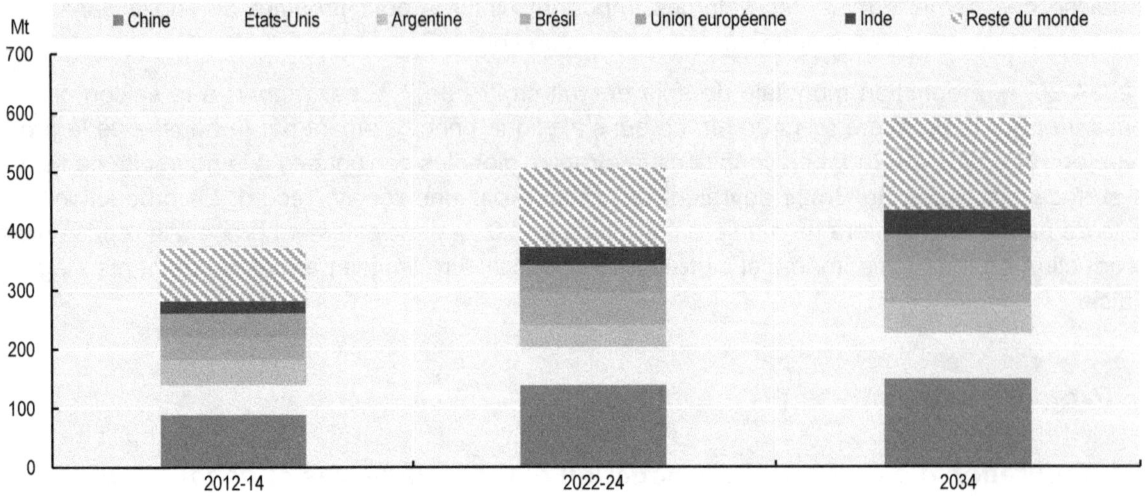

Source : OCDE/FAO (2025), « Perspectives agricoles de l'OCDE et de la FAO », Statistiques agricoles de l'OCDE (base de données), http://data-explorer.oecd.org/s/1hc.

La production mondiale d'huile végétale comprend l'huile extraite par trituration des oléagineux, dont l'huile de coton, l'huile de palmiste, l'huile de coprah et l'huile de palme. L'huile de coco est produite principalement aux Philippines, en Indonésie et dans les îles océaniennes. L'huile de palmiste et l'huile de coco ont des usages industriels importants. L'huile de coton est un sous-produit de l'égrenage du coton (Chapitre 9). À l'échelle mondiale, la production d'huile de palme a connu une croissance plus forte que celle des autres huiles végétales au cours de la décennie écoulée. Cette croissance devrait toutefois faiblir en raison de l'attention grandissante portée aux questions de durabilité et du vieillissement des palmiers à huile en Indonésie et en Malaisie, qui représentent près d'un tiers de la production mondiale d'huile végétale et plus de 80 % de la production mondiale d'huile de palme.

Au niveau mondial, l'offre d'huile de palme devrait s'accroître de 0.8 % par an. Le durcissement des politiques environnementales dans les grands pays importateurs d'huile de palme et les normes de l'agriculture durable (conformes au Programme de développement durable à l'horizon 2030 de l'ONU, par exemple) devraient ralentir l'expansion des surfaces plantées en palmiers à huile en Indonésie et en Malaisie. Cela signifie que la croissance de la production devra de plus en plus venir de gains de productivité, et notamment de l'accélération des activités de replantation. La production d'huile de palme devrait progresser plus vite dans les autres pays, où elle part d'un niveau bas et alimente essentiellement les marchés intérieurs et régionaux. Ainsi, la Thaïlande devrait produire 3.9 Mt d'huile de palme à l'horizon 2034, la Colombie, 2.1 Mt, et le Nigéria, 1.9 Mt. Dans plusieurs pays d'Amérique centrale, une production de niche d'huile de palme se développe, assortie d'emblée de certifications de durabilité reconnues à l'échelle mondiale, ce qui place la région en situation de trouver un jour de larges débouchés à l'exportation.

3.3.2. Consommation d'huile végétale

La consommation alimentaire d'huile végétale par habitant reste forte

L'huile végétale a deux utilisations principales : pour l'alimentation et la préparation d'aliments (52 %) et comme matière première pour produire du biogazole (18 %). Une part considérable de la consommation alimentaire déclarée correspond à une utilisation comme huile de friture plutôt qu'à une consommation directe. Il en résulte une certaine quantité d'huile de cuisson usagée qui peut être utilisée comme matière première pour produire du biogazole. Les huiles végétales sont également employées dans la fabrication des cosmétiques, des vernis et, de plus en plus, dans les aliments pour animaux, en particulier dans le secteur aquacole.

La consommation alimentaire d'huile végétale par habitant devrait augmenter (0.5 % par an) en raison de la forte progression de la demande d'huile végétale destinée à la consommation dans les pays à faible revenu et à revenu intermédiaire. Sur certains marchés émergents, la consommation alimentaire d'huile végétale devrait atteindre des niveaux comparables à ceux observés dans les pays à revenu élevé (Graphique 3.2). La consommation alimentaire par habitant devrait atteindre 27 kg en Chine et au Brésil en 2034, par exemple. Dans les pays à revenu élevé, la consommation d'huile végétale par habitant marque le pas. Dans le cas des États-Unis, le rôle croissant d'autres huiles végétales telles que l'huile d'olive et l'huile de maïs (non incluses dans les *Perspectives*) se traduit par une baisse de la consommation alimentaire par habitant.

Graphique 3.2. Consommation d'huile végétale par habitant dans certains pays

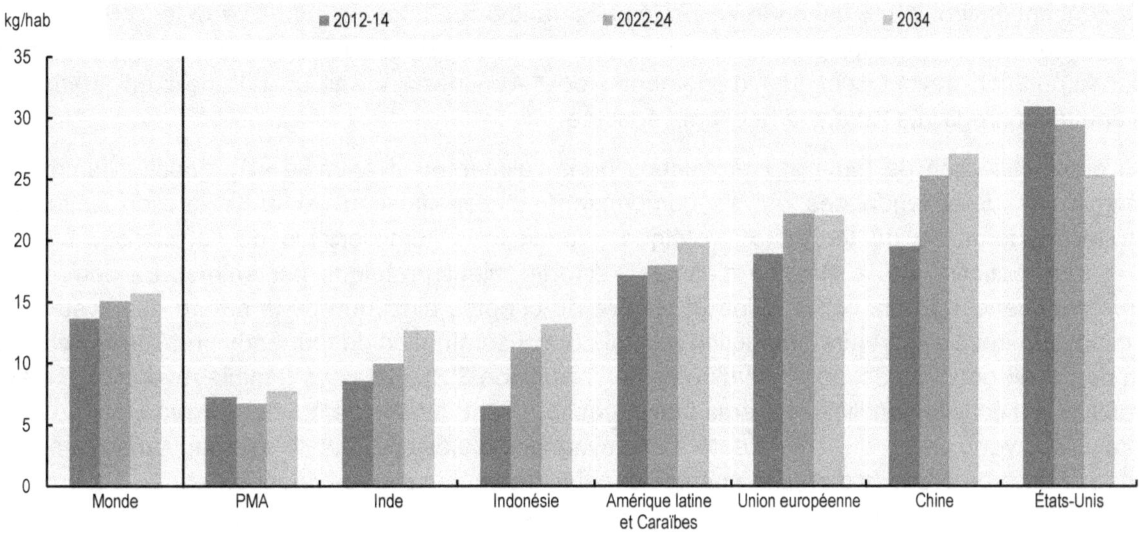

Source : OCDE/FAO (2025), « Perspectives agricoles de l'OCDE et de la FAO », Statistiques agricoles de l'OCDE (base de données), http://data-explorer.oecd.org/s/1hc.

Deuxième consommateur et premier importateur d'huile végétale dans le monde, l'Inde devrait voir sa consommation alimentaire par habitant continuer de croître au rythme de 2.5 % par an pour atteindre 13 kg par personne en 2034. Cette nette progression résultera d'une augmentation de la trituration des oléagineux produits dans le pays, appuyée par de nombreux programmes gouvernementaux visant à accroître la production. Cependant, les importations d'huile végétale, principalement d'huile de palme d'Indonésie et de Malaisie, devraient diminuer afin de réduire la dépendance du pays à cet égard.

Étant donné que l'urbanisation et le revenu disponible progressent dans les pays à faible revu, les habitudes alimentaires et les structures traditionnelles des repas devraient évoluer pour faire une plus grande place à des aliments transformés contenant davantage d'huile végétale. Pour les pays les moins avancés (PMA), la demande annuelle par habitant d'huile végétale destinée à l'alimentation devrait augmenter pour atteindre 7.7 kg par personne.

À l'échelle mondiale, l'utilisation d'huile végétale comme matière première pour produire du biogazole (environ 18 % de la consommation mondiale d'huile végétale) devrait progresser plus lentement (0.7 % par an) dans les dix prochaines années, après avoir augmenté de 7.7 % par an au cours de la décennie précédente avec l'entrée en vigueur de politiques de soutien aux biocarburants. L'utilisation d'huile végétale comme matière première pour produire du biogazole dépend du cadre réglementaire (Chapitre 8) et de l'évolution relative des prix de l'huile végétale et du pétrole brut. De manière générale, les objectifs nationaux d'incorporation obligatoire de biogazole devraient moins progresser que par le passé.

En Indonésie, le volume d'huile végétale utilisé dans la production de biogazole devrait continuer de progresser fortement et atteindre 12.6 Mt d'ici à 2034 du fait des politiques nationales de soutien. Aux États-Unis, l'huile végétale hydrotraitée (HVH) ou gazole renouvelable, considérée comme un biocarburant supérieur, devrait stimuler la croissance de la production nationale de biogazole. En revanche, l'utilisation d'huile végétale comme matière première pour produire du biogazole diminuera de 2.6 % par an dans l'Union européenne. Ce recul s'explique en partie par la hausse de la part d'huiles usagées, de suif et d'autres matières premières non destinées à l'alimentation animale ou humaine utilisée dans la production de biogazole, que l'on observe également aux États-Unis et en Chine.

3.3.3. Consommation de tourteaux protéiques

La demande pour l'alimentation animale ralentit, orientée par les évolutions en Chine

Le soja contient environ 80 % de tourteaux protéiques, tandis que pour les autres céréales, cette part varie entre 50 et 60 %. Les tourteaux protéiques sont presque exclusivement utilisés en alimentation animale et leur consommation devrait continuer d'augmenter de 1.1 % par an, soit un rythme bien inférieur aux 2.4 % annuels enregistrés durant la décennie écoulée.

Le lien entre utilisation de tourteaux protéiques dans l'alimentation animale et production animale est caractérisé par deux tendances qui se compensent. L'intensification de la production animale fait augmenter la demande de tourteaux protéiques, tandis que l'amélioration de l'efficacité alimentaire entraîne une réduction de la quantité d'aliments à forte valeur protéique par animal. La demande est également influencée par la composition et la taille du cheptel, ainsi que de la nature des systèmes de production animale. Le lien entre production animale et consommation de tourteaux protéiques dépend du niveau de développement économique d'un pays (Graphique 3.3). Les pays à faible revenu, où l'élevage se pratique à l'échelle familiale ou artisanale, consomment moins de tourteaux protéiques que les économies à revenu élevé, qui ont recours à des systèmes d'élevage intensif. L'urbanisation rapide et la demande accrue de produits d'origine animale conduisent les pays en développement à se tourner vers des modes de production qui font davantage appel aux aliments pour animaux. La consommation de tourteaux protéiques tend alors à croître plus rapidement que la production animale.

Graphique 3.3. Croissance annuelle moyenne de la consommation de tourteaux protéiques et de la production animale (2025-34)

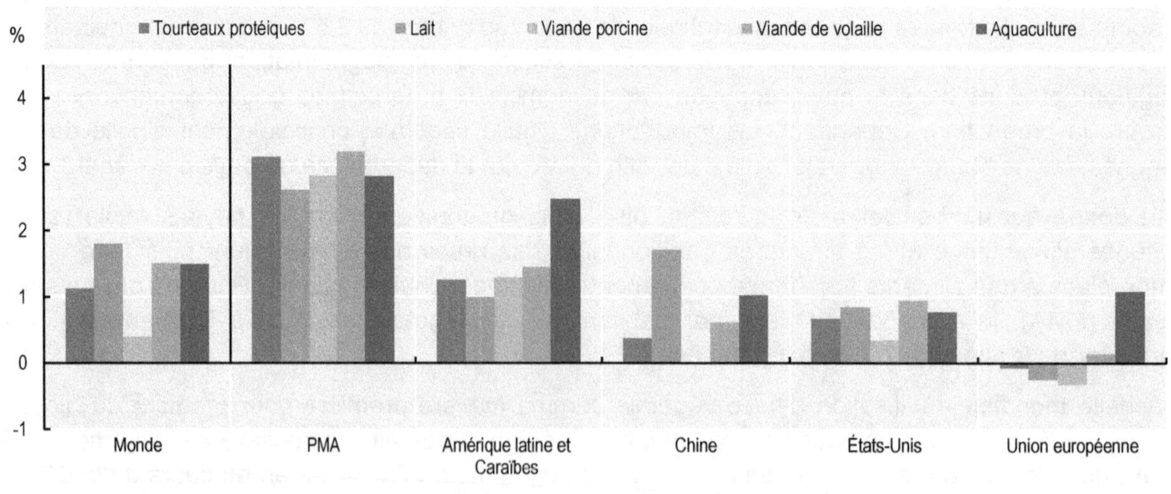

Source : OCDE/FAO (2025), « Perspectives agricoles de l'OCDE et de la FAO », Statistiques agricoles de l'OCDE (base de données), http://data-explorer.oecd.org/s/1hc.

La Chine est à l'origine de plus d'un quart de la demande mondiale de tourteaux protéiques et influe donc sur cette demande. La croissance de la demande chinoise d'aliments composés devrait ralentir par rapport à la décennie précédente, du fait du recul des taux de croissance de la production animale, notamment du secteur porcin, et de la part déjà importante de la production utilisant ce type d'aliment. En Chine, la part des tourteaux protéiques dans les aliments composés devrait se stabiliser après avoir bondi au cours de la décennie écoulée, mais rester supérieure à celle affichée actuellement par les États-Unis et l'Union européenne.

Dans l'Union européenne et aux États-Unis, la consommation de tourteaux protéiques devrait progresser plus lentement (ou diminuer plus rapidement) que la production animale du fait d'une amélioration de l'efficacité alimentaire. En outre, dans certains États membres de l'Union européenne, les produits d'origine animale, principalement la volaille et les produits laitiers, sont de plus en plus souvent certifiés par les grandes chaînes de distribution comme ayant été obtenus sans utilisation d'aliments pour animaux issus de cultures transgéniques, ce qui fait également baisser la demande de tourteaux de soja.

3.3.4. Production d'oléagineux

Des défis subsistent pour la croissance des rendements de l'huile de palme et de colza

La production de soja devrait croître de 1.0 % par an, contre 2.2 % par an au cours de la dernière décennie. Les hausses de rendement représenteront environ 80 % de cette croissance. Le cycle court du soja permet de pratiquer la double culture, en association avec le maïs au Brésil et avec le blé en Argentine, laquelle représente une grande part de l'extension prévue des superficies récoltées en Amérique latine.

Le Brésil, premier producteur de soja, devrait voir sa production progresser de 0.8 % par an au cours de la prochaine décennie, grâce à la double culture du soja et du maïs. Cette croissance sera légèrement plus rapide que celle des États-Unis, deuxième producteur mondial, qui s'établira à 0.5 % par an. La production de soja devrait continuer de croître fortement dans les autres pays d'Amérique latine : l'Argentine et le Paraguay produiront respectivement 56 Mt et 13 Mt de soja d'ici 2034. En Chine, cette production poursuivra son essor du fait de la diminution du soutien des pouvoirs publics à la culture de céréales, mais à un rythme plus lent que pendant la décennie écoulée. La production de soja devrait également s'accroître en Inde, dans la Fédération de Russie (ci-après « la Russie »), en Ukraine et au Canada.

La progression de la production d'autres oléagineux (colza, tournesol et arachide) ralentira également pour s'établir à 1.1 % par an, contre 2.7 % par an sur les dix dernières années. Les plus grands producteurs d'autres oléagineux sont la Chine (colza et arachide principalement) et l'Union européenne (surtout de colza et tournesol). Leur production annuelle devrait se monter à 42 Mt et 30 Mt respectivement en 2034. La production d'autres oléagineux de l'Ukraine et de la Russie, grands producteurs de colza et principaux producteurs de tournesol, devrait être portée à plus de 20 Mt par an d'ici 2034. Le Canada, premier exportateur de colza, devrait voir sa production d'autres oléagineux augmenter de 0.9 % par an pour atteindre 19 Mt à l'horizon 2034.

Au cours des vingt dernières années, les superficies récoltées en soja, en autres oléagineux et en huile de palme ont augmenté plus rapidement que pour les céréales (Graphique 3.4). Cette expansion de la superficie récoltée a exercé une pression sur les autres utilisations des terres et sur les ressources environnementales. Dans le cas du soja en Amérique latine, une large part de l'expansion de la superficie récoltée est attribuable au développement de la double culture du soja et du maïs ou du blé. Les superficies récoltées en soja, en autres oléagineux et en huile de palme n'augmenteront que de manière limitée.

Les stocks de soja correspondront à un ratio stocks/consommation de près de 17 % en 2034, un chiffre qui reste élevé comparé à celui des deux dernières décennies, si bien que le marché pourrait être rapidement confronté à des pénuries en cas de mauvaises récoltes.

Graphique 3.4. Évolution annuelle moyenne de la superficie récoltée de certaines cultures

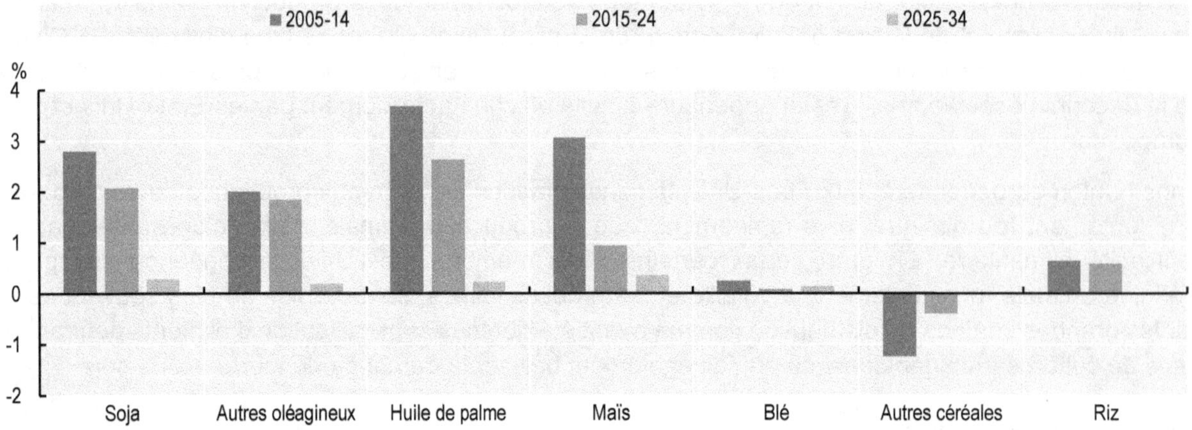

Note : les données sur l'huile de palme ne sont exploitables qu'à partir de 2008.
Source : OCDE/FAO (2025), « Perspectives agricoles de l'OCDE et de la FAO », Statistiques agricoles de l'OCDE (base de données), http://data-explorer.oecd.org/s/1hc.

3.3.5. Échanges

Les échanges d'oléagineux et de produits oléagineux sont conséquents, mais ralentissent

Plus de 40 % de la production mondiale de soja fait l'objet d'échanges internationaux, ce qui représente une part importante par rapport aux autres produits agricoles. Le développement des échanges mondiaux de soja est étroitement lié à la tendance de croissance de la trituration de soja dans les pays importateurs. En Chine, la croissance des tonnages triturés devrait ralentir par rapport aux dix dernières années et les importations chinoises devraient rester relativement stables, s'établissant autour de 107 Mt en 2034 (alors qu'elles ont progressé de 3.4 % par an en 2015-24), ce qui représente environ 60 % des importations mondiales de soja. Les exportations de soja proviennent principalement du Brésil et des États-Unis. Le Brésil est le premier exportateur mondial de soja, avec des capacités d'exportation qui augmentent régulièrement. Il devrait réaliser 53 % des exportations mondiales de soja à l'horizon 2034 (Graphique 3.5).

En ce qui concerne les autres oléagineux, la part de la production mondiale entrant dans les échanges internationaux diminuera à environ 11 %, dans la mesure où les deux premiers producteurs que sont la Chine et l'Union européenne sont des importateurs nets. Les principaux pays exportateurs, à savoir le Canada, l'Australie et l'Ukraine, devraient être à l'origine de 65 % des exportations mondiales d'ici à 2034.

Les exportations d'huile végétale, qui s'élèvent à 34 % de la production mondiale, restent dominées par quelques pays, notamment l'Indonésie et la Malaisie, qui représentent une part d'environ 53 %. Toutefois, la part de la production exportée par ces deux pays devrait diminuer légèrement en raison de l'augmentation prévue de la demande intérieure d'huile végétale pour l'alimentation, l'oléochimie et surtout la production de biogazole. L'Inde devrait continuer d'accroître fortement ses importations – de 2.0 % par an – afin de satisfaire une demande en hausse du fait de la croissance démographique, de l'urbanisation et de l'augmentation du revenu disponible. Ces importations devraient ainsi atteindre 21 Mt en 2034. En parallèle, le gouvernement indien mène plusieurs projets pour réduire sa dépendance à l'égard des importations. Ces programmes visent à mettre en œuvre des techniques et des services d'exploitation agricole afin de renforcer et d'appuyer la production intérieure.

Graphique 3.5. Exportations d'oléagineux et de produits oléagineux par pays

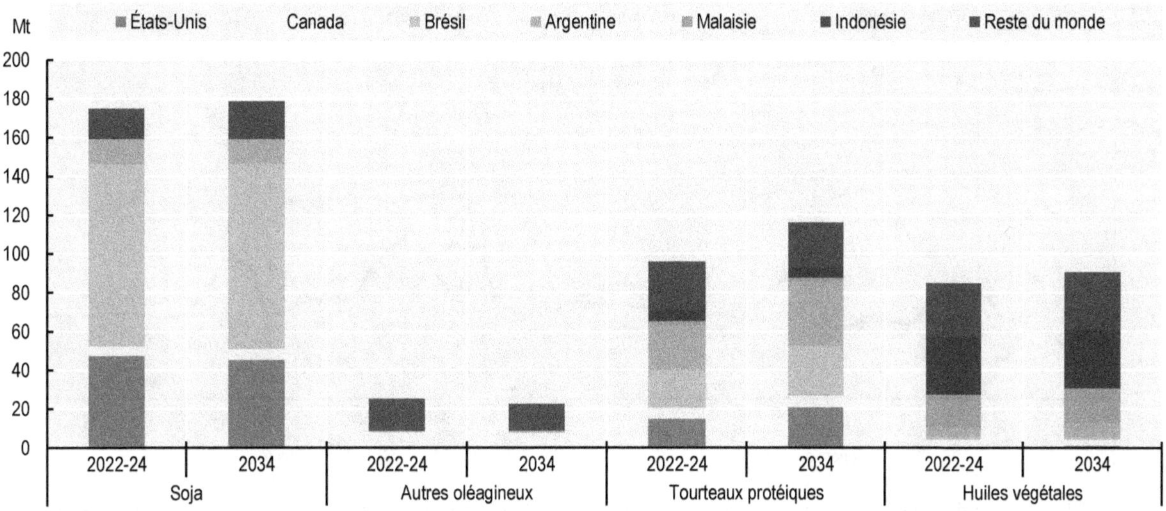

Source : OCDE/FAO (2025), « Perspectives agricoles de l'OCDE et de la FAO », Statistiques agricoles de l'OCDE (base de données), http://data-explorer.oecd.org/s/1hc.

Les échanges mondiaux de tourteaux protéiques devraient croître au rythme de 1.3 % par an pendant la période de projection. L'Argentine devrait rester de loin le premier exportateur de tourteaux, car elle privilégie sans équivoque les exportations. L'Union européenne est le plus gros importateur de tourteaux protéiques, mais ses importations devraient continuer à diminuer en raison du recul de la demande intérieure. L'Asie, en particulier l'Asie du Sud-Est, où la production animale augmente, devrait représenter 79 % de la hausse des importations mondiales de tourteaux protéiques. La capacité de trituration dans les pays d'Asie ne pourra vraisemblablement pas suivre le rythme de la demande de tourteaux protéiques, de sorte que le secteur de l'élevage se développera grâce à l'importation d'aliments pour animaux.

3.3.6. Prix

Les prix réels restent sous pression ces dix prochaines années

Les prix des oléagineux et des produits oléagineux devraient légèrement augmenter en valeur nominale durant la période de projection, tout en baissant en valeur réelle (Graphique 3.6). Étant donné que la production de viande et celles d'huile sont liées et que la demande d'huile végétale devrait dépasser celle de tourteaux protéiques, les prix de l'huile végétale devraient enregistrer une hausse par rapport à ceux des tourteaux protéiques. Ce mouvement favorisera également l'augmentation des prix d'autres oléagineux par rapport à ceux du soja étant donné leur teneur plus élevée en huile.

Graphique 3.6. Évolution des prix mondiaux des oléagineux

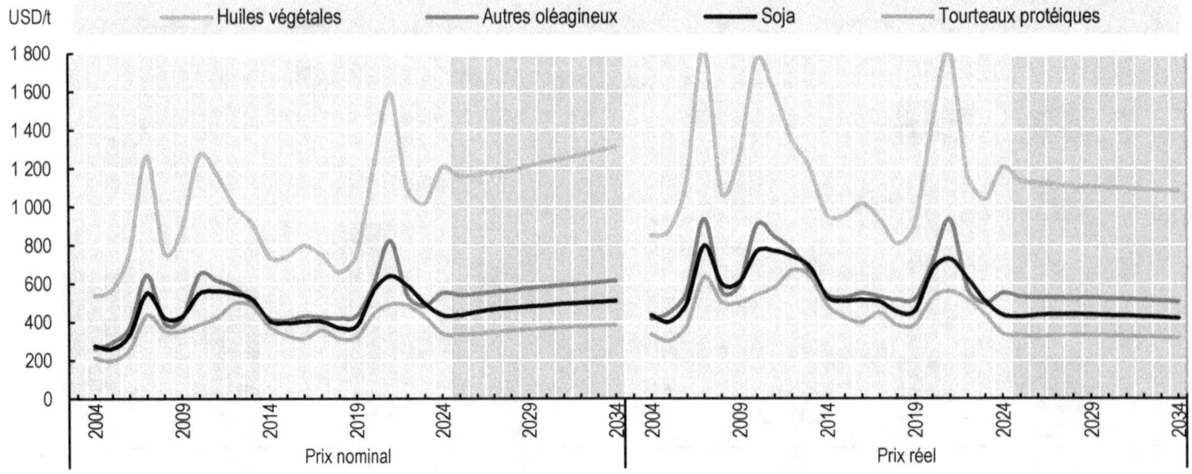

Note : soja, États-Unis, prix CAF (coût, assurance et fret) Rotterdam ; autres oléagineux, colza, Europe, prix CAF Hambourg ; tourteaux protéiques, prix moyen pondéré à la production de tourteaux de soja, de tournesol et de colza, port européen ; huile végétale, prix moyen pondéré à la production d'huile de palme, de soja, de tournesol et de colza, port européen. Les prix réels sont les prix mondiaux nominaux corrigés des effets de l'inflation par le déflateur du PIB des États-Unis (2024 = 1).
Source : OCDE/FAO (2025), « Perspectives agricoles de l'OCDE et de la FAO », Statistiques agricoles de l'OCDE (base de données), http://data-explorer.oecd.org/s/1hc.

3.4. Risques et incertitudes

Les préoccupations environnementales influent sur les chaînes d'approvisionnement mondiales en oléagineux

La prise en compte des considérations environnementales dans la réglementation commerciale pourrait influer sur les échanges mondiaux d'oléagineux et de produits oléagineux. Tout d'abord, la part du soja et des huiles végétales échangée, qui se situe autour de 40 % de la production, est nettement plus élevée que celle de la plupart des autres produits agricoles. De plus, l'huile de palme et le soja sont souvent mentionnés lorsque la question du lien entre agriculture et déforestation est abordée. Ces deux produits font partie des produits en cause recensés dans le Règlement de 2023 de l'Union européenne sur la déforestation (Règlement [UE] 2023/1115) aux côtés des bovins, du cacao, du café, du caoutchouc et du bois. Les répercussions sur les échanges mondiaux de soja et d'huile de palme restent incertaines, mais pourraient modifier les projections mondiales relatives aux oléagineux et aux produits oléagineux. Dans les pays producteurs, plusieurs mesures visant à répondre aux préoccupations liées à la déforestation, dont la certification de production « zéro déforestation », ont été mises en œuvre et gagnent en pertinence dans les échanges.

Étant donné la part importante du soja et des huiles végétales échangée, tout écart par rapport aux régimes commerciaux prévus aura un effet sur les projections les concernant. Les flux commerciaux pourraient évoluer en raison de conditions commerciales favorables dans des accords bilatéraux ou de frictions ou restrictions commerciales.

Les rendements des principales régions productrices d'huile de palme et d'importants fournisseurs de colza ont légèrement diminué ou augmenté au cours de la décennie écoulée (Graphique 3.7). De nombreux facteurs expliquent cette évolution, notamment : l'exploitation de terres moins productives en raison d'une forte augmentation de la surface de production, le vieillissement des palmiers à huile, la pénurie de main-d'œuvre en Malaisie, des restrictions d'utilisation des pesticides dans l'Union européenne et la modification des régimes météorologiques. L'incertitude demeure sur la manière dont ces facteurs évolueront au cours de la prochaine décennie, mais le ralentissement prévu de l'expansion des surfaces cultivées pourrait limiter l'extension de la production à des terres moins productives durant la période de projection.

Graphique 3.7. Croissance annuelle moyenne des rendements pour l'huile de palme et les oléagineux

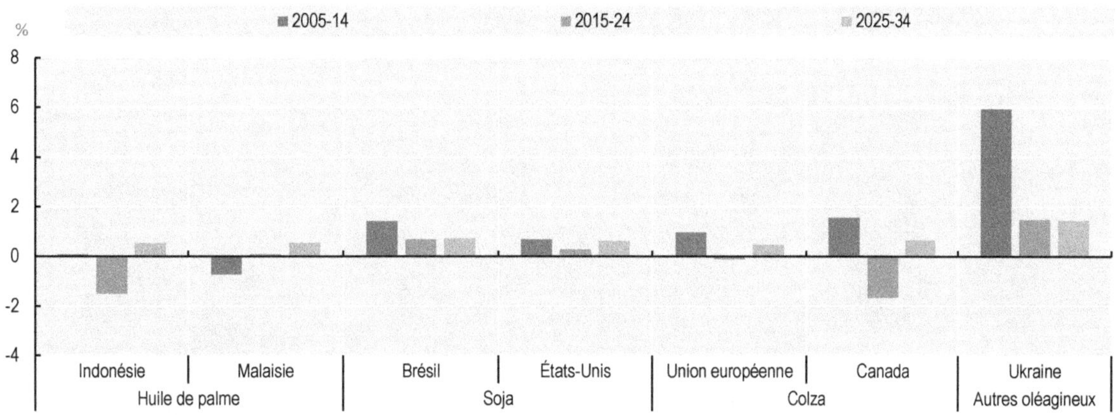

Source : OCDE/FAO (2025), « Perspectives agricoles de l'OCDE et de la FAO », Statistiques agricoles de l'OCDE (base de données), http://data-explorer.oecd.org/s/1hc.

La marge de progression de la production d'huile de palme en Indonésie et surtout en Malaisie reposera de plus en plus sur les activités de replantation et sur l'amélioration des rendements plutôt que sur une nouvelle augmentation des superficies. Néanmoins, il faut attendre trois à quatre ans pour que les palmiers à huile des parcelles replantées ou nouvelles produisent. Ces dernières années, la croissance de la production a manqué de vigueur en raison de la faible rentabilité du secteur et de la hausse des coûts de main-d'œuvre en Malaisie. En Indonésie, les principales entreprises productrices d'huile de palme ont réalisé certains progrès en matière de replantation. Outre ce ralentissement des rendements, les préoccupations liées à la durabilité pèseront également sur le développement de la production d'huile de palme, étant donné que, dans les pays développés, la demande privilégie les huiles végétales produites sans déforestation et certifiées durables, que ce soit celles utilisées pour produire du biogazole ou, de plus en plus, celles destinées à l'alimentation humaine. Cependant, les systèmes de certification concurrents de la Malaisie et de l'Indonésie sont une source d'inquiétude.

Le secteur des huiles végétales est tiré par les politiques relatives aux biocarburants appliquées aux États-Unis, dans l'Union européenne, en Indonésie et au Brésil, les quatre principaux producteurs de biogazole, dans la mesure où 18 % environ de la production mondiale est transformée en biogazole. En Indonésie, l'obligation d'incorporation de 30 % de biogazole proposée a peu de chances d'être respectée, étant donné les subventions publiques qu'elle nécessiterait et les contraintes qu'elle risquerait d'exercer sur l'offre à moyen terme. Aux États-Unis, le gazole renouvelable ou HVH bénéficie actuellement d'un soutien important dans certains États (p. ex., en Californie) qui afficheront des taux de croissance de la production soutenus pendant la période de projection. Au sein de l'Union européenne, les réformes, le recul de l'utilisation globale du diesel et l'émergence des biocarburants de deuxième génération vont probablement permettre de ne plus recourir aux matières premières issues des cultures si les politiques ne changent pas. À l'échelle mondiale, les carburants durables d'aviation (CDA) devraient constituer une utilisation durable des biocarburants, mais il reste difficile de prédire quand ils commenceront à être utilisés et les *Perspectives* ne tablent pas sur des quantités significatives avant 2034.

Le développement de la production animale en Chine reste le principal moteur de la demande de tourteaux protéiques et des échanges de soja à l'échelle mondiale. Dans l'ensemble, l'évolution de la demande de viande sera déterminée par le recul de la population et la croissance économique plus lente, mais vigoureuse malgré tout. En outre, des réflexions sont menées pour remplacer la viande porcine par d'autres protéines animales, ce qui devrait entraîner un fléchissement de la demande de tourteaux protéiques. Les tourteaux protéiques sont en concurrence partielle avec d'autres ingrédients dans la production d'aliments composés, de sorte qu'une modification des prix des céréales déclencherait un réajustement des proportions des ingrédients des aliments composés et donc de la demande de tourteaux protéiques.

4 Sucre

Ce chapitre s'intéresse aux marchés mondiaux du sucre : il en décrit l'évolution puis présente des projections à moyen terme pour la période 2025-34. Ces projections portent sur la consommation, la production, les échanges et les prix des cultures sucrières (betterave sucrière et canne à sucre) et du complexe des édulcorants, dont le sucre brut, le sucre blanc, la mélasse et l'isoglucose. L'analyse finale expose les principaux risques et incertitudes susceptibles d'avoir une incidence sur les marchés mondiaux du sucre au cours de la prochaine décennie.

4.1. Principaux éléments des projections

Les pays à revenu faible ou intermédiaire d'Asie et d'Afrique seront vraisemblablement à l'origine d'une augmentation de la demande mondiale de sucre, alimentée par une croissance soutenue de la population et du revenu disponible. La consommation de sucre par habitant devrait s'accroître plus rapidement dans les pays à faible revenu, tout en demeurant néanmoins bien inférieure à la moyenne mondiale.

La demande sera modérée dans les autres régions. Dans les pays à revenu élevé, le ralentissement de la croissance démographique et l'évolution des préférences des consommateurs induite par les craintes suscitées par les répercussions sur la santé d'une forte consommation de sucre entraînent une stabilité de cette dernière. Dans des pays tels que la République populaire de Chine (ci-après « la Chine ») ou le Japon, où la consommation par habitant est relativement faible, les préférences alimentaires pour les produits à faible teneur en sucre continueront de prévaloir.

La production sucrière devrait augmenter, la canne à sucre continuant de contribuer pour plus de 85 % à son volume total. Le Brésil devrait consolider sa position de premier producteur mondial grâce à l'expansion et au renouvellement de ses plantations de canne à sucre. Des améliorations variétales et des taux d'extraction plus élevés devraient favoriser une augmentation de la production en Inde et en Thaïlande. L'Union européenne restera la principale région productrice de betteraves sucrières. La concurrence des autres cultures pour l'utilisation des sols et la disponibilité restreinte des produits phytopharmaceutiques, qui accroît le risque de propagation des maladies, devraient cependant limiter la production de sucre.

La production d'éthanol à partir de plantes sucrières continuera de façonner les marchés du sucre. Au Brésil, la répartition de la canne à sucre entre ses principales utilisations – la production de sucre et celle d'éthanol – devrait se poursuivre en vertu de l'optimisation des débouchés, même si la situation du marché international du sucre favorisera vraisemblablement une activité sucrière tournée vers l'exportation. En Inde, la production d'éthanol de canne à sucre sera soutenue par les mesures gouvernementales destinées à diversifier le secteur.

Les exportations devraient être de plus en plus concentrées, tandis que les importations resteront plus uniformément réparties. Le Brésil devrait renforcer sa position de premier exportateur, suivi de la Thaïlande et de l'Inde, avec respectivement près de 52 %, 14 % et 8 % des exportations mondiales en 2034. La répartition mondiale des échanges de sucre brut (61 %) et de sucre blanc (39 %) devrait rester stable au cours de la période de projection. Les pays à revenu faible ou intermédiaire d'Asie du Sud et d'Afrique seront à l'origine d'une demande d'importations, eu égard à la demande grandissante de ces marchés et à leurs capacités de production limitées.

Les prix du sucre devraient fléchir légèrement au cours de la période de projection, bien qu'ils soient soumis à de nombreuses incertitudes, concernant notamment les événements météorologiques extrêmes, la position dominante du Brésil sur le marché mondial du sucre, ainsi que les fluctuations de la rentabilité relative de la production de sucre comparée à celle d'éthanol.

4.2. Tendances actuelles du marché

Les cours internationaux du sucre ont de manière générale baissé depuis le début de la campagne 2024/25 en octobre. Fin 2024, le bon déroulement des récoltes et des précipitations bienfaisantes dans les principales zones productrices du sud du Brésil ont pesé sur les prix. Le début de la campagne de broyage en Inde et en Thaïlande a exercé un surcroît de pression à la baisse. Le fléchissement du réal brésilien par rapport au dollar des États-Unis au dernier trimestre 2024 a également contribué au repli des cours mondiaux du sucre. La crainte d'une dégradation des perspectives de production au Brésil et en Inde en a néanmoins limité le recul et a déclenché une forte hausse des prix en février 2025.

Au cours de la campagne 2024/25, la production mondiale de sucre devrait être inférieure de 3 % au niveau record de l'année précédente, principalement en raison de la baisse attendue des volumes produits en Inde et au Brésil. En Inde, cette baisse est avant tout attribuée à la chute des rendements dans les principaux États producteurs, touchés par une sécheresse prolongée. Au Brésil, malgré une amélioration de la pluviosité fin 2024, la production devrait également être en recul par rapport au niveau record de l'année dernière, du fait principalement de conditions sèches plus précoces et de la faiblesse des précipitations en février et début mars 2025. La diminution enregistrée dans ces pays devrait largement contrebalancer un fort rebond de la production en Thaïlande, principalement dû à des conditions météorologiques favorables et à une expansion des superficies induite par des prix départ exploitation attractifs. Une production de sucre en hausse est également observée en Chine et dans l'Union européenne.

Du côté de la demande, la consommation mondiale de sucre devrait rester proche de son niveau de la campagne précédente dans la perspective d'une croissance économique mondiale relativement stable. Selon les prévisions actuelles de production et de consommation, le marché du sucre devrait accuser un déficit de production mondial.

La baisse des quantités que le Brésil peut destiner à l'exportation étant plus marquée que la hausse des expéditions au départ de la Thaïlande, les échanges internationaux de sucre devraient être plus faibles en 2024/25 qu'au cours de la campagne précédente. La demande mondiale d'importations devrait refluer, principalement en raison du recul des importations en provenance de l'Inde par rapport à leur volume record de 3.6 Mt de la campagne précédente, ainsi que d'une diminution des importations des États-Unis, du Mexique et de l'Union européenne.

4.3. Projections relatives au marché

4.3.1. Consommation

Au cours de la prochaine décennie, la consommation mondiale de sucre devrait poursuivre sa progression, au rythme d'environ 1.2 % par an pour atteindre 202 Mt en 2034, soutenue par la croissance démographique et l'augmentation des revenus.

Glucide sans fibres, le sucre est un ingrédient courant que l'on retrouve dans de nombreux produits alimentaires et boissons, et une source d'énergie essentielle dans l'alimentation humaine. Consommé en grande quantité, il peut avoir des répercussions sur la santé et l'OMS recommande de ramener l'apport quotidien en sucres libres (c'est-à-dire les sucres ajoutés aux aliments pendant la production ou la cuisson, ainsi que les sucres présents dans le miel, les sirops et les jus de fruits) à moins de 10 % de l'apport énergétique quotidien total. Exception faite des Amériques et de l'Océanie, toutes les régions prises en considération dans ces *Perspectives* connaîtront une augmentation de la consommation par habitant d'édulcorants caloriques[1], malgré la persistance des disparités au sein des différentes régions. La progression la plus marquée sera observée dans les régions très peuplées d'Asie du Sud et du Sud-Est (Graphique 4.1).

Une croissance mondiale principalement tirée par l'Asie et l'Afrique

Compte tenu de la croissance rapide de la population et des revenus qui est prévue, l'Asie et l'Afrique devraient apporter la plus forte contribution à l'augmentation de la demande mondiale par rapport à la période de référence, représentant respectivement 64 % et 29 % de la croissance mondiale totale. Les évolutions des habitudes alimentaires, sous l'effet de l'urbanisation et de la hausse du revenu disponible, devraient être les principaux moteurs de cette augmentation. Toutefois, d'ici 2034, la consommation par habitant devrait atteindre 15.6 kg en Afrique et 21.2 kg en Asie, niveaux inférieurs à la moyenne mondiale de 23.1 kg par habitant qui est prévue.

En Asie, la plus forte contribution à l'augmentation globale de la consommation de sucre devrait être apportée par l'Inde, suivie par l'Indonésie, le Pakistan et la Chine. Dans tous ces pays, à l'exception de la Chine, la croissance démographique et la hausse des revenus devraient soutenir la demande de produits alimentaires transformés et de boissons au cours des dix années à venir. En Chine, la croissance de la demande devrait principalement se concentrer dans les petites villes relativement moins développées, alors que dans les grandes villes plus développées elle sera sans doute ralentie par les préoccupations de santé et les campagnes de sensibilisation du gouvernement. Sous l'angle de la consommation alimentaire par habitant, les PMA asiatiques devraient être les principaux moteurs d'une croissance de la région au rythme de 1.5 % par an tout au long de la prochaine décennie.

À l'échelle de l'Afrique, les pays subsahariens les moins avancés devraient enregistrer les taux les plus élevés de croissance de la consommation par habitant, essentiellement sous l'effet des hausses prévues du revenu disponible et des dépenses consacrées aux aliments transformés et boissons. Une progression est également attendue en Afrique du Nord. En revanche, en Afrique du Sud, la tendance à la baisse de la consommation de sucre par habitant observée ces dernières années – dans le contexte des mesures gouvernementales visant à décourager cette consommation, telles que la taxation des boissons sucrées et les campagnes de santé publique – devrait se poursuivre au cours de la prochaine décennie, de nombreux fabricants de produits alimentaires reformulant leurs produits pour en réduire la teneur en sucre.

Graphique 4.1. Évolution de la consommation totale d'édulcorants caloriques

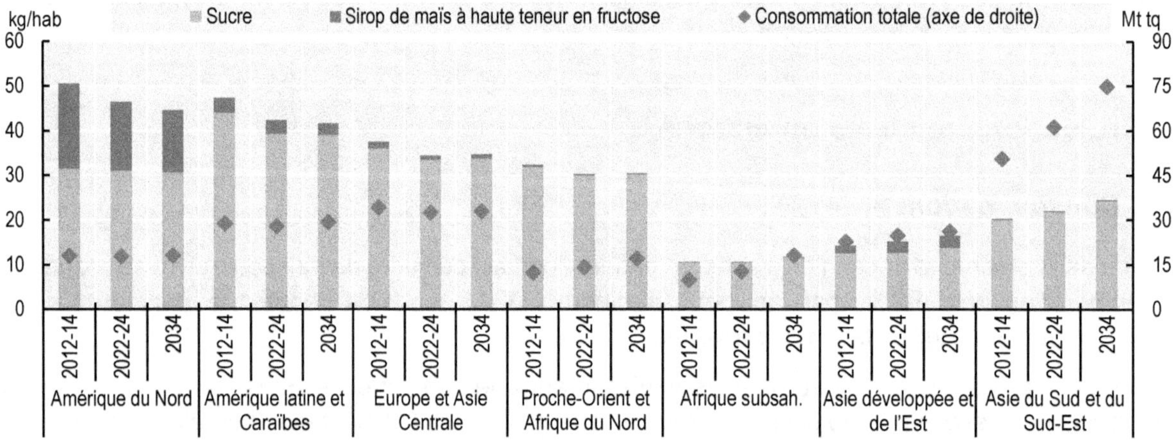

Note : la consommation est exprimée en tel quel (tq), voir le glossaire pour la définition.
Source : OCDE/FAO (2025), « Perspectives agricoles de l'OCDE et de la FAO », Statistiques agricoles de l'OCDE (base de données), http://data-explorer.oecd.org/s/1hc.

Au cours de la prochaine décennie, l'Asie et l'Afrique, surtout dans sa partie subsaharienne, resteront les régions dont le régime alimentaire comportera la plus forte proportion d'aliments de base riches en glucides et la plus faible proportion d'édulcorants caloriques.

La tendance à la baisse de la consommation d'édulcorants caloriques devrait se poursuivre dans d'autres régions traditionnellement grosses consommatrices

C'est traditionnellement dans les pays du continent américain, des Caraïbes et d'Europe que la consommation de sucre par personne est la plus élevée : les édulcorants caloriques n'y représentent pas moins de 12 % des glucides alimentaires, et même plus de 20 % dans le cas particulier des États-Unis. Depuis 2010, la consommation d'édulcorants caloriques dans ces pays a eu tendance à diminuer à mesure que la prise de conscience de leurs effets néfastes sur la santé s'est accrue. Cette baisse devrait se poursuivre au cours de la prochaine décennie, mais à un rythme plus ralenti.

Comparativement aux autres régions, l'Amérique latine devrait présenter le plus fort taux de consommation de sucre. Au cours des quinze dernières années, les niveaux élevés de la consommation par habitant ont suscité des inquiétudes quant à leurs effets néfastes sur la santé. C'est pourquoi, pour tenter de réduire la consommation de boissons sucrées, plusieurs pays dont le Chili, la Colombie, l'Équateur, le Mexique, le Pérou et plus récemment le Brésil ont instauré une taxe sur les boissons qui contiennent du sucre. Certains pays comme l'Argentine, le Brésil, la Colombie, le Mexique et le Pérou ont mis en place un étiquetage obligatoire sur le devant de l'emballage pour favoriser le choix de produits plus sains. Au cours de la prochaine décennie, les pays de la région devraient connaître une baisse de la consommation de l'ensemble des édulcorants caloriques par habitant, à commencer par le Brésil, l'Argentine, le Paraguay, le Chili, le Mexique et le Pérou.

Au cours de la dernière décennie, l'Europe a enregistré la plus forte consommation par habitant et le deuxième niveau plus élevé de consommation totale de sucre. Au cours des deux dernières décennies, les pays européens ont cherché à prendre des mesures pour éviter une consommation excessive de sucre en incitant l'industrie à reformuler la composition de ses produits et les consommateurs à adopter progressivement des habitudes alimentaires plus saines. Au cours des dix prochaines années, de toutes les régions examinées dans les *Perspectives,* l'Europe sera celle qui connaîtra la plus forte baisse de la consommation. La consommation de sucre par habitant de l'Union européenne demeure certes la plus élevée de la région, mais elle n'en devrait pas moins enregistrer une baisse ininterrompue au cours des dix années à venir, quoiqu'à un rythme plus lent que pendant la décennie précédente, une tendance également observée au Royaume-Uni et en Suisse. À l'inverse, la consommation de sucre par habitant devrait augmenter en Ukraine et dans certains autres pays européens.

Les niveaux de consommation par habitant devraient également diminuer dans les pays gros consommateurs de sucre comme l'Australie, la Nouvelle-Zélande et le Canada. Cette baisse sera toutefois moins perceptible aux États-Unis, car les consommateurs y privilégieront les produits sucrés au détriment de l'isoglucose. Au Japon et en Corée[2], les évolutions devraient être minimes, abstraction faite de la baisse en volume entraînée par le déclin démographique.

Le marché de l'isoglucose se stabilisera

Le sirop de maïs à haute teneur en fructose, ou isoglucose, est l'autre édulcorant calorique, principalement utilisé dans les boissons à la place du sucre. Contrairement au sucre, il se présente sous forme liquide et s'échange donc moins facilement. Il continuera de n'être consommé que dans un petit groupe de pays du monde, sans évolution majeure de la situation. Le principal producteur, à savoir les États-Unis, restera aussi le premier consommateur, mais la question de savoir si l'isoglucose présente un plus grand risque pour la santé que le sucre n'a pas fini de faire débat, et la tendance à la baisse de la consommation entamée au milieu des années 2000 devrait se poursuivre : en 2034, la part de l'isoglucose dans la consommation totale d'édulcorants caloriques devrait être de 33 %, contre 35 % pendant la période de référence. La production d'isoglucose devrait légèrement diminuer aux États-Unis pour s'établir à 6.3 Mt. Le Mexique est le troisième plus gros consommateur (derrière la Chine) et le gouvernement devrait poursuivre dans les dix prochaines années ses efforts pour réduire la consommation d'édulcorants caloriques, entraînant une baisse de la consommation de boissons rafraichissantes sucrées à base de sirop de maïs à haute teneur en fructose.

La Chine, deuxième producteur mondial, devrait connaître la plus forte hausse de la consommation, bien qu'elle demeure modeste en comparaison de celles du Japon ou de la Corée. Au cours de la prochaine décennie, la production chinoise d'isoglucose devrait s'accroître et être suffisante pour satisfaire la demande intérieure (+0.2 Mt d'ici 2034). Aucune augmentation n'est en revanche prévue au Japon et en Corée, où la consommation devrait être d'environ 5 kg/hab. Dans l'Union européenne, l'isoglucose restera non compétitif par rapport au sucre pendant la prochaine décennie, et ne représentera que 1 kg/hab. en 2034.

4.3.2. Production

Le sucre est un secteur à forte intensité capitalistique caractérisé par des coûts d'intrant importants, notamment celui de l'énergie nécessaire pour augmenter les rendements et accroître la teneur en sucre. Les prix intérieurs rémunérateurs observés au début des années 2020 ont encouragé l'investissement dans ce secteur, dont ils devraient continuer de stimuler la croissance et le développement au cours de la prochaine décennie. La production mondiale de sucre devrait croître de 15 % pendant la période de projection.

Une croissance de la production mondiale de sucre tirée par l'Asie

La production mondiale de sucre devrait passer de 178 Mt pendant la période de référence à 205 Mt en 2034, dont 63 % fournis par l'Asie et 24 % par l'Amérique latine.

L'Asie deviendra la première région productrice d'ici 2034 et assurera environ 42 % de la production mondiale. L'Inde, la Thaïlande et la Chine devraient être les principaux pays fournisseurs de la région, avec une production de sucre qui devrait progresser de 8.7 Mt, 3.6 Mt et 2.0 Mt respectivement d'ici 2034 par rapport à la période de référence (Graphique 4.2). En Inde, deuxième pays producteur de sucre du monde, la production de sucre devrait progresser à un taux légèrement inférieur à celui de la décennie précédente, du fait de la croissance ralentie de la production de canne à sucre et d'une plus grande réaffectation des récoltes à la production d'éthanol. En Thaïlande, la canne à sucre est principalement destinée à la production sucrière, laquelle devrait s'accroître à la faveur de l'augmentation de la production de canne à sucre et de l'amélioration des taux d'extraction du sucre. En Chine, les efforts de l'industrie sucrière nationale compteront sur l'appui de mesures de soutien de la production nationale visant à stabiliser les volumes de production et à réduire la dépendance à l'égard des importations.

Graphique 4.2. Production de sucre par région

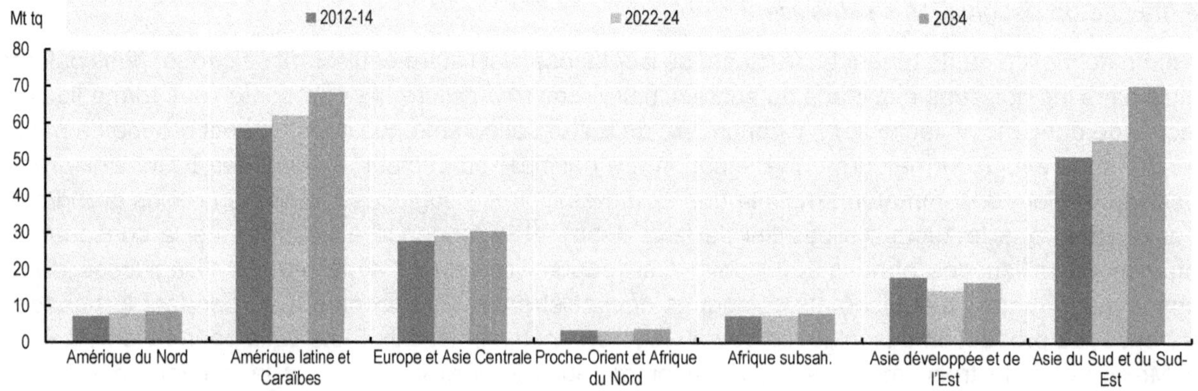

Note : les chiffres sont exprimés en tel quel (tq), voir le glossaire pour la définition.
Source : OCDE/FAO (2025), « Perspectives agricoles de l'OCDE et de la FAO », Statistiques agricoles de l'OCDE (base de données), http://data-explorer.oecd.org/s/1hc.

En 2034, l'Amérique latine devrait être la deuxième plus grande région productrice de sucre, le Brésil occupant la place de premier fournisseur mondial. Une hausse de l'investissement dans les plantations, conjuguée à des conditions météorologiques favorables, a favorisé le redressement de l'industrie sucrière du pays après une crise financière prolongée entre 2017 et 2022. Toutefois, après ce redressement, la persistance d'un temps sec et les feux de forêt sans précédent de l'été 2024 devraient avoir des répercussions sur la production de sucre au début de la période couverte par les *Perspectives*. Néanmoins, si elle est soutenue par des investissements, et dans l'hypothèse de conditions météorologiques normales, la production de sucre devrait être relancée dans les années à venir, augmentant de 5 Mt au cours de la prochaine décennie par rapport à la période de référence.

L'Afrique devrait par ailleurs contribuer dans une plus grande proportion aux approvisionnements mondiaux en sucre, sa part dans la production prenant d'avantage d'ampleur, grâce principalement aux pays d'Afrique subsaharienne et à une contribution croissante de l'Égypte, le plus gros producteur de sucre du continent. Les mesures de soutien public et les investissements étrangers devraient contribuer à accroître la production sucrière. Celle-ci devrait aussi bénéficier de conditions favorables à la culture de la canne à sucre, des possibilités d'expansion des surfaces exploitées et de coûts de production plus faibles.

Dans les pays de l'OCDE, la production devrait continuer de perdre des parts de marché. En 2034, la région représentera 20 % du marché mondial, contre 22 % pendant la période de référence. L'Union européenne qui, selon les projections, restera la principale fournisseuse sur ce marché régional en 2034 (37 %) verra néanmoins sa production de sucre baisser ; au contraire, l'offre devrait progresser aux États-Unis (+0.5 Mt), sous l'impulsion de plusieurs mesures prises par les pouvoirs publics en faveur de la filière domestique.

La canne à sucre restera la principale culture sucrière, la croissance étant tirée par le Brésil, la Thaïlande et l'Inde

La canne à sucre continuera de représenter plus de 85 % des cultures sucrières. Au cours de la période couverte par les *Perspectives*, la production mondiale de canne à sucre devrait progresser de 1.2 % par an pour atteindre 2 100 Mt en 2034. Le Brésil, l'Inde et la Thaïlande devraient apporter les plus fortes contributions à la variation en volume de la production mondiale (+112 Mt, +90 Mt et +22 Mt respectivement). Cette situation témoigne des rendements relativement plus élevés en Inde et en Thaïlande, tandis qu'une expansion des surfaces cultivées est principalement attendue au Brésil (+1.2 Mha).

Le Brésil est le premier producteur de canne à sucre, et la moitié de sa production est destinée à la fabrication d'éthanol. La répartition entre les deux utilisations est largement dictée par les conditions du marché, telles que les prix internationaux du sucre et la demande intérieure d'éthanol. Toutefois, les politiques publiques telles que le mélange obligatoire d'éthanol dans le carburant et les incitations à la production de biocarburants jouent également un rôle clé dans le soutien à l'utilisation d'éthanol. La rentabilité atteinte ces dernières années par le secteur du fait des prix élevés du sucre y a attiré les investissements. Au cours des dix prochaines années, l'adoption de pratiques culturales plus durables devrait permettre au premier exportateur mondial de sucre de répondre aux besoins du marché. Les surfaces cultivées devraient s'étendre : la part de la canne à sucre dans le total des terres arables disponibles passera de 12 % pendant la période de référence à 13 % en 2034. En revanche, les rendements ne devraient pas beaucoup augmenter, du fait de conditions climatiques plus sèches.

En Inde, la croissance de la production de canne à sucre devrait être principalement due à l'amélioration des rendements, puisque la concurrence avec les autres productions agricoles devrait empêcher toute expansion des surfaces cultivées. Les mesures de soutien public jouent un rôle crucial en faveur de la production de canne à sucre. Ces mesures incluent la fixation de prix équitables et rémunérateurs pour garantir aux agriculteurs des revenus satisfaisants, l'octroi d'une aide financière pour la rénovation des installations existantes, et le soutien à la création de variétés améliorées de canne à sucre. En outre, le gouvernement collabore étroitement avec les organisations professionnelles du secteur, telles que l'Indian Sugar Mills Association (ISMA), pour améliorer le rendement de la canne à sucre et les taux d'extraction du sucre. En Thaïlande, la production de canne à sucre de la prochaine décennie devrait principalement s'appuyer sur de meilleurs rendements, soutenue par des initiatives publiques destinées à améliorer les pratiques culturales et à accroître la durabilité. La superficie cultivée devrait rester relativement stable, soutenue par des prix départ exploitation attractifs qui incitent les agriculteurs à continuer de cultiver la canne à sucre. En Chine, les prix planchers des cultures sucrières établis par le gouvernement et les droits d'importation continueront d'inciter les autorités des principales régions productrices à soutenir les exploitations agricoles et les sucreries pour qu'elles puissent se moderniser et maximiser leurs rendements. Cependant, les projections indiquent une croissance modérée, du fait du renchérissement des intrants et de la concurrence entre cultures pour l'utilisation des terres, qui devraient ralentir ces efforts.

Les perspectives sont moins favorables pour la betterave sucrière. La transformation de cette plante exige davantage d'énergie que la production de sucre à partir de la canne, ce qui pèse sur les marges bénéficiaires. Des hausses de la production de betteraves sont attendues, principalement en Égypte, en Türkiye, aux États-Unis et en Chine.

En Égypte, des prix d'achat rémunérateurs, conjugués aux efforts pour adopter des variétés de semences améliorées et développer les capacités de transformation des betteraves sucrières, devraient entraîner une augmentation de la production de 4 Mt par rapport à la période de référence.

Aux États-Unis et en Chine, où les deux plantes sucrières sont cultivées, l'augmentation des rendements de betterave à sucre aidera cette culture à conserver des parts de marché, soit respectivement 52 % et 9 % de l'ensemble des productions de cultures sucrières.

En Europe, peu d'évolutions sont attendues en Ukraine et en Fédération de Russie (ci-après « la Russie ») au cours de la prochaine décennie. Dans l'Union européenne, le coût plus élevé des intrants par rapport aux autres cultures, la propagation de la cicadelle *Pentastiridius leporinus* – qui réduit la teneur en sucre de la betterave dans certaines régions – et la législation environnementale plus stricte régissant les produits phytopharmaceutiques – qui accroît le risque de diffusion de nouvelles épidémies – encourageront les producteurs à se tourner vers des cultures plus rentables. En Türkiye, quatrième producteur mondial de betteraves sucrières derrière l'Union européenne, la Russie et les États-Unis, les augmentations soutenues des rendements au cours de la dernière décennie grâce à l'amélioration de la qualité des semences et à la modernisation des pratiques de production devraient favoriser une poursuite de la croissance de la production sucrière au cours de la prochaine décennie.

Les cultures sucrières resteront principalement utilisées pour produire du sucre ou de l'éthanol

Si, au cours de la dernière décennie, 81 % des cultures sucrières mondiales étaient utilisées pour produire du sucre, on s'attend à ce que cette part baisse pendant la période de projection, pour atteindre 77 % en 2034. Dans les principaux pays fournisseurs de canne à sucre, les mesures de soutien à la production de biocarburants influeront sur l'équilibre entre les principales utilisations de la plante (sucre ou éthanol), en particulier du fait que les sucreries sont souvent construites de manière à pouvoir basculer d'une production à l'autre. En 2034, le Brésil et l'Inde devraient rester les chefs de file du secteur, avec respectivement 37 % et 23 % de la production mondiale de canne à sucre, 24 % et 19 % de la production mondiale de sucre et 75 % et 21 % de la production mondiale d'éthanol de canne à sucre (Graphique 4.3). La Thaïlande produit très peu d'éthanol directement à base de canne, car elle privilégie plutôt la mélasse ou le manioc.

Graphique 4.3. Production mondiale de plantes sucrières selon leurs principales utilisations

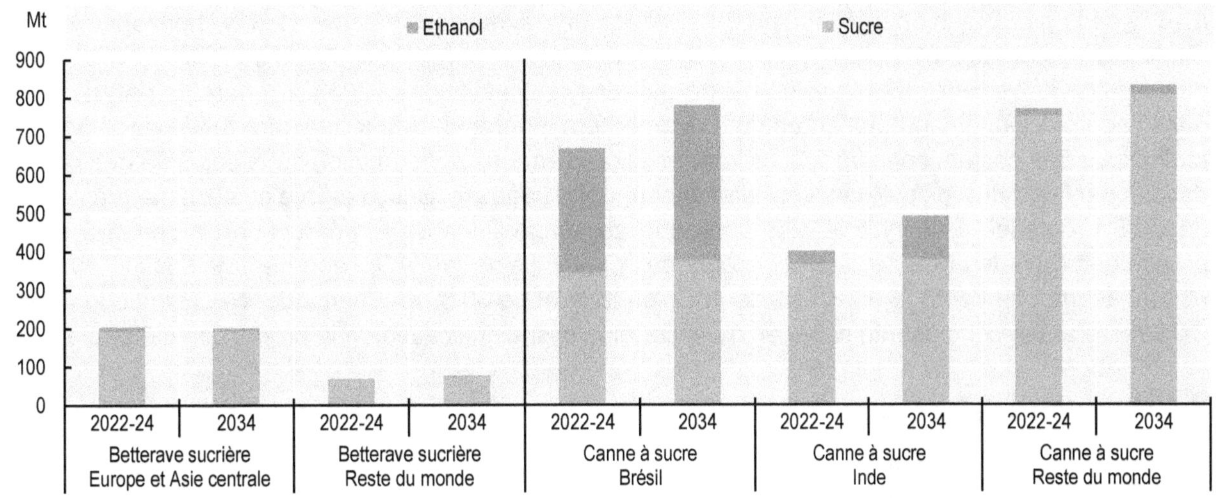

Source : OCDE/FAO (2025), « Perspectives agricoles de l'OCDE et de la FAO », Statistiques agricoles de l'OCDE (base de données), http://data-explorer.oecd.org/s/1hc.

Encadré 4.1. Rôle du « complexe canne à sucre » dans le secteur de la bioénergie

La bioénergie est une énergie renouvelable produite à partir de diverses sources de biomasse, dont le bois, les déchets et les cultures. Au cours de la dernière décennie, la production mondiale d'énergie s'est accrue d'environ 14.5 %, tandis que celle de bioénergie a progressé de 18 % pendant cette même période pour représenter environ 9 % des approvisionnements totaux en énergie en 2024. Parmi les différentes sources de bioénergie, le bois de feu et les résidus végétaux constituent environ les trois quarts de la production totale, tandis que la bagasse et les biocarburants en représentent conjointement environ 15 %. La bagasse est un sous-produit cellulosique du raffinage de la canne à sucre, et bien que souvent considérée comme un déchet, elle peut servir à la production de produits à base de cellulose, d'aliments pour animaux et d'énergie. Le jus de canne à sucre et la mélasse sont également utilisés pour produire de l'éthanol par fermentation. Les divers produits et sous-produits de la canne à sucre peuvent être collectivement désignés comme le « complexe canne à sucre » (CCS) et jouent un rôle important dans le secteur de la bioénergie.

Le CCS est étroitement lié au secteur de l'énergie dans les principaux pays producteurs de canne à sucre tels que le Brésil, l'Inde ou la Thaïlande. Le secteur énergétique brésilien a eu recours au CCS pour produire de l'énergie et, au cours de la dernière décennie, 50 % de la canne à sucre a directement servi à la production d'éthanol. Cette part devrait rester stable au cours des dix prochaines années. En Thaïlande, l'utilisation directe de la canne à sucre pour produire des biocarburants reste très limitée (moins de 3 %) et la situation ne devrait guère évoluer. Environ 9 % de la production sucrière de l'Inde est consacrée à la fabrication d'éthanol et cette part devrait atteindre 22 % d'ici 2034. La hausse de la production d'éthanol peut pour une large part être mise au crédit des politiques destinées à promouvoir l'utilisation de l'éthanol produit dans le pays en associant la consommation de biocarburants à celle de combustibles fossiles afin de décarboner le secteur des transports. Les gouvernements ont par ailleurs pris diverses mesures de soutien pour promouvoir la production nationale d'éthanol, par exemple sous la forme de crédits d'impôt ou de prix de soutien pour les matières premières (voir le chapitre sur les biocarburants).

Outre l'éthanol de canne à sucre, la mélasse et la bagasse apportent une contribution non négligeable à la production d'énergie issue du CCS. Au cours de la dernière décennie, le CCS a représenté de 10 à 16 % de la production énergétique du Brésil et sa part devrait avoisiner les 11 % à l'horizon 2034. En Thaïlande, la part du CCS dans l'approvisionnement total en énergie est passée de 7 % à environ 12 % au cours de la dernière décennie, un chiffre qui restera constant d'ici 2034. En Inde, la part du CCS dans l'approvisionnement total en énergie augmentera légèrement pour atteindre 4.5 % en 2034. Les projections des contributions du CCS à la production d'énergie sont fonction de la capacité des pays à développer la production d'éthanol et l'offre intérieure de bagasse. Sous réserve que la bioénergie issue du CCS progresse à un rythme plus conforme aux projections de la production de canne à sucre présentées dans les *Perspectives agricoles de l'OCDE et de la FAO*, l'énergie totale issue du CCS devrait augmenter de 18 % au Brésil, de 48 % en Inde et de 30 % en Thaïlande, ce qui indique que le CCS restera une composante fiable et, dans certains cas, significative de la production d'énergie.

Tableau 4.1. Quelques indicateurs du rôle joué par le « complexe canne à sucre » (CCS) dans le secteur de l'énergie

	Croissance de la production totale d'énergie		Croissance de la production d'énergie issue du CCS		Part du CCS dans la production totale d'énergie		
	De 2012-14 à 2022-24	De 2022-24 à 2034	De 2012-14 à 2022-24	De 2022-24 à 2034	2012-14	2022-24	2034
Brésil	37.3 %	21.2 %	-6.2 %	18.2 %	16.3 %	11.1 %	10.8 %
Inde	36.4 %	30.6 %	65.0 %	48.4 %	3.3 %	4.0 %	4.5 %
Thaïlande	-2.7 %	58.6 %	32.6 %	29.9 %	7.4 %	12.1 %	12.1 %

Source : calculs des auteurs à partir de la base de données FAOSTAT sur la bioénergie, de la publication *Energy Outlook 2024* de l'AIE et des *Perspectives agricoles de l'OCDE et de la FAO*.

De ce point de vue, la canne à sucre ne doit pas être exclusivement considérée comme un produit unique destiné à un seul et même usage, mais aussi comme un ensemble complexe composé d'une pluralité de produits répondant à une diversité de besoins, dont l'alimentation humaine (sucre), l'alimentation animale (mélasse et bagasse), la production de cellulose (bagasse), ou encore celle d'énergie (mélasse, bagasse et jus de canne à sucre). Par sa grande polyvalence, le CCS permet une diversification de l'industrie sucrière et accroît sa capacité à faire face aux incertitudes, la production d'éthanol pouvant faire office d'amortisseur lorsque les prix du sucre sont d'un bas niveau.

Au Brésil, l'énergie produite à partir du CCS est près de trois fois plus élevée que la consommation totale d'énergie du secteur agricole et sylvicole, et elle est environ quatre fois supérieure à cette dernière en Thaïlande. En Inde, l'excédent d'énergie tirée du CCS par rapport à la consommation du secteur agricole et sylvicole est de près de 27 %.

En conclusion, le CCS s'est imposé comme un facteur fondamental permettant de disposer d'une source fiable d'énergie renouvelable, contribuant ainsi à l'accès à l'énergie et à la sécurité énergétique.

Sources
FAO (2024), "Bioenergy 1990–2022", *FAOSTAT Analytical Briefs*, No. 87, FAO, Rome.
AIE (2024), *World Energy Outlook 2024*, AIE, Paris, https://www.iea.org/reports/world-energy-outlook-2024.
FAO (2004), Terminologie unifiée de la bioénergie (TUB), FAO, Rome.
Partenariat mondial sur les bioénergies (GBEP). 2024. Déclaration conjointe sur les bioénergies durables pour les objectifs climatiques et de développement (*Joint Statement on Sustainable bioenergy for climate and development goals*), https://www.fao.org/climate-change/news/news-detail/sustainable-bioenergy-for-climate-and-development-goals/en.

4.3.3. Échanges

Les échanges de sucre demeureront importants pendant la période de projection

Le sucre continuera d'être un produit très échangé. Le sucre brut, qui est généralement transporté en vrac à destination des raffineries, continuera de constituer la majeure partie des échanges internationaux (61 % en 2034) (Graphique 4.4). Les échanges de sucre raffiné destiné à la consommation humaine sont plus coûteux, car ils exigent une meilleure protection contre l'humidité et contre la contamination lors de la manutention et du transport. L'équilibre global entre les échanges de sucre brut et de sucre blanc devrait rester stable au cours de la période de projection.

Les importations devraient représenter 35 % de la consommation mondiale au cours de la période couverte par les Perspectives. L'Asie et l'Afrique resteront les plus gros importateurs bruts de la planète, comptant respectivement pour 58 % et 29 % des importations mondiales de sucre. La croissance de la consommation dans les pays les moins avancés d'Afrique subsaharienne devrait tirer vers le haut la part du sucre blanc importé pour la consommation directe. En Asie, aucune évolution notable n'est attendue en matière de dépendance à l'égard des importations. La croissance des importations de sucre brut se poursuivra, principalement tirée par les principaux acheteurs, l'Indonésie et la Chine, même si la Chine réduira sa dépendance de 0.4 Mt. En revanche, en Indonésie, la lenteur de l'augmentation de la production sucrière, conjuguée à une hausse soutenue de la consommation, devrait entraîner une progression significative des importations, qui devraient croître de 3 % par an au cours de la période considérée.

Une baisse ininterrompue des importations de sucre, de sucre blanc principalement, est attendue au cours de la prochaine décennie au sein de l'Union européenne, ainsi qu'au Japon, où cette baisse touchera surtout le sucre brut. Aux États-Unis, pays traditionnellement déficitaire en sucre, les politiques nationales continueront de favoriser la production intérieure et limiter les flux d'importations.

Graphique 4.4. Importations de sucre brut et de sucre blanc selon la région

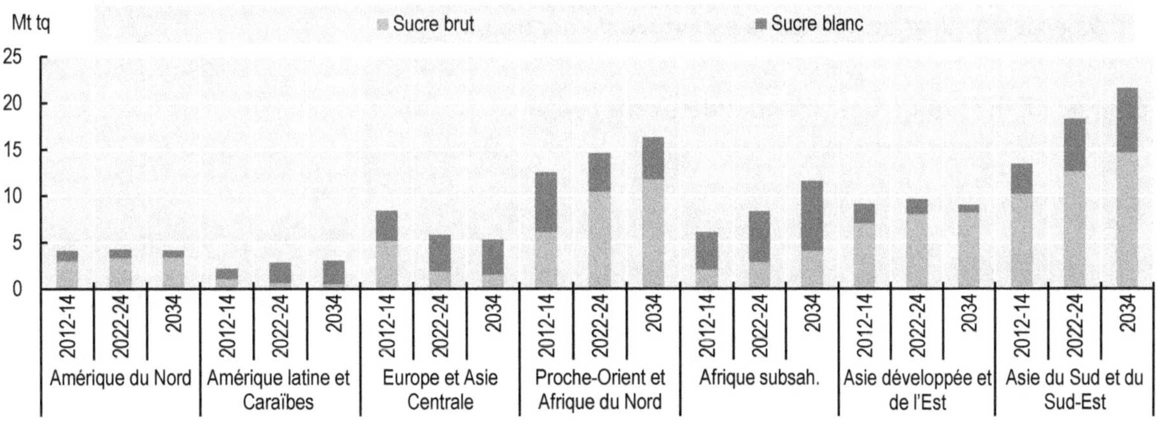

Note : les chiffres sont exprimés en tel quel (tq), voir le glossaire pour la définition.
Source : OCDE/FAO (2025), « Perspectives agricoles de l'OCDE et de la FAO », Statistiques agricoles de l'OCDE (base de données), http://data-explorer.oecd.org/s/1hc.

S'agissant des exportations, les marchés du sucre devraient rester très concentrés, et donc dépendants des évolutions dans un nombre limité de pays. En 2034, les trois grands pays traditionnellement exportateurs devraient se partager les trois quarts du marché : le Brésil (73 % du sucre brut et 21 % du sucre blanc), la Thaïlande (10 % du brut et 20 % du blanc) et l'Inde (2 % du brut et 18 % du blanc). Le Brésil restera de loin le premier exportateur mondial de sucre brut et le principal fournisseur de sucre blanc avec la Thaïlande et l'Inde. En Inde et en Thaïlande, le sucre blanc devrait continuer de représenter une part plus importante du total des exportations, du fait de la rentabilité plus élevée que lui confère sa plus grande valeur marchande. Quatrième pays de ce peloton de tête, l'Australie devrait totaliser 7 % du marché du sucre brut.

Au début de la période couverte par les *Perspectives*, le Brésil doit faire face à des goulots d'étranglement logistiques au sein des ports. Compte tenu de la rentabilité des exportations brésiliennes sur les marchés internationaux et de la tension des approvisionnements mondiaux en sucre, les projets de développement des infrastructures de stockage, portuaires et maritimes resteront d'actualité. Le déficit des approvisionnements en sucre blanc en provenance du Brésil, pays qui privilégie les exportations de sucre brut depuis des terminaux vraquiers imposant des protocoles d'hygiène moins rigoureux, devrait persister jusqu'en 2034. Les exportations brésiliennes de sucre devraient augmenter de 5 Mt pour atteindre 38 Mt d'ici 2034, dont 21 % seront constituées de sucre blanc, contre 14 % au cours de la période de référence.

La part des exportations de sucre de la Thaïlande devrait passer de 10.8 % avec un volume de 7.2 Mt au cours de la période de référence à 14.3 % avec un volume de 10.4 Mt d'ici 2034. Les exportations de sucre de l'Inde devraient quant à elles atteindre 6 Mt en 2034, contre 4.7 Mt au cours de la période de référence.

4.3.4. Prix

Les prix du sucre devraient baisser en termes réels

Les prix internationaux du sucre devraient baisser en termes réels au cours de la période de projection, à la faveur des gains de productivité soutenus décrits ci-dessus. Cependant, la pression à la baisse sur les prix devrait être en partie compensée par les cours du pétrole brut, constants en termes réels, ce qui devrait encourager l'utilisation des plantes sucrières pour la production d'éthanol et contribuer ce faisant à soutenir dans une certaine mesure les prix du sucre.

Après une baisse par rapport aux niveaux élevés récemment observés, la surcote du sucre blanc (l'écart entre les prix du sucre blanc et du sucre brut) devrait légèrement augmenter en termes réels au cours de la période couverte par les Perspectives, résultat d'une contraction des disponibilités de sucre blanc par rapport à celles de sucre brut dans les exportations mondiales.

Graphique 4.5. Évolution des prix mondiaux du sucre

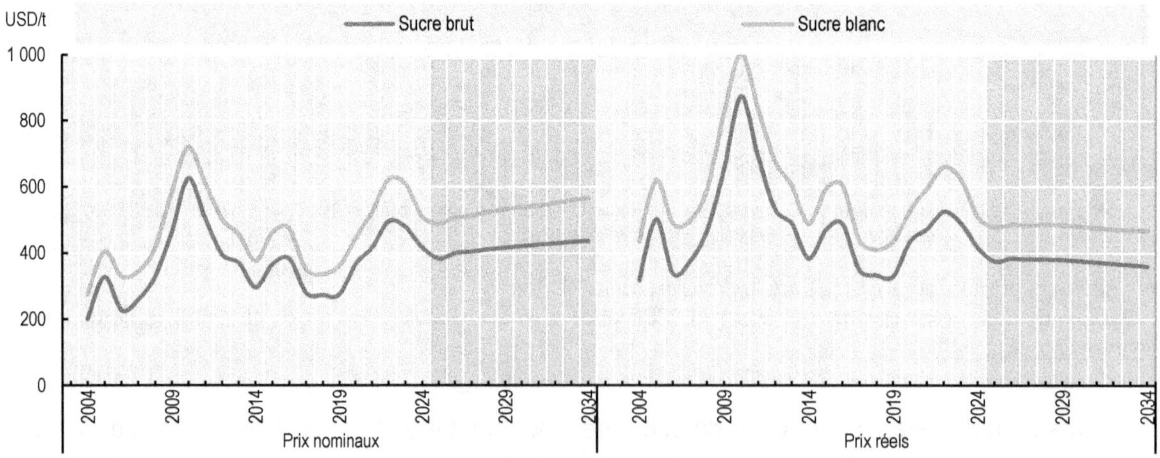

Note : prix du sucre brut, Intercontinental Exchange, contrat n° 11 à l'échéance la plus proche ; prix du sucre raffiné, Euronext Liffe, contrat à terme n° 407, Londres. Les prix réels sont les prix mondiaux nominaux corrigés des effets de l'inflation par le déflateur du PIB des États-Unis (2024 = 1).
Source : OCDE/FAO (2025), « Perspectives agricoles de l'OCDE et de la FAO », Statistiques agricoles de l'OCDE (base de données), http://data-explorer.oecd.org/s/1hc.

4.4. Risques et incertitudes

Les évolutions des autres politiques nationales qui ont une incidence sur la rentabilité relative des cultures sucrières ou sur les gains qui peuvent en être tirés par rapport aux autres cultures pourraient influer sur les décisions de production.

Des perturbations des routes commerciales, les coûts de fret, la manutention et le stockage dans les ports et la disponibilité des conteneurs maritimes pourraient sensiblement modifier les perspectives du marché. De même, toute variation de la surcote du sucre blanc par rapport à l'hypothèse d'augmentation retenue dans ces *Perspectives* pourrait également avoir un impact sur les décisions des pays concernant leurs capacités de raffinage et leurs stratégies de livraison.

Étant donné que 24 % des cultures sucrières mondiales devraient servir à la production d'éthanol en 2034, contre 18 % au cours de la période de référence, dont 52 % de la récolte nationale du Brésil, les fluctuations des prix relatifs du pétrole brut par à rapport à ceux du sucre demeurent une source d'incertitude majeure. Toute évolution ultérieure de la politique relative à l'éthanol pourrait avoir une incidence notable sur le marché mondial du sucre.

Des investissements accrus dans la recherche-développement, concernant notamment les possibilités de diversification dans les biocarburants ou les bioplastiques, pourraient influer sur la dynamique du marché et avoir une incidence sur les quantités de sucre susceptibles d'être exportées.

Les initiatives gouvernementales, telles que la mission nationale de l'Inde sur les bioénergies (*National Bio-Energy Mission*) et le programme RenovaBio du Brésil, stimulent déjà l'investissement dans l'exploitation durable de la canne à sucre. Cependant, bien qu'elles contribuent à la durabilité du secteur, ces mesures peuvent aussi imposer des coûts de production plus élevés que prévu, surtout si la conformité exige un surcroît d'investissement dans la technologie, les intrants ou les processus de certification, au risque d'avoir des répercussions sur les marchés nationaux et mondiaux.

Notes

[1] Les édulcorants caloriques examinés dans ce chapitre incluent le sucre et l'isoglucose

[2] Pour la FAO, « Corée » désigne la « République de Corée ».

5 Viande

Ce chapitre s'intéresse aux marchés mondiaux de la viande : il en décrit l'évolution puis présente des projections à moyen terme pour la période 2025-34. Il passe en revue les évolutions prévues en matière de consommation, de production, d'échanges et de prix pour la viande bovine, la viande porcine, la volaille et la viande ovine. L'analyse finale expose les principaux risques et incertitudes susceptibles d'avoir une incidence sur les marchés mondiaux de la viande au cours de la prochaine décennie.

5.1. Principaux éléments des projections

L'augmentation totale de la consommation de viande devrait atteindre 47.9 Mt au cours de la prochaine décennie. D'ici 2034, la consommation annuelle par habitant devrait s'accroître de 0.9 kg par habitant et par an en équivalent poids comestible au détail (epd). Dans les pays à revenu élevé, les consommateurs sont de plus en plus sensibles au bien-être animal, aux préoccupations environnementales et sanitaires, ce qui entraîne dans certains cas une stagnation de la consommation de viande par habitant.

La plus grande efficacité de la sélection et l'amélioration des rendements d'abattage devraient atténuer l'impact environnemental de la production de viande. À l'échelle mondiale, l'amélioration du poids d'abattage contribuera pour 8 %, 27 % et 19 % respectivement aux augmentations de la production de viande bovine, de viande porcine et de volaille. Ces gains de productivité et la part accrue de la volaille dans la production de viande devraient permettre de limiter à 6 % l'augmentation des émissions de gaz à effet de serre, un niveau bien en deçà de la croissance de 13 % de la production de viande qui est prévue au cours de la prochaine décennie.

Le rôle décroissant de la République populaire de Chine (ci-après « la Chine ») dans les importations de viande devrait modifier la structure des échanges mondiaux. La part de la Chine dans les importations mondiales de viande devrait tomber à 16 % en 2034, contre 20 % au cours de la période de référence. Sa moindre dépendance à l'égard des importations de viande porcine a entraîné une baisse de la production dans les principaux pays exportateurs. Les importations de volaille de la Chine ont manifestement suivi une tendance à la baisse similaire. Les importations mondiales de viande n'augmenteront que de 10 %, contre 37 % au cours de la décennie précédente, avec un risque considérable de dégradation de la situation si les pays se retranchent derrière des barrières commerciales.

Les prix réels de la viande retrouveront leur tendance à long terme. À court terme, les prix nominaux de la viande de ruminants, et en particulier ceux de la viande bovine, devraient connaître une hausse plus significative à mesure que les efforts de reconstitution du cheptel limiteront la croissance de l'offre. En revanche, les prix de la viande de non-ruminants devraient baisser en raison de l'expansion modérée de la production et de la diminution de la demande d'importations de la Chine. Même si le coût réel des aliments pour animaux devrait certes diminuer, les autres coûts réels d'exploitation resteront élevés, ce qui ralentira la croissance de l'offre de viande. À moyen terme, les prix réels de la viande devraient chuter, sous l'effet du ralentissement de la demande, de la baisse du coût réel des aliments pour animaux et de l'amélioration ininterrompue de la productivité.

Les récentes flambées épizootiques ont mis en évidence un besoin crucial de collaboration en matière de biosécurité dans le secteur de la viande. Les flambées épizootiques continuent de perturber considérablement le secteur de la viande, soulignant la nécessité d'une collaboration en matière de biosécurité pour garantir la durabilité de la filière. L'évolution et la propagation continuelles de maladies animales telles que la grippe aviaire hautement pathogène (GAHP), la peste porcine africaine (PPA) en cours, la résurgence de la fièvre aphteuse (FA) et la lucilie bouchère sont une source d'incertitude à moyen terme.

5.2. Tendances actuelles du marché

Une expansion tirée par la volaille et la viande bovine, avec des exportations record du Brésil

En 2024, d'après les estimations, la production mondiale de viande s'est accrue de 1.3 % pour atteindre 365 Mt. Cette croissance a été principalement tirée par la volaille, et elle a également bénéficié de l'augmentation de la production de viande bovine, tandis que celle de viande porcine et ovine est restée stable. L'Australie, le Brésil, l'Union européenne et les États-Unis ont connu une forte hausse de la production de viande. Parmi eux, c'est le Brésil qui a enregistré l'expansion la plus vigoureuse dans toutes les grandes catégories de viande, sous l'impulsion d'une forte demande mondiale, soutenue par une plus forte rentabilité nette attribuable à un taux de change favorable et à la baisse du coût des aliments pour animaux, ainsi qu'au maintien d'un statut indemne de maladie.

Les exportations mondiales de viande se sont redressées en 2024, augmentant d'environ 2 % pour atteindre 40.2 Mt après deux années de déclin. Cette croissance a été alimentée par l'augmentation de la demande d'importations aux États-Unis et dans les pays du Proche-Orient, encouragée par des approvisionnements intérieurs limités et par une demande accrue de viande bovine et de volaille. Des pays tels que les Philippines, les Émirats arabes unis et le Mexique ont également accru leurs importations, stimulées par une demande croissante de la part des consommateurs et par des ajustements des droits de douane qui ont permis un développement des importations. Les exportations de viande bovine du Brésil sont en passe d'atteindre un nouveau niveau record grâce à une forte demande internationale, à un taux de change favorable et à une offre abondante. Les exportations de viande australiennes sont également en expansion, aidées par des prix compétitifs et par la vigueur de la demande. La Chine a en revanche réduit ses importations du fait de l'augmentation de la production nationale et de la baisse de la demande intérieure, qui met en lumière la faiblesse des dépenses de consommation. L'indice FAO des prix de la viande a légèrement progressé de 2.8 % en 2024, s'établissant en moyenne à 117.3, les effets d'une demande d'importations en hausse ayant été dans une certaine mesure atténués grâce à des approvisionnements en provenance des principaux pays exportateurs de viande.

5.3. Projections relatives au marché

5.3.1. Consommation

Place dominante de la consommation de volaille dans les diverses tendances régionales

La consommation mondiale de volaille, de viande ovine, de viande bovine et de viande porcine devrait s'accroître de 21 %, 16 %, 13 % et 5 %, respectivement, d'ici 2034. Du fait de l'augmentation rapide de la population et des revenus, 45 % de la croissance de la consommation mondiale se produira dans les pays à revenu intermédiaire de la tranche supérieure. Par pays, si l'on fait abstraction de la Chine et de l'Inde eu égard à l'importance de leur population, la plus forte hausse de la consommation de viande devrait être observée au Brésil, en Indonésie, aux Philippines, aux États-Unis et au Viet Nam. La croissance rapide de la population africaine, qui passera de 1.5 milliard à 1.8 milliard d'habitants au cours de la prochaine décennie, entraînera une augmentation substantielle (+33 %) de la consommation de viande dans cette région.

Par habitant, la consommation totale de viande ne devrait progresser que de 3 % pour atteindre 29.3 kg epd par habitant/an. Cette augmentation est moitié moins élevée qu'au cours de la décennie précédente. Dans la plupart des pays à revenu élevé (qui représentaient 35 % de la consommation mondiale de viande, mais seulement 17 % de la population mondiale en 2024), la croissance de la consommation de viande par habitant continuera de ralentir (Graphique 5.1). Les préférences des consommateurs évoluent : leur demande de viande bovine ou porcine diminue bien souvent au profit de celle de volaille. Les consommateurs qui disposent de revenus élevés sont de plus en plus attentifs au bien-être animal, à l'environnement et à la qualité sanitaire des aliments, ce qui entraîne parfois une stagnation, voire un recul, de la consommation de viande par habitant. Au Canada et dans l'Union européenne, par exemple, les Perspectives prévoient que cette tendance à substituer la consommation de volailles à celle de viandes bovine, porcine et ovine se poursuivra et s'accompagnera d'une stagnation de la consommation totale de viande par habitant.

Graphique 5.1. Consommation de viande par habitant selon le groupe de revenu et le type de viande

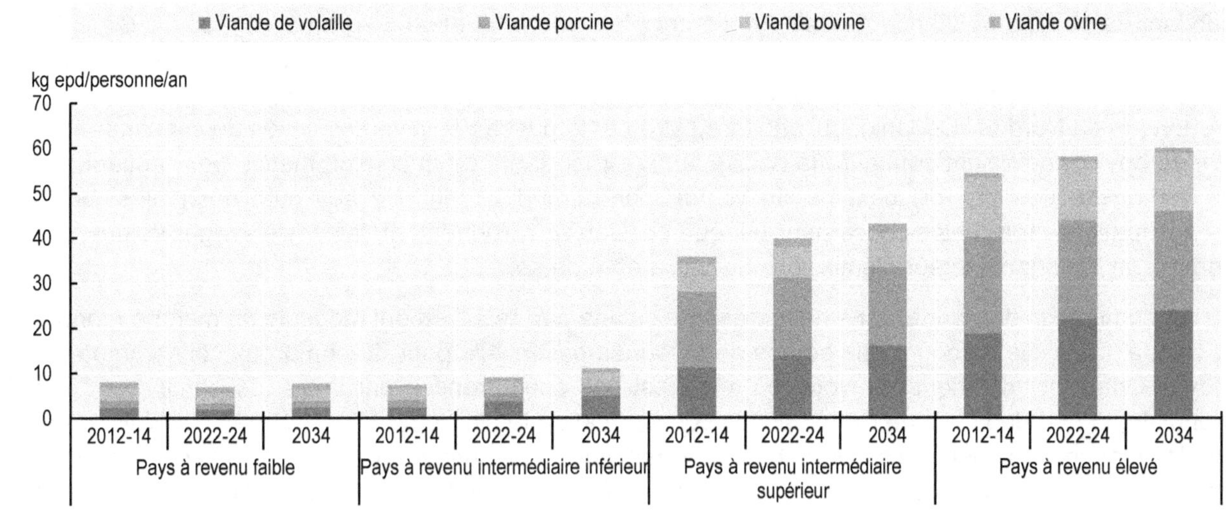

Source : OCDE/FAO (2025), « Perspectives agricoles de l'OCDE et de la FAO », Statistiques agricoles de l'OCDE (base de données), http://data-explorer.oecd.org/s/1hc.

La consommation mondiale de volaille devrait atteindre 173 Mt en poids prêt à cuire (pac) en 2034, contribuant pour 62 % au surcroît de consommation de viande. Sa progression au cours des dix dernières années est le résultat d'une consommation en hausse dans les pays asiatiques, et plus particulièrement en Chine, en Inde, en Indonésie, au Pakistan et au Viet Nam. Cette tendance devrait se poursuivre, vu qu'une croissance rapide de la consommation est également prévue dans d'autres régions comme le Brésil, l'Égypte, le Mexique, les Philippines ou les États-Unis. L'augmentation de la part des protéines de volaille dans l'ensemble de la consommation mondiale de protéines carnées constitue depuis des décennies une caractéristique majeure de la croissance de la consommation de viande, et l'évolution dans ce sens devrait se poursuivre. À l'horizon 2034, la viande de volaille fournira 45 % de l'ensemble de la consommation de protéines carnées, toutes sources de viande confondues. Cela est dû à plusieurs facteurs, dont son faible coût (la volaille reste la viande la plus abordable) et son profil nutritionnel favorable grâce à un rapport protéines/matières grasses plus élevé que pour les autres viandes. Les considérations environnementales contribuent également au succès de la volaille, vu que la production de viande rouge implique une exploitation intensive des ressources naturelles et s'accompagne de plus fortes émissions de gaz à effet de serre. La volaille constitue donc une option plus attractive pour les consommateurs soucieux de durabilité.

La consommation de viande porcine devrait augmenter dans toutes les régions, sauf en Chine, dans l'Union européenne, au Japon et en Suisse, où la consommation est déjà élevée et où les préoccupations sanitaires, environnementales et sociétales influencent de plus en plus les choix alimentaires. Elle apportera la troisième plus grande contribution à l'augmentation totale de la consommation de viande et devrait représenter 130 Mt en équivalent poids carcasse (epc). La consommation mondiale de viande porcine par habitant devrait néanmoins diminuer de 4 % par rapport à la période de référence des *Perspectives,* en raison d'une croissance nulle de la consommation par habitant dans les régions à revenu élevé, parallèlement à une augmentation rapide de la population dans les régions où la viande porcine n'est pas couramment consommée. L'Amérique latine est la région où la consommation par habitant devrait enregistrer la plus forte progression, au taux de 1.3 kg/an epd, en raison de prix plus avantageux que ceux de la viande bovine. Dans les autres régions, la consommation par habitant devrait connaître une plus faible augmentation, voire une légère diminution, comme en Asie, en Amérique du Nord et dans l'Union européenne.

La consommation mondiale de viande bovine devrait atteindre 84 Mt epc au cours de la prochaine décennie, restant stable à environ 6 kg epd par habitant et par an. La plupart des régions devraient réduire leur consommation de viande bovine, à l'exception du Moyen-Orient et de l'Asie, où la consommation par habitant de ce type de viande devrait augmenter d'environ 0.62 et 0.61 kg/an epd, respectivement, d'ici 2034. Ces augmentations sont en partie dues à l'essor de la classe moyenne et à la hausse des revenus, qui ont favorisé une alimentation faisant une plus grande place à la viande bovine. En revanche, l'Europe, l'Amérique du Nord et l'Océanie, qui ont enregistré par le passé des niveaux élevés de consommation de viande bovine, devraient connaître la baisse la plus importante de la consommation par habitant, du fait de la hausse des prix de ce type de viande par rapport à celui de ses substituts, ainsi que des préoccupations croissantes concernant les répercussions environnementales des élevages bovins, perçus comme un important facteur d'émissions de gaz à effet de serre.

La consommation de viande ovine ne représente qu'une part relativement modeste du marché mondial de la viande, mais elle demeure une source de protéines essentielle pour de nombreux consommateurs au Moyen-Orient et en Afrique du Nord, où elle n'est pas concurrencée par la viande porcine. À l'échelle mondiale, la part de la viande ovine dans la consommation totale de protéines carnées devrait demeurer stable au cours de la période couverte par les *Perspectives*. La consommation de viande ovine tend à être un choix alimentaire traditionnel (culturel) et, dans de nombreux marchés, les consommateurs maintiennent cette préférence. Les consommateurs n'en préfèrent pas moins bien souvent la viande bovine ou de volaille lorsqu'elle est disponible et abordable, puisque ces viandes sont plus accessibles et généralement moins chères que la viande ovine.

5.3.2. Production

Une croissance de la production mondiale de viande tirée par l'Asie et par l'Amérique latine

La production mondiale de viande devrait progresser de 13 %, soit 46 Mt epc pour atteindre un chiffre estimé à 406 Mt epc d'ici 2034. Plus de la moitié (55 %) de la croissance de la production de viande aura lieu en Asie, sous l'effet d'une augmentation de 15 Mt de la production de volaille. Grâce à la relance de ses activités d'élevage après l'épidémie de PPA, la Chine participera pour près de 10 % à l'augmentation de la production mondiale de viande, qui bénéficiera également de contributions significatives de l'Inde (8 %), des États-Unis (8 %) et du Viet Nam (7 %). L'Amérique latine devrait accroître de manière régulière sa part de la production, grâce à ses avantages concurrentiels sous l'angle des superficies, des aliments pour animaux et de la génétique animale. L'Afrique contribue pour environ 6 % à la production mondiale de viande, dont elle détient une part importante dans certains secteurs, représentant 22 % de la production mondiale de viande ovine et 10 % de la production de viande bovine. La filière viande du continent est confrontée à plusieurs défis, dont une faible croissance économique, des investissements limités dans le développement agricole, la dégradation de l'environnement, des troubles civils dans certaines régions, une infrastructure médiocre et des services vétérinaires inadéquats. Malgré ces obstacles, la production de viande – de volaille en particulier – s'accroît progressivement.

La volaille renforcera sa position dominante dans le secteur de la viande, puisqu'elle représentera 62 % du volume total de viande supplémentaire produit dans les dix années à venir. Tirée par la demande intérieure, la production de volaille connaîtra une expansion très rapide dans les pays à revenu intermédiaire de la tranche supérieure. La volaille présente certains avantages par rapport aux autres viandes, tels que des cycles de production courts, un coefficient de conversion alimentaire élevé (c'est-à-dire une plus grande production de viande par unité d'aliments pour animaux), de plus faibles coûts globaux de production, ainsi que la possibilité de procéder aux activités d'élevage à proximité de marchés en cours d'urbanisation rapide.

Plusieurs facteurs restreindront toutefois l'expansion du secteur. Les flambées de GAHP ont en particulier une incidence croissante. L'augmentation des densités de production de la volaille accroît le risque d'épidémies et, bien qu'une surveillance et un confinement renforcés puissent en limiter les conséquences,

ces mesures ont également pour effet d'alourdir les coûts supportés par la filière (investissements dans la biosécurité, campagnes de vaccination, etc.). La production de volaille se heurte par ailleurs à des problèmes environnementaux et sanitaires, liés notamment à l'utilisation d'antibiotiques et au bien-être animal.

Les pays asiatiques sont supposés se remettre des effets de la PPA au cours de la première moitié de la période couverte par les Perspectives, ce qui contribuera à relancer la production de viande porcine. La viande porcine devrait représenter environ 13 % des quantités supplémentaires de viande produites dans le monde à l'horizon 2034. La majeure partie de cette augmentation se produira dans les régions d'Asie touchées par la PPA, telles que le Viet Nam, où une conversion des petites exploitations, pour une large part familiales, en grandes entreprises commerciales respectant des normes plus strictes de biosécurité est en cours.

La production de viande bovine s'accroîtra à moyen terme à la faveur d'une augmentation des poids en carcasse, d'une commercialisation plus efficace, des améliorations génétiques, ainsi que d'une meilleure gestion des troupeaux. La production mondiale atteindra 84 Mt epc d'ici 2034. La Chine apportera la principale contribution à cette hausse de l'offre mondiale de viande bovine, pour répondre aux besoins de sa consommation intérieure, devant l'Inde, où des investissements dans les infrastructures de transformation de la viande, et notamment dans des usines de transformation intégrées tournées vers l'exportation, accroissent actuellement les capacités. La viande de buffle indienne est extrêmement demandée sur le marché international en raison de son prix peu élevé, et le pays tire parti de cet atout en améliorant la chaîne du froid et ses installations de transformation. La phase de réduction du cheptel de bovins à viande de l'Australie, du Canada et des États-Unis se poursuivra au début de la période couverte par les Perspectives, mais la hausse des prix entraînera une augmentation de la rentabilité et tirera vers le haut la production de viande bovine pour le reste de la période couverte par les Perspectives.

La production mondiale de viande ovine devrait atteindre 19 Mt epc d'ici 2034, ce qui équivaut à une augmentation de 15 % par rapport à la période de référence. Cette croissance sera une conséquence de la reconstitution des troupeaux et de l'augmentation des taux d'agnelage du fait des prix favorables. La Chine, en particulier, contribuera à hauteur de 17 % à cette hausse de la production, car elle se tourne de plus en plus vers l'élevage ovin et caprin pour répondre à la demande de viande (Wang et al., 2024[1]). Au sein de l'Union européenne, les quantités produites devraient diminuer en dépit du soutien des revenus couplé à la production et de prix à la production favorables dans les principaux États membres producteurs d'ovins. Certains pays d'Europe du Sud-Est sont actuellement aux prises avec une épidémie de variole ovine et caprine qui pourrait freiner la production au cours de la période couverte par les *Perspectives*. En Nouvelle-Zélande, la concurrence pour les terres et les efforts déployés pour réduire ses émissions de GES pourraient limiter la taille de son cheptel, auquel cas la croissance de la production reposera sur des gains de productivité. En Australie, la composition du cheptel ovin continue d'évoluer pour faire une plus grande place aux races optimisées pour offrir un plus haut rendement en viande (plutôt qu'en laine), car les incitations fournies par le marché favorisent la production de viande.

La croissance de la productivité est un facteur clé du développement durable du secteur de la viande

Le secteur mondial de la viande est confronté à des pressions croissantes sous de nombreux aspects. Ces dernières années, les producteurs du monde entier ont dû faire face au coût élevé des intrants, à des réglementations de plus en plus strictes en matière d'environnement et de santé animale, ainsi qu'à diverses épidémies. Le coût des aliments pour animaux, qui a grimpé au début des années 2020, est désormais plus modéré, mais les autres dépenses d'exploitation et de main-d'œuvre continuent d'augmenter. Face à cette situation, le secteur concentre de plus en plus ses efforts sur l'augmentation de la productivité par une amélioration des techniques d'élevage, une meilleure gestion des troupeaux, et des poids d'abattage plus élevés. Ces améliorations sont essentielles non seulement pour la gestion des coûts, mais aussi pour renforcer la durabilité face aux pressions concurrentielles exercées par les autres sources de protéines. Le Graphique 5.2 montre comment ces améliorations de la productivité prévues pour les différents types de viande et les divers groupes de revenu devraient accroître l'efficacité de la production et permettre des pratiques plus durables et conformes aux objectifs environnementaux. Dans les pays à revenu intermédiaire des tranches supérieure et inférieure en particulier, les gains de productivité auront des effets considérables sur la production de viande. Par exemple, pour la viande bovine, l'augmentation du poids des carcasses devrait représenter 24 % et 13 % du surcroît de production des pays à revenu intermédiaire des tranches supérieure et inférieure, respectivement. En outre, l'efficacité globale du système d'élevage, mesurée par le volume de production en fonction des effectifs du cheptel, devrait respectivement progresser de 10 % et de 17 % dans ces groupes de revenu. Des progrès similaires sont également prévus dans les secteurs de la volaille et de la viande porcine.

Graphique 5.2. Évolutions prévues des indicateurs de productivité des différentes filières à l'horizon 2034 par rapport à la période de référence

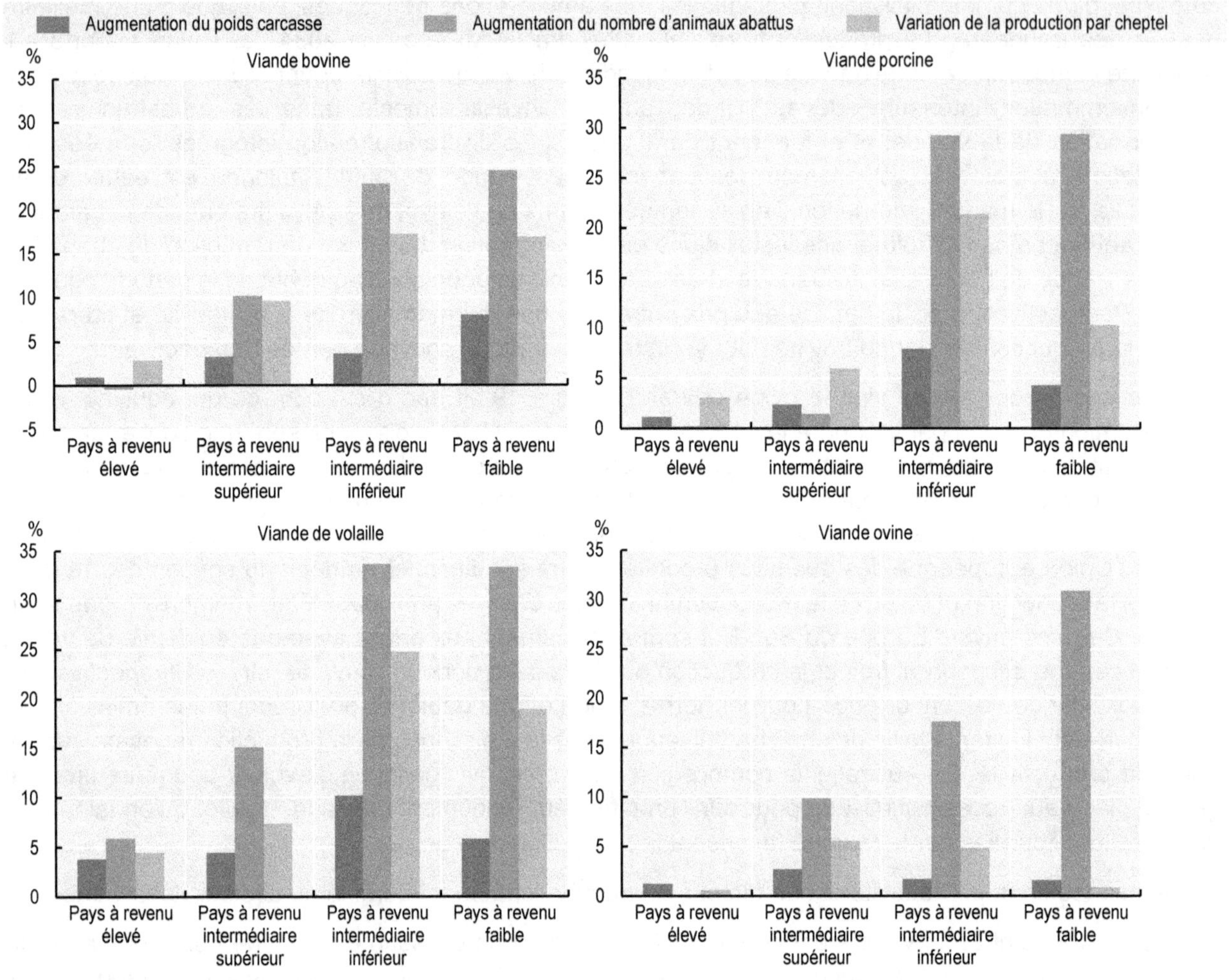

Source : OCDE/FAO (2025), « Perspectives agricoles de l'OCDE et de la FAO », Statistiques agricoles de l'OCDE (base de données), http://data-explorer.oecd.org/s/1hc.

Le secteur de l'élevage est confronté à une surveillance croissante de son empreinte environnementale. Les émissions de GES du bétail devraient augmenter de 6 %, pour passer de 3.4 Gt éq. CO_2 au cours de la période de référence à 3.5 Gt éq. CO_2 à l'horizon 2034, sous réserve des hypothèses de base, qui supposent l'absence de toute évolution de l'intensité des émissions par animal. La plus forte croissance des émissions de GES de la filière viande, tant en termes absolus que relatifs, est attendue en Afrique, où elles seront de 18 % supérieures à celles de la période de référence. En Europe, les émissions liées à la production de viande devraient enregistrer une baisse de 7 % (Graphique 5.3). Cette augmentation des émissions de GES est inférieure à la progression de 13 % de la production de viande, du fait de la part plus importante de la volaille dans cette dernière, ainsi que des initiatives nationales visant à promouvoir des modes d'élevage sobres en carbone. Chose encore plus importante, les gains de productivité aident à ralentir la croissance des émissions en réduisant le nombre d'animaux nécessaires pour assurer un même niveau de production (voir Encadré 5.1). Les émissions sont étroitement liées à la taille du cheptel, de sorte que les gains d'efficacité de la production constituent un facteur essentiel de réduction des émissions de GES du secteur par unité de viande produite.

Graphique 5.3. C'est en Afrique que les émissions de GES liées à la production de viande croîtront le plus fortement

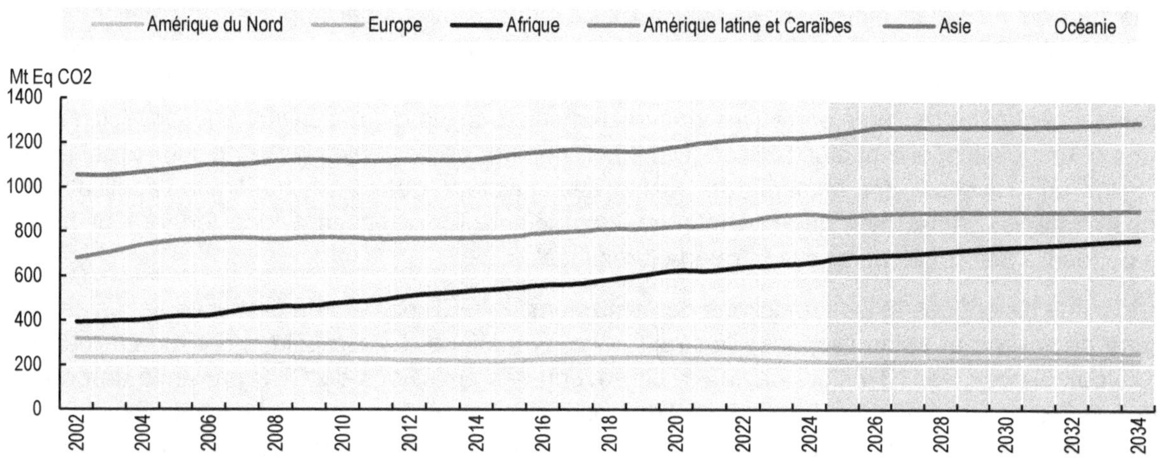

Note : ces estimations sont fondées sur des séries chronologiques provenant des bases de données de FAOSTAT Changement climatique, relatives aux émissions des systèmes agro-alimentaires et complétées à l'aide de la base de données élaborée pour les besoins des Perspectives. Les équivalents CO2 sont calculés sur la base du potentiel de réchauffement global de chaque gaz figurant dans le sixième Rapport d'évaluation du GIEC.

Source : calculs de l'OCDE à partir de FAOSTAT, base de données sur les émissions totales, Division de statistique de l'Organisation des Nations Unies pour l'alimentation et l'agriculture (consultée en décembre 2024). FAOSTAT, base de données sur les émissions d'origine agricole, https://www.fao.org/faostat/fr/#data/GT ; OCDE/FAO (2025), « Perspectives agricoles de l'OCDE et de la FAO », Statistiques agricoles de l'OCDE (base de données), http://data-explorer.oecd.org/s/1hc.

En outre, la réduction des pertes aux différents stades de la chaîne d'approvisionnement en viande pourrait également atténuer la nécessité d'augmenter la production et limiter l'utilisation des ressources. Les estimations des pertes et gaspillages alimentaires (PGA) dans le secteur de la viande varient selon la méthodologie utilisée, mais les hypothèses de base du modèle sur lequel s'appuient les *Perspectives de l'OCDE et de la FAO* suggèrent qu'environ 13.5 % de la viande (en epc) sont perdus au stade de la transformation, alors que 12.2 % (en epd) sont gaspillés à celui de la distribution et de la consommation. Les efforts pour restreindre ces pertes par une meilleure gestion de la chaîne du froid ou par une éducation des consommateurs en vue de limiter le gaspillage, par exemple, pourraient entraîner une réduction de la demande effective et donc du volume de production requis et du fardeau environnemental correspondant.

Encadré 5.1. Croissance de la productivité et émissions de GES de l'élevage

Le rapport « *Pathways to Lower Emissions* » (FAO, 2023[2]) décrit les principaux facteurs qui influent sur les émissions de GES dans le système d'élevage. Il souligne qu'en 2015, les systèmes d'élevage ont émis quelque 6,2 Gt de CO2eq, soit 12 % des émissions anthropiques totales de GES. Les bovins sont à l'origine d'environ 62 % des émissions de l'élevage, alors que les buffles, les moutons, les porcs et les poulets n'en représentent que 6.2 Gt éq. CO. Ce rapport suggère que des actions et des investissements ciblés pourraient permettre de réduire considérablement l'empreinte carbone du secteur de l'élevage. À titre d'exemple, la modification du rumen (grâce notamment à des additifs alimentaires réduisant la production de méthane) et la sélection sélective des animaux à l'origine de faibles volumes d'émission peuvent réduire sensiblement les émissions attribuables à la fermentation entérique, qui représentent les deux tiers des émissions liées à la production de viande. L'amélioration de la productivité est également cruciale, car elle augmente la quantité de viande produite par animal (grâce à une meilleure génétique, à un meilleur état de santé et à une meilleure alimentation), ce qui réduit le nombre total d'animaux requis, et par voie de conséquence les émissions globales. En effet, les volumes d'émission sont étroitement liés à la taille des troupeaux. L'augmentation de la productivité par animal permet d'accroître la production de viande tout en maintenant la taille des troupeaux (et donc les quantités d'émission) à un niveau plus modeste que ce ne serait autrement le cas. Il existe donc un potentiel important d'amélioration des pratiques de gestion, en particulier dans les pays à faible revenu et à revenu intermédiaire où la productivité est faible et le cheptel important. Toutefois, il est important de faire la distinction entre les mesures qui peuvent être mises en œuvre immédiatement et celles qui nécessitent des investissements soutenus et un développement plus poussé. Dans bon nombre de ces pays, les conditions préalables de base, telles que l'accès à des aliments de qualité, peuvent faire défaut, ce qui limite l'applicabilité de certaines stratégies. Ainsi, bien que ces interventions soient prometteuses à long terme, leur mise en œuvre dépendra des capacités et des infrastructures locales.

Les tendances historiques et les projections des émissions de GES par kilo de protéines animales (selon le groupe de revenu et selon l'espèce) illustrent cette dynamique. Le Graphique 5.4 montre que dans presque tous les cas, sauf dans les pays à faible revenu, les émissions de GES par unité de protéines carnées ont suivi une tendance à la baisse. Au cours des deux dernières décennies, le volume des émissions par unité de protéines a enregistré une réduction au rythme de -0.6 % par an dans les pays à revenu élevé, de -0.3 % par an dans les pays à revenu intermédiaire de la tranche supérieure et de -1.6 % par an dans les pays à revenu intermédiaire de la tranche inférieure, et cette tendance devrait se poursuivre. Les pays à faible revenu ont connu une augmentation (+0.6 % par an) des émissions par unité de protéines, ce qui met en évidence des possibilités d'amélioration qui pourraient se concrétiser au cours de la période couverte par les *Perspectives*. Les écarts considérables qui apparaissent entre les différents groupes de revenus indiquent dans quels domaines des améliorations de la productivité pourraient entraîner une baisse notable des niveaux d'émission, à condition que les conditions favorables soient remplies.

Graphique 5.4. Kilogrammes d'émissions d'équivalents CO_2 par kilogramme de protéines animales

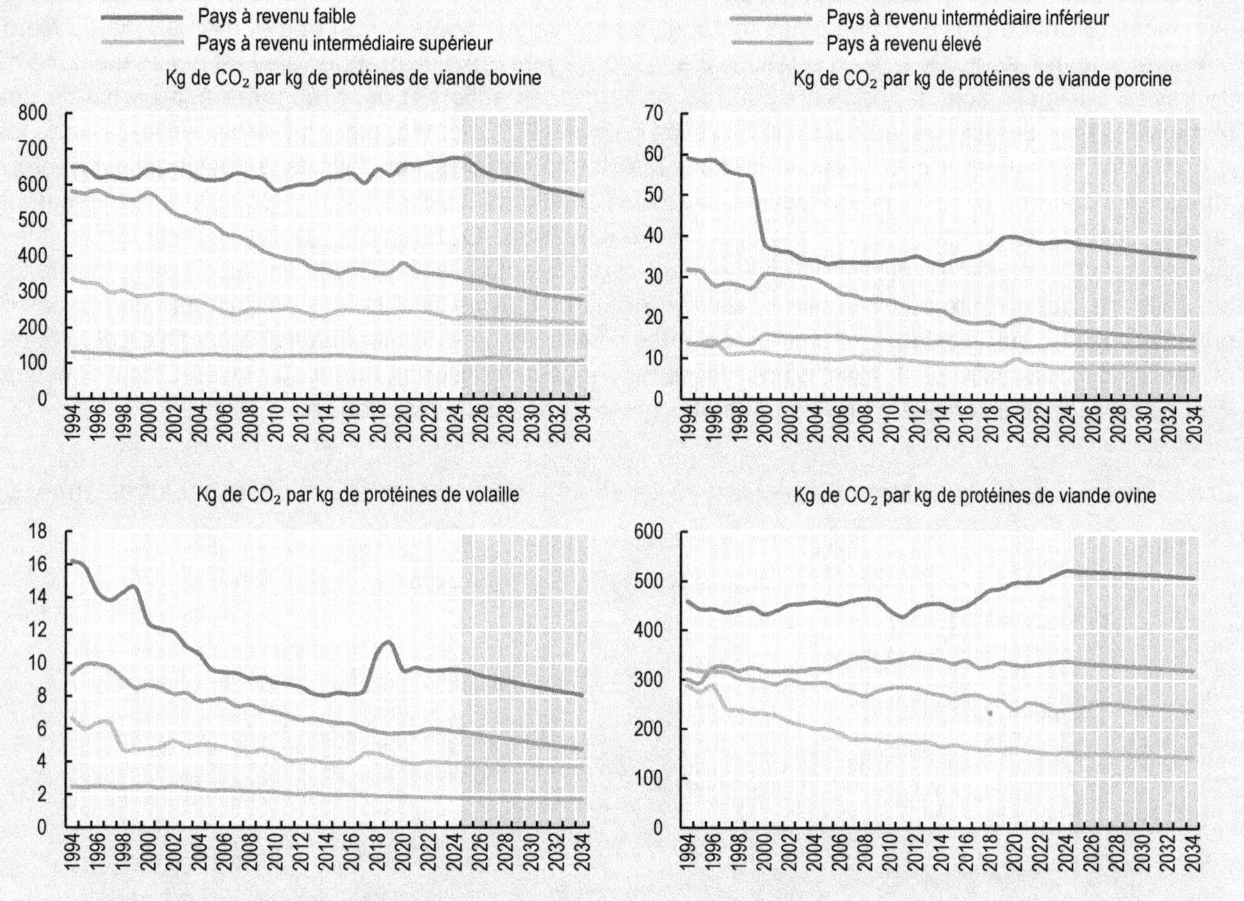

Source : calculs de l'OCDE à partir de FAOSTAT, base de données sur les émissions totales, Division de statistique de l'Organisation des Nations Unies pour l'alimentation et l'agriculture (consultée en décembre 2024). FAOSTAT, base de données sur les émissions d'origine agricole, https://www.fao.org/faostat/fr/#data/GT; OCDE/FAO (2025), « Perspectives agricoles de l'OCDE et de la FAO », Statistiques agricoles de l'OCDE (base de données), http://data-explorer.oecd.org/s/1hc.

5.3.3. Échanges

Échanges mondiaux de viande : une dynamique en mutation, alors que la Chine aspire à une plus grande autosuffisance

Les échanges de viande diminueront légèrement au cours de la première année de la période couverte par les *Perspectives* du fait de la reprise de la production chinoise après l'augmentation de la demande d'importations pendant l'épidémie de PPA dont a été victime le pays. Dans le cadre de sa politique d'autosuffisance, la Chine soutiendra sa production de viande, réduisant ainsi les besoins en importations du pays. Après cette chute initiale, les échanges mondiaux de viande reprendront leur croissance, mais à un rythme deux fois inférieur à celui de la décennie précédente. Le Brésil, l'Union européenne et les États-Unis devraient compter pour plus de la moitié (54 %) des exportations mondiales de viande d'ici 2034, et leur part conjointe demeurera stable tout au long de la période couverte par les Perspectives. Parmi les principaux exportateurs, l'Argentine, l'Australie, le Brésil, l'Inde, la Thaïlande et la Türkiye devraient connaître la plus forte croissance des exportations, grâce à des prix favorables et à des approvisionnements abondants en aliments du bétail. La part des exportations mondiales de viande de l'Union européenne poursuivra sa tendance à la baisse, entamée en 2021, tombant d'environ 19 % à 13 %

à l'horizon 2034, les producteurs européens devant faire face à des coûts plus élevés pour se conformer aux réglementations environnementales.

L'Australie et la Nouvelle-Zélande continueront de dominer les marchés mondiaux de la viande ovine et se concentreront de plus en plus sur les marchés à forte valeur ajoutée d'Europe et d'Amérique du Nord. L'Australie devrait accroître ses exportations d'agneaux légers (de plus grande valeur et nécessitant moins de travail, puisqu'ils sont exportés sous forme de carcasses entières) pour répondre à la demande des restaurants haut de gamme, aux dépens de celles de viande de mouton, alors qu'en Nouvelle-Zélande les exportations diminueront peu à peu à mesure que les superficies consacrées à l'élevage ovin seront affectées à d'autres usages, ce qui devrait atténuer partiellement les gains de productivité réalisés dans le secteur. Une tendance similaire est observée en Australie-Occidentale, où les exportations d'ovins vivants par voie maritime diminuent régulièrement et devraient cesser en 2028 en raison de la législation australienne, qui met progressivement fin aux exportations d'ovins vivants. Les producteurs européens et britanniques de viande ovine sont confrontés à des problèmes tels que les maladies animales et la faible rentabilité de leurs activités. L'essor d'une classe moyenne de consommateurs au Moyen-Orient constitue le principal facteur à l'origine d'une augmentation de la demande d'importations.

Graphique 5.5. L'augmentation des échanges de viande devrait ralentir ces dix prochaines années

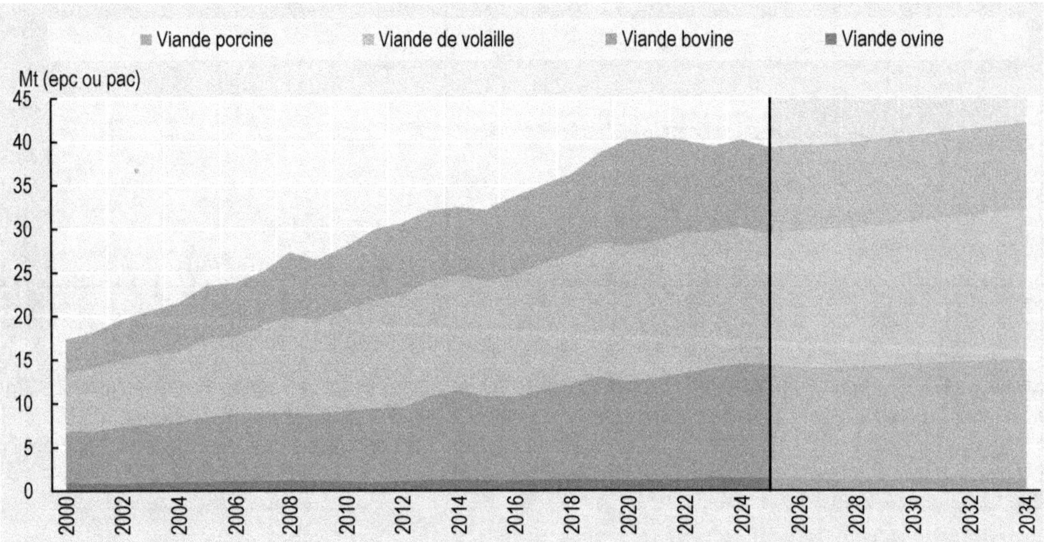

Source : OCDE/FAO (2025), « Perspectives agricoles de l'OCDE et de la FAO », Statistiques agricoles de l'OCDE (base de données), http://data-explorer.oecd.org/s/1hc.

5.3.4. Prix

Une évolution divergente des prix des ruminants et des non-ruminants imputable à la dynamique de la productivité et des marchés

Au début de la période de projection, les prix nominaux de la viande de ruminants devraient connaître une hausse en raison de la reconstitution des cheptels bovin et ovin, qui ralentit provisoirement l'expansion de l'offre et favorise l'augmentation des prix (Graphique 5.6)[1]. À l'inverse, les prix de la viande des non-ruminants devraient évoluer à la baisse du fait d'une croissance modérée de la production et d'une diminution des importations de la Chine. À moyen terme, après correction des effets de l'inflation, les Perspectives prévoient une baisse des prix réels de la viande par rapport à leurs niveaux actuels, alors même que les coûts d'exploitation réels, tels que ceux de main-d'œuvre, devraient rester stables. Cette diminution est due à la réduction des coûts réels des aliments pour animaux et à des améliorations constantes de la productivité. Dans le cas des viandes de ruminants, les prix réels devraient culminer vers 2027, grâce aux efforts de reconstitution des troupeaux dans les secteurs de la viande bovine et ovine. Après ce pic, les prix devraient baisser pour tomber en fin de période à des niveaux de 8 % inférieurs à leur valeur de départ. Les prix réels des non-ruminants devraient accuser un repli plus marqué, finissant à un niveau de près de 20 % plus bas que lors de la période de référence. Sur un plus long cours, la divergence entre les tendances suivies par les prix des ruminants et des non-ruminants lors des vingt dernières années mérite d'être notée et devrait se poursuivre pendant la période couverte par les Perspectives. Cette divergence découle d'un différentiel de croissance de la productivité qui porte à croire que les gains de productivité ont été plus importants dans les filières porcine et avicole et plus lents dans celles des viandes bovine et ovine[2]. La baisse prévue des prix des protéines fourragères entraînera également un recul des prix de la volaille et de la viande porcine, productions qui en font une utilisation plus intense. L'écart de prix croissant entre ces viandes favorise un déplacement de la demande des consommateurs vers les viandes de non-ruminants, plus abordables.

Graphique 5.6. Prix de référence mondiaux de la viande – une hausse en valeur nominale, mais une baisse en valeur réelle

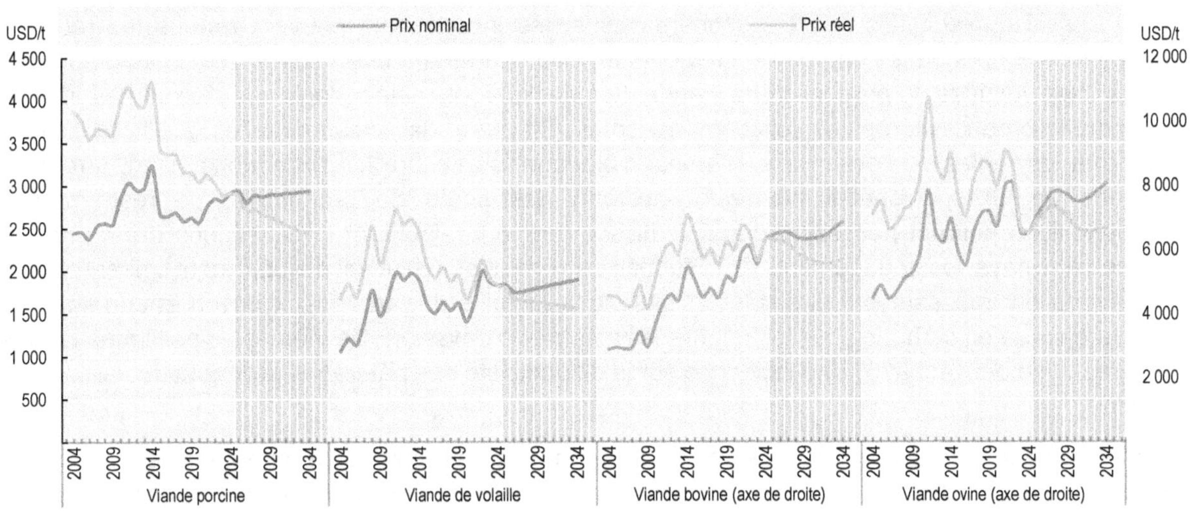

Note : les prix réels sont les prix mondiaux nominaux corrigés des effets de l'inflation par le déflateur du PIB des États-Unis (2024 = 1). États-Unis : valeur unitaire à l'exportation FAB de la viande porcine (fraiche, réfrigérée ou congelée), en USD/t pp ; Brésil : valeur unitaire à l'exportation FAB de la viande et des abats comestibles de volaille (frais, réfrigérés ou congelés) en USD/t pp ; Australie : viande bovine désossée, teneur en maigre mesurée de manière physicochimique de 90 %, prix à l'exportation FAB vers les États-Unis en USD/t pp ; Nouvelle-Zélande : agneau, valeur moyenne à l'exportation FAB, en USD/t pp.
Source : OCDE/FAO (2025), « Perspectives agricoles de l'OCDE et de la FAO », Statistiques agricoles de l'OCDE (base de données), http://data-explorer.oecd.org/s/1hc.

5.4. Risques et incertitudes

La biosécurité constitue une préoccupation primordiale pour la filière de la viande

Le secteur de la viande doit faire face à une multitude d'incertitudes, dont les principales tiennent à l'évolution des épizooties, aux réformes des politiques environnementales, aux changements d'orientation des politiques commerciales, aux incertitudes économiques croissantes et aux modifications des préférences des consommateurs dans le domaine de l'alimentation et de la santé, ou encore en matière de bien-être animal.

En Europe, la récente réapparition de la fièvre aphteuse (FA), dont aucun cas positif n'avait été signalé depuis 2011, marque une résurgence de la maladie dans certains États membres de l'UE depuis le début de l'année. La fièvre aphteuse est l'une des épizooties les plus dévastatrices sur le plan économique et les plus difficiles à maîtriser. Cette résurgence souligne la vulnérabilité mise en évidence dans l'édition des Perspectives de cette année, qui débute dans un contexte caractérisé par de nombreuses épidémies de maladies animales telles que la GAHP. La dernière édition des EU Outlook 2024-2035 (EC, 2024[3]) va jusqu'à envisager que la GAHP puisse poser problème tout au long de l'année, ce qui remettrait en cause la viabilité des systèmes d'élevage de volailles en plein air. Aux États-Unis, les récentes épidémies de GAHP qui ont touché les élevages de volaille ont provoqué des pénuries d'œufs et ont porté leur prix à des niveaux record, ce qui montre à quel point les chocs sanitaires peuvent avoir des effets rapides sur les marchés. Les maladies peuvent perturber la production, déclencher des embargos commerciaux et freiner la demande des consommateurs du fait de préoccupations quant à l'innocuité des produits. Les conséquences sur les approvisionnements mondiaux peuvent certes être atténuées par une réorientation de la demande vers les exportateurs exempts de maladies ou par l'application du protocole de confinement des maladies à l'échelle régionale défini par l'Organisation mondiale de la santé animale (OMSA)[3], mais les répercussions environnementales de la lutte contre les maladies, l'élimination des animaux et le coût des ressources gaspillées, par exemple, ajoutent une nouvelle couche de complexité à la gestion des épidémies. Le risque de pertes soudaines et d'interruption des échanges reste élevé.

Les chocs saisonniers, tels que les sécheresses et les inondations, peuvent réduire les récoltes de céréales fourragères ou les approvisionnements en eau, entraînant une hausse des coûts de production et limitant les volumes de production de viande. Les fluctuations météorologiques croissantes affecteront également la productivité des exploitations agricoles. En outre, des mesures telles que la tarification du carbone et les règles de gestion des effluents d'élevage, ou encore les restrictions visant à réduire les émissions de GES du bétail pourraient accroître les coûts de production. Le respect de ces réglementations pourrait nécessiter des investissements qui ralentiront la croissance de la production. Dans certains pays, les engagements de réduction des émissions peuvent délibérément limiter l'expansion de l'élevage en imposant par exemple un plafond à la taille des troupeaux ou en encourageant une agriculture sobre en carbone pour restreindre les volumes d'émission. De même, les politiques relatives à la déforestation peuvent avoir une incidence sur la disponibilité des pâturages et le coût des aliments pour animaux.

Dans le même temps, les préférences des consommateurs des marchés à revenu élevé évoluent peu à peu. De plus en plus de consommateurs décident de réduire leur consommation de viande rouge par souci de l'environnement. Cette sensibilisation croissante aux enjeux environnementaux pourrait se traduire par une réduction de la demande de produits carnés traditionnels sur les marchés les plus prospères, ou par une augmentation de la demande de viande produite de manière durable, ce qui aura des répercussions sur les producteurs et sur les exportateurs au cours de la prochaine décennie.

Une étude récente publiée dans la revue Nature Food (Springmann et al., 2025[4]) a examiné l'impact des taux d'imposition variables sur les denrées alimentaires afin d'encourager une modification de l'alimentation dans un sens plus conforme aux objectifs définis à l'échelle mondiale. Cette étude porte à croire qu'une hausse des taxes sur la viande et sur les produits laitiers assortie d'une baisse de leur montant sur les fruits et légumes pourrait modifier les habitudes alimentaires partout en Europe. Si elles sont mises en œuvre, de telles mesures pourraient freiner la croissance de la demande de viande.

De surcroît, les préoccupations de santé publique liées à la résistance aux antibiotiques gagnent en importance, et des pressions s'exercent en vue d'une réduction du recours aux antibiotiques dans le secteur de l'élevage. Le recours aux antimicrobiens pour stimuler la croissance était encore une pratique dont 20 % des membres de l'OMSA faisaient état[4]. Déjà en vigueur dans certains pays, les mesures réglementaires visant à en interdire ou en restreindre l'usage pourraient être plus largement adoptées, ce qui pourrait impliquer une transformation des systèmes de production animale (par exemple, une amélioration de la biosécurité et des modes d'élevage pour prévenir les maladies sans recours aux médicaments). La baisse du recours aux antibiotiques dans les élevages est certes une évolution dans le bon sens du point de vue de la santé publique, mais elle pourrait aussi augmenter les coûts de production ou avoir temporairement une incidence néfaste sur la productivité jusqu'à ce que de nouvelles pratiques permettant d'optimiser la productivité du bétail soient adoptées (Acosta et al., 2025[5]).

Enfin, les échanges internationaux jouent un rôle crucial dans le secteur de la viande, et les évolutions des politiques commerciales, concernant par exemple les droits de douane ou les mesures d'interdiction des échanges, peuvent également avoir d'importantes répercussions sur les marchés nationaux et mondiaux. Après plusieurs décennies de libéralisation croissante, les tendances récentes à un plus grand protectionnisme pourraient réduire le volume des échanges et exercer de manière générale une pression à la baisse des prix sur les marchés internationaux, puisque les obstacles aux échanges induisent une hausse des prix intérieurs.

Références

Acosta, A. et al. (2025), « The future of antibiotic use in livestock », *Nature Communications*, vol. 16/1, https://doi.org/10.1038/s41467-025-56825-7. [5]

EC (2024), *EU agricultural outlook, 2024-2035*, European Commission, DG Agriculture and Rural Development, Brussels, https://doi.org/10.2762/2329210. [3]

FAO (2023), *Pathways towards lower emissions*, FAO, https://doi.org/10.4060/cc9029en. [2]

Springmann, M. et al. (2025), « A reform of value-added taxes on foods can have health, environmental and economic benefits in Europe », *Nature Food*, vol. 6/2, pp. 161-169, https://doi.org/10.1038/s43016-024-01097-5. [4]

Wang, X. et al. (2024), « How Food Consumption Trends Change the Direction of Sheep Breeding in China », *Animals*, vol. 14/21, p. 3047, https://doi.org/10.3390/ani14213047. [1]

Notes

[1] En novembre 2024, l'indice FAO des prix de la viande, qui est la principale source utilisée pour mettre à jour les prix de référence de la viande dans les *Perspectives agricoles de l'OCDE et de la FAO*, a été révisé afin de rendre compte avec plus de précision des principaux produits carnés faisant l'objet d'échanges internationaux. Cette révision comporte des ajustements historiques concernant spécifiquement les prix suivants : les prix de la viande de volaille brésilienne ont été alignés sur les définitions fournies par les autorités nationales (source : COMEX Stat) ; les prix de la viande bovine australienne sont à présent estimés à partir des valeurs FAB déclarées par Meat and Livestock Australia (MLA) ; les prix de la viande ovine australienne ont été redéfinis pour être désormais axés sur l'agneau lourd (source : MLA), qui représente mieux le marché d'exportation ; et les prix de la viande ovine néo-zélandaise ont été revus de manière à rendre compte de la valeur moyenne des exportations d'agneau (source : AgriHQ).

[2] Voir, par exemple, Zulauf, C. "Comparing Livestock Productivity Since 1993", *Farmdoc Daily* (9):96, Département d'économie agricole et de la consommation, Université de l'Illinois à Urbana-Champaign, 24 mai 2019. https ://farmdocdaily.illinois.edu/2019/05/comparing-livestock-productivity-since-1993.html.

[3] En l'état actuel, un pays touché par la PPA n'est pas tenu de suspendre totalement ses exportations s'il prend les mesures recommandées par l'OMSA

[4] Voir https://www.woah.org/fr/lomsa-invite-les-autorites-veterinaires-et-le-secteur-de-lelevage-a-tenir-leurs-engagements-en-matiere-dusage-des-antimicrobiens-comme-promoteurs-de-croissance/.

6 Lait et produits laitiers

Ce chapitre s'intéresse aux marchés mondiaux des produits laitiers : il en décrit l'évolution puis présente des projections à moyen terme pour la période 2025-34. Il passe en revue les évolutions attendues, en matière de prix, de production, de consommation et d'échanges, pour le lait, les produits laitiers frais, le beurre, le fromage, le lait écrémé en poudre et le lait entier en poudre. Il s'achève par un examen des risques et incertitudes notables susceptibles d'avoir une incidence sur les marchés mondiaux des produits laitiers durant les dix prochaines années.

6.1. Principaux éléments des projections

Les produits laitiers continuent d'être très appréciés des consommateurs, qui les considèrent comme une composante essentielle d'un régime alimentaire sain, équilibré et nutritif. Les revenus et la population augmentant, les volumes de produits laitiers consommés dans le monde sont appelés à s'amplifier à moyen terme.

L'Asie, et en particulier l'Inde et le Pakistan, restera la région enregistrant la plus forte hausse de la consommation de produits laitiers frais. De nouvelles augmentations de la consommation de fromages sont prévues en Europe et en Amérique du Nord.

La production mondiale de lait devrait continuer de croître régulièrement, principalement en raison de l'amélioration des rendements par animal. La production mondiale de lait (constituée à environ 81 % de lait de vache, à 15 % de lait de bufflonne et à 4 % de lait de chèvre, de brebis et de chamelle) devrait augmenter de 1.8 % par an au cours des dix prochaines années, portée principalement par l'amélioration des rendements par animal, tandis que la croissance du cheptel devrait rester modérée.

L'Inde et le Pakistan devraient représenter plus de la moitié de la croissance de la production laitière mondiale. En revanche, la production de lait dans l'Union européenne, le deuxième producteur le plus important, devrait légèrement baisser.

Les préoccupations environnementales et sanitaires influencent les prévisions pour le secteur laitier. Dans certains pays, la production laitière représente une part importante des émissions totales de gaz à effet de serre (GES), ce qui entraîne la mise en œuvre d'initiatives visant à ajuster la technologie du secteur afin de réduire ces émissions.

Seule une faible part de la production laitière est échangée sur le marché mondial, principalement sous forme de produits laitiers transformés. Bien que la production laitière des trois principaux exportateurs de produits laitiers – la Nouvelle-Zélande, les États-Unis et l'Union européenne – devrait connaître une augmentation modeste, les exportations de ces pays devraient représenter presque 70 % des exportations mondiales de lait.

L'écart entre les prix du beurre et de lait écrémé en poudre devrait se maintenir tout au long de la période de projection. Ce phénomène s'explique par une demande de matières grasses laitières relativement plus forte que celle d'extrait sec dégraissé de lait sur le marché international. Le ratio entre la matière grasse et l'extrait sec dégraissé du lait ne change que très lentement.

Le secteur laitier fait face à diverses sources d'incertitude. Dans les pays à revenu élevé, l'utilisation de substituts d'origine végétale est en hausse, bien que les niveaux de départ restent faibles. Leur part de marché pourrait croître plus rapidement que ce qui est envisagé dans les *Perspectives.* Les maladies du bétail ne devraient pas restreindre la production de façon significative. Elles pourraient néanmoins entraîner des perturbations, comme le montre actuellement la transmission de la grippe aviaire aux bovins laitiers.

6.2. Tendances actuelles du marché

Les prix du lait et des produits laitiers ont augmenté en 2024, sous l'effet de la hausse des prix du beurre

En 2024, l'Indice FAO des prix des produits laitiers a augmenté en raison de l'augmentation du prix du beurre, qui a atteint un nouveau record à la mi-2024 et est resté élevé. Cette augmentation a élargi l'écart des prix entre la matière grasse et l'extrait sec dégraissé du lait.

La production mondiale de lait a augmenté de 1.1 % en 2024, pour atteindre environ 950 Mt. La production a progressé de 3 % en Inde et au Pakistan, atteignant respectivement 227 Mt et 66 Mt. Les retombées sur le marché laitier mondial sont toutefois restées minimes, l'Inde ne participant que de façon marginale aux exportations de lait et de produits laitiers. Pour ce qui est des trois principaux exportateurs, la production en 2024 a augmenté en Nouvelle-Zélande et dans l'Union européenne, mais a diminué aux États-Unis.

Les échanges mondiaux de produits laitiers ont continué de diminuer en 2024 en raison d'un net affaiblissement de la demande de la République populaire de Chine (ci-après « la Chine »), notamment en ce qui concerne le lait écrémé et entier en poudre. En revanche, d'autres importateurs clés de produits laitiers, à savoir l'Arabie saoudite, l'Algérie, l'Indonésie et le Mexique, ont augmenté leurs importations. Parmi les grands pays exportateurs, les États-Unis pourraient à l'avenir faire partie des bénéficiaires d'une hausse de la demande d'exportations du fait d'une croissance limitée de la production dans l'Union européenne et en Nouvelle-Zélande.

6.3. Projections relatives au marché

6.3.1. Consommation

La hausse de la consommation mondiale de produits laitiers est portée par la forte demande en Inde et au Pakistan

Bien que le lait soit un produit très périssable qui doit être transformé rapidement après sa collecte, il est consommé principalement sous la forme de produits frais[1], qui comprennent les produits fermentés et pasteurisés. La part des produits laitiers frais dans la consommation mondiale devrait augmenter ces dix prochaines années, sous l'effet d'un renforcement de la demande en Inde et au Pakistan, lui-même porté par l'urbanisation et la croissance des revenus et de la population. La consommation mondiale par habitant de produits laitiers frais devrait progresser de 1 % par an au cours des dix prochaines années, essentiellement en raison d'une accélération de la croissance du revenu par habitant.

La consommation de lait par habitant (au regard de l'extrait sec) varie considérablement selon les pays (Graphique 6.1), en raison des disparités de revenu et de préférences régionales. L'augmentation la plus notable devrait être enregistrée en Inde et au Pakistan, où la consommation d'extraits secs de lait devrait être portée à 30 et 46 kg par habitant, respectivement. La consommation moyenne de produits frais par habitant de la Chine est sensiblement inférieure à celle de l'Union européenne et de l'Amérique du Nord, mais elle devrait augmenter considérablement au cours de la prochaine décennie. Dans les pays à revenu faible et les pays à revenu intermédiaire de la tranche inférieure, l'essentiel du lait produit est consommé sous forme de produits frais.

En Europe et en Amérique du Nord, la demande globale de produits laitiers frais par habitant recule, et sa composition évolue depuis quelques années au profit des matières grasses laitières, telles que le lait entier et la crème. Les substituts végétaux gagnent du terrain et concurrencent davantage les produits laitiers frais que les produits laitiers transformés.

La part des produits laitiers transformés, en particulier du fromage, dans la consommation globale de lait (en extrait sec) devrait être étroitement corrélée au revenu, avec des variations dues aux préférences locales, aux contraintes alimentaires et au degré d'urbanisation. Le fromage, deuxième produit laitier le plus consommé, a ses principaux marchés en Europe et en Amérique du Nord, où la consommation par habitant devrait continuer d'augmenter durant la période de projection (Graphique 6.2). La consommation importante de fromage dans les marchés émergents s'explique par la popularité croissante de plats tels que les pizzas et les burgers. La consommation de beurre a repris en Amérique du Nord et en Asie du Sud-Est en raison d'une évolution des préférences. En outre, la consommation de beurre par habitant en Inde et au Pakistan, déjà très élevée, continue d'augmenter, tout particulièrement sous forme de ghee, alors que la consommation de produits laitiers transformés reste faible.

Graphique 6.1. Consommation par habitant de produits laitiers frais et transformés, en extrait sec de lait

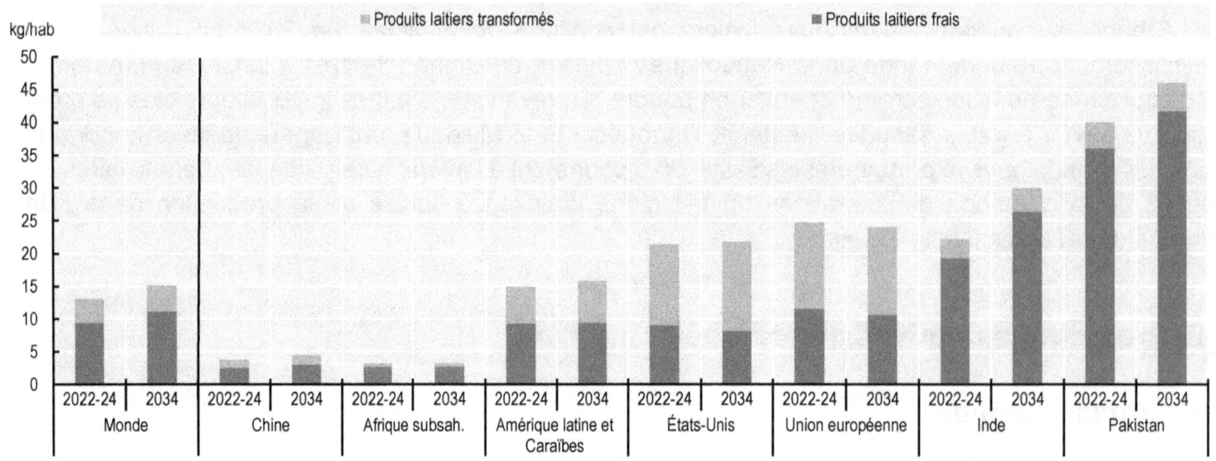

Note : on calcule l'extrait sec du lait en additionnant la quantité de matière grasse et de matière sèche non grasse contenue dans chaque produit. Les produits transformés comprennent le beurre, le fromage, le lait écrémé en poudre et le lait entier en poudre.
Source : OCDE/FAO (2025), « Perspectives agricoles de l'OCDE et de la FAO », Statistiques agricoles de l'OCDE (base de données), http://data-explorer.oecd.org/s/1hc.

Graphique 6.2. Consommation de fromage par habitant dans certaines régions

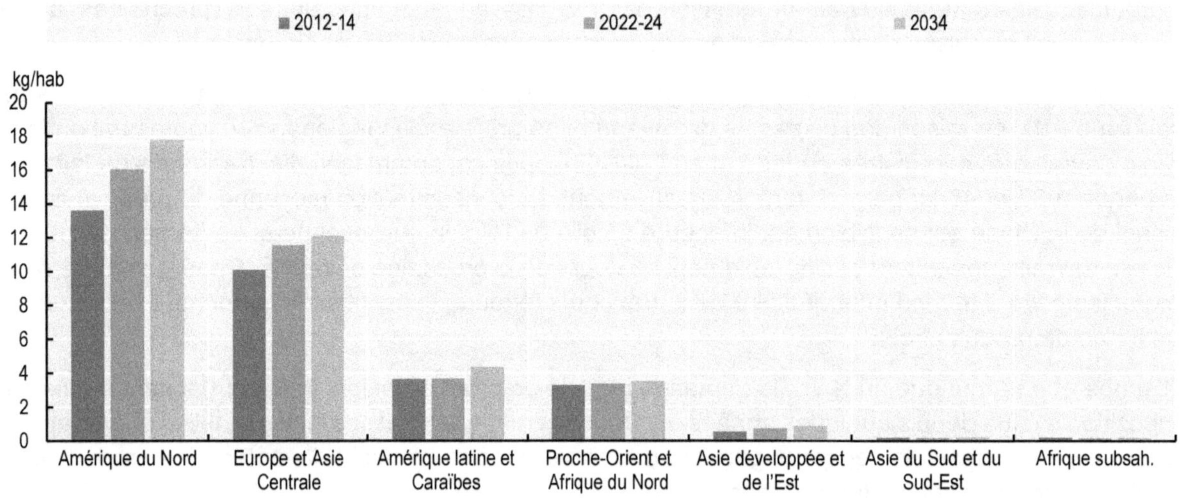

Source : OCDE/FAO (2025), « Perspectives agricoles de l'OCDE et de la FAO », Statistiques agricoles de l'OCDE (base de données), http://data-explorer.oecd.org/s/1hc.

Les poudres de lait, écrémé ou entier, resteront principalement employées par l'industrie agroalimentaire, notamment pour la pâtisserie-confiserie, les laits maternisés et la boulangerie. Une petite partie des produits laitiers est utilisée pour l'alimentation animale, en particulier le lait écrémé en poudre et la poudre de lactosérum. On observe partout dans le monde une montée en puissance des poudres de lactosérum qui sont utilisées pour la fabrication de produits nutritionnels, notamment dans la nutrition clinique et la nutrition des jeunes enfants et des personnes âgées, ainsi que comme produit importé de remplacement pour les produits laitiers frais reconstitués tels que le lait et les yaourts, en particulier en Afrique et dans d'autres régions où la production de lait est limitée.

6.3.2. Production

Des hausses de rendement attendues grâce à une meilleure efficience de la production laitière

La production mondiale de lait devrait progresser de 1.8 % par an ces dix prochaines années (pour atteindre 1 146 Mt en 2034), soit un rythme plus rapide que celui de la plupart des autres grands produits agricoles. D'après les projections, l'augmentation du nombre de vaches sera modérée en Amérique du Nord et en Chine, mais soutenue en Afrique subsaharienne et dans les grands pays producteurs de lait comme l'Inde et le Pakistan, où les rendements sont faibles. Au cours des dix prochaines années, les rendements devraient continuer de croître régulièrement partout dans le monde et contribuer davantage à l'augmentation de la production que l'expansion des cheptels. Cette croissance des rendements sera rendue possible par l'optimisation des systèmes de production laitière, une meilleure santé animale, des gains d'efficience en matière d'alimentation animale et l'amélioration génétique.

L'Inde est le premier producteur de lait et devrait enregistrer une augmentation soutenue et continue de sa production (Graphique 6.3). Celle-ci repose sur de petits exploitants qui travaillent avec des coopératives pour la transformation et la distribution. Cette intégration dans l'ensemble de la chaîne d'approvisionnement joue également un rôle important dans la valeur ajoutée de la production laitière du pays. La croissance de la production devrait découler de l'augmentation du nombre de vaches et de bufflonnes laitières et d'une hausse des rendements.

Graphique 6.3. Production et rendements laitiers dans un certain nombre de pays et de régions

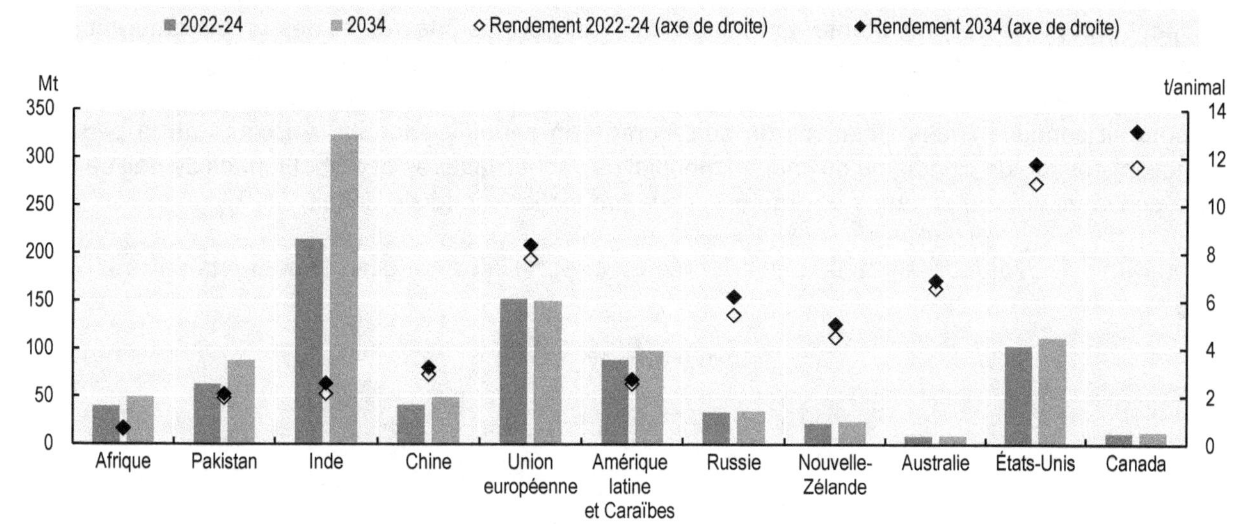

Note : le rendement est calculé par vache/bufflonne.
Source : OCDE/FAO (2025), « Perspectives agricoles de l'OCDE et de la FAO », Statistiques agricoles de l'OCDE (base de données), http://data-explorer.oecd.org/s/1hc.

Au sein de l'Union européenne, les projections indiquent une stagnation de la production, en raison d'une réduction du nombre de vaches laitières et d'un ralentissement de la croissance des rendements. Les cheptels laitiers sont nourris à l'herbe et avec des aliments pour animaux. La part du lait biologique ou issu d'autres systèmes non conventionnels devrait augmenter dans la production totale. À l'heure actuelle, plus de 10 % des vaches laitières sont élevées dans des exploitations biologiques en Autriche, au Danemark, en Grèce, en Lettonie et en Suède. L'Allemagne, la France et l'Italie ont aussi enregistré une hausse de leur production laitière biologique. Toutefois, étant donné que les rendements des exploitations biologiques représentent environ 75 % de ceux des exploitations conventionnelles, et que les élevages biologiques entraînent des coûts de production plus importants, il est nécessaire de fixer des prix de vente sensiblement plus élevés pour que l'activité soit rentable.

Le rendement moyen par vache en Amérique du Nord est quatre fois plus élevé que la moyenne mondiale : la production à l'herbe y est très minoritaire et l'alimentation du bétail vise à obtenir des rendements élevés de cheptels laitiers spécialisés. Aux États-Unis et au Canada, les cheptels laitiers devraient demeurer relativement stables, et la croissance de la production serait donc favorisée par de nouvelles hausses des rendements. Alors que la demande intérieure de matières grasses du lait devrait rester prédominante, les États-Unis continueront de développer leur production de lait écrémé en poudre, en partie destinée à l'exportation.

Bien que la Nouvelle-Zélande ne représente que 2 % de la production mondiale de lait, elle est le pays qui exporte le plus. Après avoir fortement augmenté, la croissance de la production laitière a ralenti depuis quelques années, et devrait progresser de 0.9 % par an au cours de la décennie à venir. Les cheptels laitiers sont nourris principalement à l'herbe et les rendements sont beaucoup plus faibles qu'en Amérique du Nord et en Europe. Cependant, une gestion efficace des prairies permet à la Nouvelle-Zélande d'être compétitive en raison de l'accent mis sur les rendements laitiers par hectare. Les principaux obstacles à la croissance sont le manque de terres disponibles et les restrictions environnementales grandissantes (loi Neutralité carbone de 2019 portant modification de la loi de 2002 sur la lutte contre le changement climatique). Malgré cela, il est peu probable que le modèle d'alimentation animale évolue vers une production davantage fondée sur les aliments pour animaux.

En Afrique, la production laitière devrait afficher une forte croissance, due principalement à l'expansion des cheptels (Graphique 6.4). Les rendements sont généralement bas, et les laits de chèvre et de brebis occupent une place très importante. La plupart des vaches, des chèvres et des brebis pâturent et sont aussi élevées pour la production de viande, la traction ou comme actif financier (épargne). Les animaux supplémentaires se nourrissent sur les mêmes pacages, entraînant une utilisation plus intensive des sols qui pourrait conduire à des situations de surpâturage en certains endroits. Au cours de la période de projection, environ un cinquième du cheptel mondial de vaches laitières et de bufflonnes devrait se trouver sur le continent africain et fournir environ 5 % de la production mondiale de lait.

Graphique 6.4. Évolution annuelle des effectifs du cheptel laitier et des rendements entre 2025 et 2030

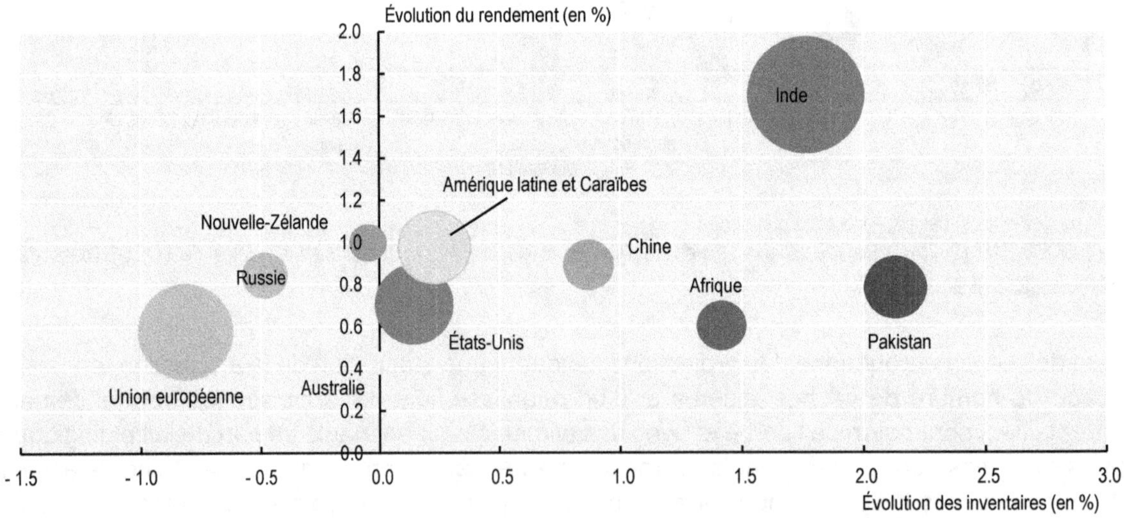

Note : la taille des bulles correspond à la production totale de lait de vache durant la période de référence 2022-24.
Source : OCDE/FAO (2025), « Perspectives agricoles de l'OCDE et de la FAO », Statistiques agricoles de l'OCDE (base de données), http://data-explorer.oecd.org/s/1hc.

StatLink https://stat.link/r9lz28

Le secteur laitier affiche des émissions directes de gaz à effet de serre supérieures à la moyenne des autres secteurs agricoles. La Fédération internationale du lait (FIL) contribue au suivi de ces émissions depuis plusieurs années. Afin d'aider le secteur laitier mondial, de la production à la transformation, à disposer d'un référentiel solide pour le calcul de l'empreinte carbone dans le cadre de discussions pré-concurrentielles, ainsi qu'à réaliser des progrès continus en matière de recherche et d'application de nouvelles technologies visant à réduire efficacement les émissions de gaz à effet de serre, la FIL a élaboré une approche commune de l'empreinte carbone pour le secteur[2].

Environ 30 % de la production mondiale de lait devraient être transformés en beurre, fromage, lait écrémé ou entier en poudre, ou poudre de lactosérum au cours de la décennie à venir. Néanmoins, il existe des différences d'une région à l'autre. Dans les pays à revenu élevé, la production de lait est majoritairement transformée en produits laitiers. Le beurre et le fromage représentent actuellement une grande partie de la consommation d'extrait sec du lait en Europe et en Amérique du Nord en raison de l'importance de la demande directe. Le lait en poudre entier ou écrémé est principalement produit pour l'exportation et utilisé dans le secteur agroalimentaire, notamment en pâtisserie-confiserie, pour les laits maternisés et en boulangerie. Dans les pays à faible revenu et à revenu intermédiaire de la tranche inférieure, l'essentiel du lait produit est consommé sous forme de produits frais.

6.3.3. Échanges

Les échanges laitiers mondiaux portent principalement sur les produits transformés

La majorité des produits laitiers est consommée dans le pays de production. Seule une petite part (moins de 7 %) de la production mondiale de lait fait l'objet d'échanges internationaux, ce qui s'explique principalement par la nature périssable du lait et par sa teneur élevée en eau (plus de 85 %). Environ 50 % de la production mondiale de lait en poudre entier ou écrémé est échangée sur les marchés, car ces poudres sont souvent produites dans le seul but de pouvoir stocker et vendre le lait plus longtemps ou le transporter sur de plus longues distances. Les produits laitiers frais tels que les produits laitiers fermentés s'échangent en petites quantités entre pays voisins (le Canada et les États-Unis, ou l'Union européenne et la Suisse, par exemple). La seule exception concerne les importations de lait liquide en Chine, en provenance de l'Union européenne et de la Nouvelle-Zélande, ces échanges étant facilités par la capacité des produits laitiers et crémiers pasteurisés à ultra-haute température à être transportés sur de longues distances, mais aussi, dans certains cas, par les tarifs favorables du fret chinois.

Les échanges mondiaux de produits laitiers devraient augmenter au cours de la prochaine décennie pour atteindre 13.8 Mt en 2034, soit 12 % de plus que pendant la période de référence. Cette croissance proviendra surtout des États-Unis, de l'Union européenne et de la Nouvelle-Zélande. Ensemble, ces trois exportateurs devraient réaliser environ 64 % des exportations de fromage, 69 % de celles de lait entier en poudre, 73 % de celles de beurre et 78 % de celles de lait écrémé en poudre en 2034 (Graphique 6.5). L'Australie a perdu des parts de marché, mais reste un gros exportateur de fromage et de lait écrémé en poudre. L'Argentine est elle aussi un important exportateur de lait entier en poudre et devrait compter pour 6 % des exportations mondiales à l'horizon 2034. Ces dernières années, le Bélarus a également acquis une certaine stature en tant qu'exportateur, principalement tourné vers le marché russe en raison de l'embargo contre la Fédération de Russie (ci-après « la Russie ») qui touche plusieurs grands exportateurs de produits laitiers depuis 2015.

Graphique 6.5. Exportations de produits laitiers par région

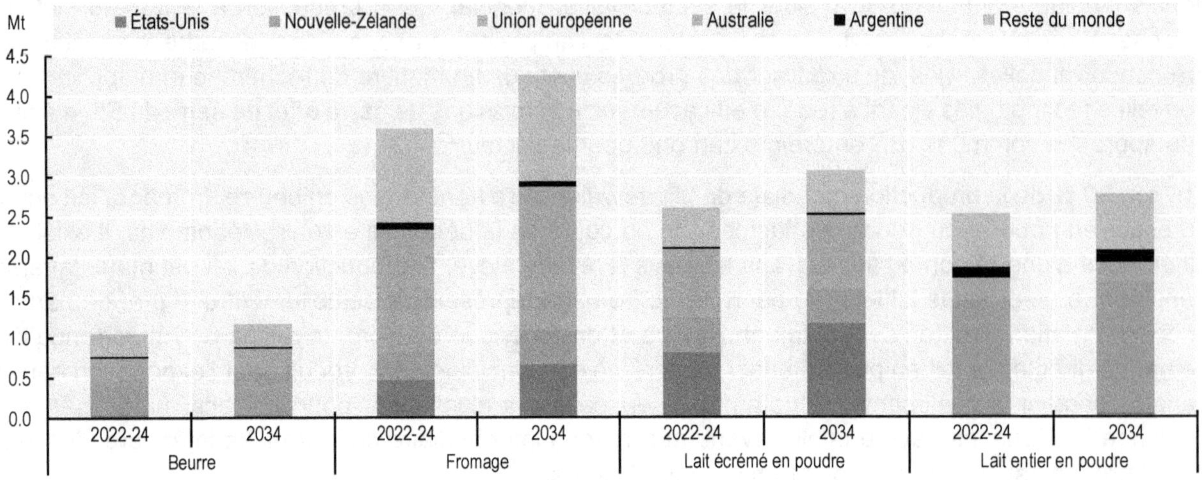

Source : OCDE/FAO (2025), « Perspectives agricoles de l'OCDE et de la FAO », Statistiques agricoles de l'OCDE (base de données), http://data-explorer.oecd.org/s/1hc.

L'Union européenne restera le principal exportateur mondial de fromage, suivie des États-Unis et de la Nouvelle-Zélande. Le Royaume-Uni, la Russie, le Japon, le Mexique et l'Arabie saoudite devraient être les cinq importateurs de fromage en 2034. Étant donné que les consommateurs apprécient la variété, ces pays sont souvent aussi exportateurs de fromage et leur participation aux échanges commerciaux internationaux devrait se traduire par un choix plus vaste de fromages sur les marchés intérieurs.

La Nouvelle-Zélande reste la principale source de beurre et de lait entier en poudre sur le marché international, et ses parts de marché devraient se situer respectivement autour de 46 % et 59 % d'ici 2034. La Chine est le premier importateur de lait entier en poudre en provenance de Nouvelle-Zélande. La hausse anticipée de la production laitière intérieure en Chine limitera la croissance des importations de lait entier en poudre.

Parmi les grands exportateurs, les États-Unis devraient être le pays le plus dynamique au cours des dix prochaines années et augmenter en particulier ses exportations de lait écrémé en poudre. Pour ce faire, le pays devra investir davantage dans l'augmentation de sa capacité de séchage. Les importations de lait écrémé en poudre sont dispersées à l'échelle mondiale, car il s'agit souvent du produit laitier le plus facile à échanger pour être utilisé par l'industrie agroalimentaire.

Les importations de produits laitiers sont plus largement réparties entre les pays, mais les principales destinations pour tous les produits sont le Proche-Orient et l'Afrique du Nord, les pays à revenu élevé, l'Asie du Sud-Est et la Chine (Graphique 6.6). La Chine devrait rester le premier importateur mondial de produits laitiers. Ses importations devraient représenter 12 % des importations mondiales en 2034, soit une baisse de 7.5 points de pourcentage par rapport à la période de référence. Les importations de lait entier en poudre de l'Afrique devraient connaître une hausse significative au cours des dix prochaines années. La consommation de produits laitiers par habitant en Chine est relativement modeste par rapport aux marchés traditionnels, mais la demande a notablement augmenté au cours de la dernière décennie, et la croissance devrait se poursuivre. La Chine se procure ses produits laitiers essentiellement auprès des pays d'Océanie, mais elle a néanmoins développé ses achats de beurre et de lait écrémé en poudre auprès de l'Union européenne ces dernières années.

Graphique 6.6. Importations de produits laitiers par région

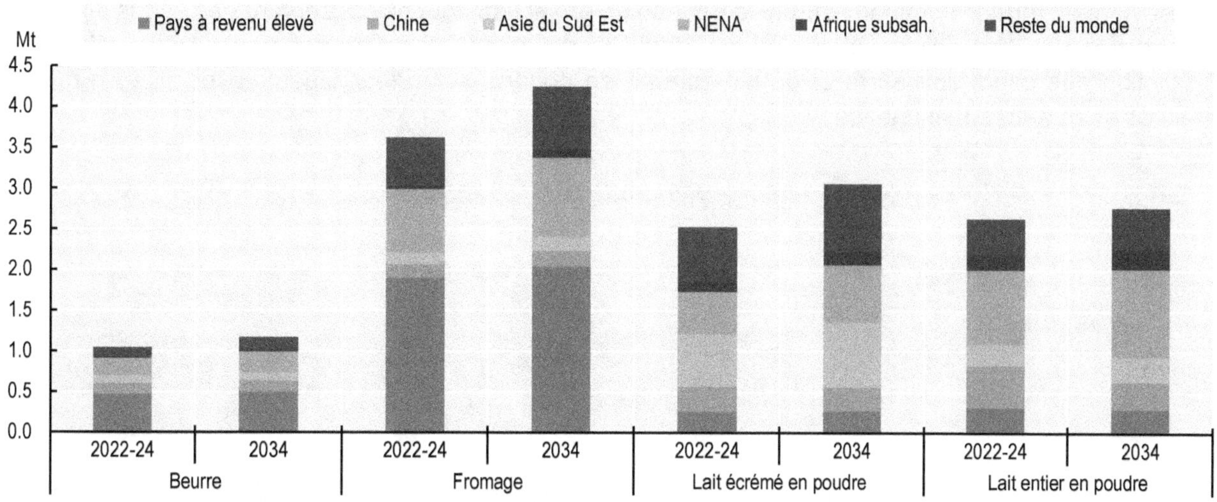

Note : NENA : Proche-Orient et Afrique du Nord. L'Arabie saoudite est incluse dans la région NENA et n'est donc pas comptabilisée parmi les pays à revenu élevé. L'Asie du Sud-Est regroupe l'Indonésie, la Malaisie, les Philippines, la Thaïlande et le Viet Nam.
Source : OCDE/FAO (2025), « Perspectives agricoles de l'OCDE et de la FAO », Statistiques agricoles de l'OCDE (base de données), http://data-explorer.oecd.org/s/1hc.

Le marché mondial de la poudre de lactosérum progresse, tiré par l'augmentation de la demande de régimes alimentaires riches en protéines et d'aliments pour animaux. Les échanges de poudre de lactosérum devraient croître à moyen terme, la Chine constituant le principal marché d'importation, majoritairement pour les additifs alimentaires destinés aux animaux. L'Union européenne devrait rester le principal exportateur de poudre de lactosérum. Avec les États-Unis, elle représente plus de 40 % des exportations mondiales.

Si certains pays, comme l'Inde et le Pakistan, sont autosuffisants, dans d'autres régions du monde telles que l'Afrique, l'Asie du Sud-Est, ainsi que le Proche-Orient et l'Afrique du Nord, la consommation de produits laitiers devrait croître plus rapidement que la production, entraînant une hausse des importations. Le lait liquide coûtant cher à importer et exporter en raison du ratio volume/valeur élevé, la demande supplémentaire devrait être satisfaite par les laits en poudre, auxquels on ajoute de l'eau pour la consommation finale ou la transformation. Les importations du Proche-Orient et de l'Afrique du Nord devraient provenir essentiellement de l'Union européenne, tandis que les États-Unis et l'Océanie devraient être les principaux fournisseurs de lait en poudre de l'Asie de Sud-Est.

6.3.4. Prix

En valeur nominale, les cours mondiaux des produits laitiers augmenteront légèrement et de manière progressive

Les cours mondiaux des produits laitiers correspondent aux prix des produits transformés des principaux exportateurs d'Océanie et d'Europe. Les deux principaux cours de référence pour les produits laitiers sont ceux du beurre et du lait écrémé en poudre, le premier pour les matières grasses du lait, et le second pour les autres constituants solides du lait. Les matières grasses et les autres constituants solides représentent environ 13 % du poids total du lait, le reste étant constitué d'eau. Depuis 2015, le prix du beurre a augmenté beaucoup plus que celui du lait écrémé en poudre. La demande accrue en matières grasses du lait a créé un écart de prix entre les deux produits et continuera de soutenir le prix du beurre tant qu'elle restera supérieure à la demande pour les autres constituants solides sur le marché international. Cette différence de prix devrait donc persister au cours des dix années à venir.

Le prix du beurre devrait diminuer au cours des deux prochaines années, affichant un recul par rapport aux prix records de 2024. Par la suite, les prix du beurre et du lait écrémé en poudre devraient augmenter légèrement en termes nominaux durant la période de projection, tout en conservant des écarts significatifs (Graphique 6.7). Les prix mondiaux du lait entier en poudre et du fromage devraient être affectés par l'évolution des cours du beurre et du lait écrémé en poudre, selon leur teneur respective en matières grasses et en autres matières sèches.

Graphique 6.7. Prix des produits laitiers, 2004-34

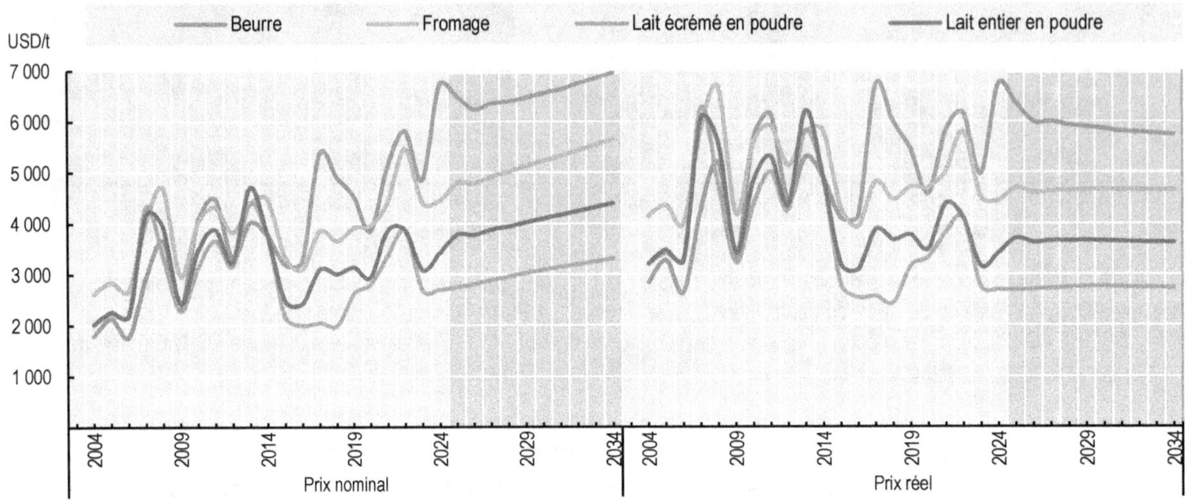

Note : beurre, prix à l'exportation franco à bord (FAB), 82 % de matières grasses, Océanie ; lait écrémé en poudre, prix à l'exportation FAB, lait dégraissé en poudre, 1.25 % de matières grasses, Océanie ; lait entier en poudre, prix à l'exportation FAB, 26 % de matières grasses, Océanie ; fromage, prix à l'exportation FAB, cheddar, 39 % d'humidité, Océanie. Les prix réels sont les prix mondiaux nominaux corrigés des effets de l'inflation par le déflateur du PIB des États-Unis (2024 = 1).
Source : OCDE/FAO (2025), « Perspectives agricoles de l'OCDE et de la FAO », Statistiques agricoles de l'OCDE (base de données), http://data-explorer.oecd.org/s/1hc.

La forte volatilité des cours internationaux des produits laitiers au fil des années s'explique par le faible pourcentage de ces produits qui est échangé sur les marchés mondiaux, par la prédominance d'un petit nombre d'exportateurs, et par des politiques commerciales très restrictives. La plupart des marchés intérieurs sont relativement déconnectés de ces cours internationaux puisque l'on consomme surtout des produits laitiers frais et que seule une petite partie de la production de lait est transformée, le reste étant fermenté ou pasteurisé.

6.4. Risques et incertitudes

Les préoccupations relatives à la santé et à l'environnement revêtent une importance croissante

Une législation environnementale plus stricte que celle envisagée dans les Perspectives pourrait avoir une incidence significative sur les projections de production laitière. Les émissions de gaz à effet de serre (GES) dues au secteur laitier représentent une part non négligeable des émissions totales dans certains pays (en Nouvelle-Zélande et en Irlande, par exemple), et un durcissement des politiques et des initiatives publiques en la matière, comme l'initiative pour la neutralité GES du secteur laitier (Pathways to Dairy Net Zero) lancée en septembre 2021, pourrait avoir une incidence sur le niveau et la nature de la production laitière dans le but de réduire ces émissions. D'autres domaines dans lesquels des changements de politique pourraient avoir une incidence sur la production laitière sont, par exemple, l'accès à l'eau et la gestion des effluents d'élevage, qui s'orientent de plus en plus vers des pratiques durables. Cependant, une législation environnementale plus stricte pourrait aussi conduire à la mise au point de solutions novatrices améliorant la compétitivité de la filière à long terme. Dans l'ensemble, le niveau des émissions mondiales de GES du secteur laitier dépendra en grande partie des gains d'efficacité qui pourront être obtenus en Inde et dans les autres pays ayant des cheptels bovins importants et pratiquant l'élevage extensif. De plus, les phénomènes météorologiques extrêmes, auxquels certains pays et régions sont déjà confrontés, pourraient menacer encore davantage la viabilité de la production laitière dans les pays touchés.

Les substituts végétaux des produits laitiers (boissons à base de soja, d'amande, de riz ou d'avoine, par exemple) ont gagné en importance dans de nombreuses régions du monde, en particulier en Amérique du Nord, en Europe et en Asie de l'Est. L'offre s'en est élargie : outre les options traditionnelles, on trouve désormais des produits dérivés de divers fruits à coque, légumineuses et autres cultures. Cette évolution s'explique principalement par les préoccupations des consommateurs concernant la santé, notamment pour ce qui est de l'intolérance au lactose, et leur prise de conscience des conséquences de la production de lait sur l'environnement. Si les substituts végétaux de produits laitiers affichent des taux de croissance vigoureux, en partant certes de très bas, la réalité de leurs effets sur l'environnement et de leurs relatifs bienfaits pour la santé fait débat. Leur croissance pourrait dépasser les prévisions du présent rapport, mais elle pourrait aussi rester limitée, entraînant une fluctuation de la demande de produits laitiers.

Les échanges de produits laitiers pourraient être influencés par les évolutions de l'environnement commercial et ainsi dévier des projections faites dans les *Perspectives*. La modification des accords commerciaux en vigueur ou la conclusion de nouveaux accords pourrait entraîner des conséquences sur la demande et les échanges de produits laitiers. En outre, l'Inde et le Pakistan, grands consommateurs de produits laitiers, ne sont pas censés s'intégrer au marché international, puisque la production nationale devrait se développer assez rapidement pour répondre à la demande intérieure en plein essor.

Le risque de flambée épizootique constitue un autre défi pour le secteur. Les récentes épizooties de grippe aviaire chez les bovins laitiers aux États-Unis agissent comme un rappel de cette menace : de mars 2024 à mars 2025, environ 1 000 cas ont été signalés dans 17 États[3]. Trois cas de fièvre aphteuse, en janvier et mars 2025, sont venus rappeler ce risque dans l'Union européenne également. Dans un monde de plus en plus interconnecté par les échanges commerciaux, notamment les mouvements transfrontaliers d'animaux, les maladies animales pourraient facilement se propager au-delà des frontières et freiner la croissance de l'industrie laitière. Les projections présentées dans les Perspectives, cependant, ne prennent pas en considération ce risque.

Notes

[1] Les produits laitiers frais comprennent tous les produits laitiers et le lait qui ne sont pas inclus dans les produits transformés (beurre, fromage, lait écrémé en poudre, lait entier en poudre, poudre de lactosérum et, dans quelques cas, caséine). Les quantités sont exprimées en équivalent lait de vache.

[2] Fédération internationale du lait (2022), The IDF global Carbon Footprint standard for the dairy sector (Bulletin of the IDF n° 520/2022). https://doi.org/10.56169/FKRK7166.

[3] Cas confirmés de grippe aviaire hautement pathogène (GAHP) parmi le bétail : https://www.aphis.usda.gov/livestock-poultry-disease/avian/avian-influenza/hpai-detections/hpai-confirmed-cases-livestock.

7 Poisson et autres produits aquatiques

Ce chapitre s'intéresse aux marchés mondiaux du poisson et des autres produits aquatiques : il en décrit l'évolution puis présente des projections à moyen terme pour la période 2025-34. Il passe en revue les évolutions anticipées en matière de consommation, de production, d'échanges et de prix. Il s'achève par un examen des risques et incertitudes notables susceptibles d'avoir une incidence sur les marchés mondiaux du poisson et des autres produits aquatiques durant les dix prochaines années.

7.1. Principaux éléments des projections

La consommation de produits aquatiques d'origine animale est attendue à la hausse au niveau mondial, l'Asie devant représenter 75 % de sa croissance, suivie de l'Afrique (15 %), des Amériques (11 %) et de l'Océanie (1 %). Elle devrait en revanche légèrement décliner en Europe.

La consommation mondiale apparente par habitant d'aliments issus d'animaux aquatiques devrait augmenter, pour atteindre 21.8 kg d'ici à 2034, contre 21.1 kg en 2022-24, mais les tendances varient selon les régions. La consommation par habitant en Afrique devrait diminuer, notamment en Afrique subsaharienne, malgré une augmentation de la consommation totale.

Les prix mondiaux du poisson et des autres produits aquatiques devraient diminuer en valeur réelle, à commencer par ceux de l'huile de poisson (–26 %) qui avaient atteint un niveau élevé en raison des restrictions à la pêche imposées par le Pérou et de la forte demande engendrée par l'enchérissement de l'huile végétale.

L'aquaculture restera le principal moteur de la croissance de la production halieutique et aquacole, qui devrait atteindre 212 Mt d'ici à 2034. Elle représentera, d'après les projections, plus de 85 % de la production supplémentaire, ce qui porterait sa part à 56 % de la production totale.

Les exportations mondiales d'aliments issus d'animaux aquatiques continueront de croître, mais à un rythme plus lent, sous l'impulsion de l'Asie (principalement la République populaire de Chine (ci-après la « Chine ») et le Viet Nam), tandis que les exportations depuis l'Afrique devraient se tasser.

La pêche et l'aquaculture font face à des incertitudes croissantes en raison de la modification des conditions environnementales, des tensions commerciales et des changements dans les priorités en matière de durabilité. La modification des conditions environnementales sera sans doute préjudiciable à la production mondiale, même si ses effets varieront selon les régions. Une meilleure gestion des pêches serait susceptible d'en atténuer certains. En outre, les politiques commerciales dictées par les tensions géopolitiques ajoutent à l'incertitude. L'évolution des politiques de la Chine, qui met de plus en plus l'accent sur le développement durable, sera également un facteur clé influençant la production durant la prochaine décennie.

7.2. Tendances actuelles du marché

La production halieutique et aquacole mondiale a atteint près de 193 Mt en 2024, soutenue par la croissance de l'aquaculture comme de la pêche de capture. La production aquacole poursuivait sa hausse, tandis que la pêche de capture était en rebond après avoir connu une légère baisse en 2023[1].

En 2024, l'indice des prix du poisson de la FAO a diminué de 3 %, atteignant son point le plus bas en septembre avant de remonter vers la fin de l'année. Cette diminution constitue la deuxième baisse annuelle consécutive depuis le pic atteint en 2022.

Les volumes d'échanges mondiaux de produits alimentaires issus d'animaux aquatiques ont connu une légère hausse en 2024, malgré le recul des importations sur les grands marchés que sont par exemple l'Union européenne et la Chine. En Chine, l'augmentation de la production aquacole a suffi à réduire les importations malgré une consommation croissante. Les exportations de farine de poisson ont rebondi significativement en 2024, après s'être fortement contractées en 2023, principalement en raison de la baisse de la production au Pérou.

7.3. Projections relatives au marché

7.3.1. Consommation

La consommation mondiale de poisson et autres produits aquatiques augmentera plus lentement au cours de la prochaine décennie

La demande mondiale de produits aquatiques (destinés à des usages alimentaires ou non alimentaires) devrait croître de 11 % au cours de la prochaine décennie, soit un rythme nettement plus lent qu'au cours de la précédente (24 %). La raison principale à cela est que l'on anticipe un essoufflement de la croissance de la demande en Asie (11 % contre 32 % au cours de la dernière décennie). La demande de produits aquatiques destinés à des usages non alimentaires, principalement la production de farine de poisson et d'huile de poisson, devrait progresser plus lentement que celle liée aux usages alimentaires (Graphique 7.1). Par conséquent, la part des produits aquatiques employés pour l'alimentation humaine devrait légèrement augmenter, passant de 89 % du total durant la période de référence (moyenne 2022-24) à 90 % d'ici à 2034.

Graphique 7.1. Usages alimentaires et non alimentaires du poisson et des autres produits aquatiques dans le monde

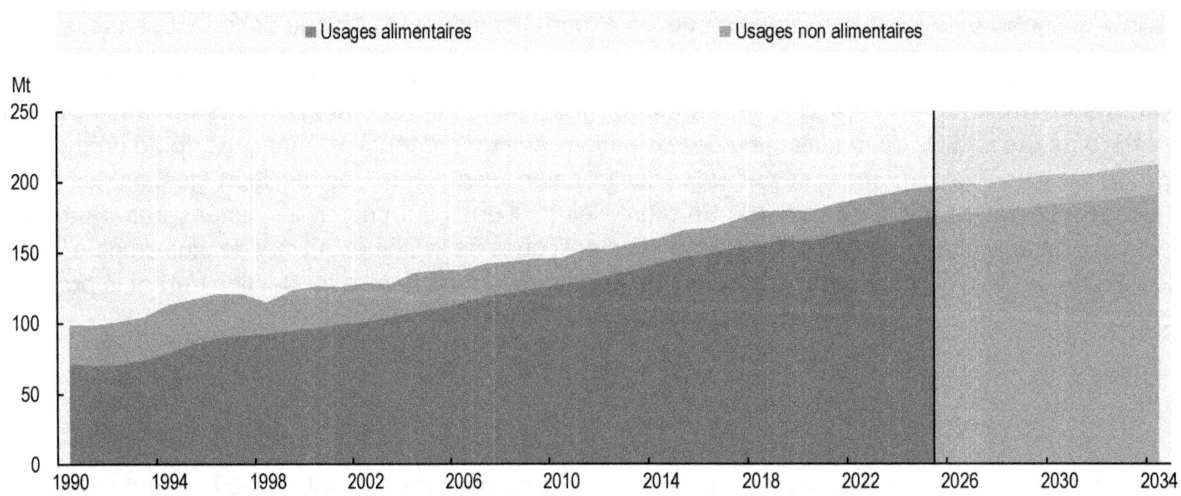

Note : les données sont exprimées en équivalent poids vif.
Source : OCDE/FAO (2025), « Perspectives agricoles de l'OCDE et de la FAO », Statistiques agricoles de l'OCDE (base de données), http://data-explorer.oecd.org/s/1hc.

Si l'on se concentre spécifiquement sur les usages alimentaires, la demande mondiale devrait augmenter de 13 % au cours de la prochaine décennie, portée principalement par la croissance de la population. La consommation apparente totale[2] de poisson et d'autres aliments aquatiques devrait atteindre 192 Mt (en équivalent poids vif) d'ici à 2034, soit une augmentation de 22 Mt par rapport à la période de référence (moyenne de 2022-24). Elle devrait progresser dans toutes les régions, à l'exception de l'Europe, où des diminutions marginales de la consommation par habitant et de la population devraient freiner sa croissance. Même si c'est toujours en Asie que se matérialisera la majeure partie de la demande supplémentaire, l'Afrique devrait connaître le taux de croissance le plus rapide, avec une augmentation de la consommation apparente totale de 24 % d'ici à 2034, ce qui représente une accélération par rapport à la décennie précédente où elle était de 20 %. L'Asie comptera pour 73 % du poisson et des autres produits alimentaires aquatiques proposés à la consommation d'ici à 2034. À elle seule, la Chine représentera 37 % de ce total. L'aquaculture mondiale fournira une part croissante du poisson et des autres produits aquatiques disponibles pour la consommation humaine, puisque cette part passera de 58 %, durant la période de référence, à 61 % d'ici à 2034.

Au cours de la prochaine décennie, la consommation mondiale d'aliments aquatiques par habitant ne devrait croître que de 3.3 %, ce qui représente un ralentissement notable par rapport à la croissance de 12 % enregistrée au cours de la décennie précédente. Elle devrait atteindre 21.8 kg par habitant et par an, contre 21.1 kg au cours de la période de référence. Elle est attendue à la hausse dans toutes les régions sauf en Europe, où elle connaîtra vraisemblablement une légère baisse, et en Afrique, plus particulièrement en Afrique subsaharienne, où la croissance de la population (+29 %) devrait dépasser celle de l'offre alimentaire (+23 %), ce qui souligne le défi que représente l'adaptation de cette offre face à une expansion démographique rapide.

La farine de poisson et l'huile de poisson devraient représenter 83 % des 21 Mt (en équivalent poids vif) de poisson et autres produits aquatiques utilisés à des fins non alimentaires en 2034. Le reste sera destiné à d'autres usages, tels que l'aquariophilie, l'alevinage, la pêche de loisir (appâts), la production pharmaceutique, ou encore l'alimentation directe des animaux d'élevage. La farine de poisson est principalement utilisée pour l'alimentation des animaux d'élevage, notamment du poisson. D'ici à 2034, 84 % de cette farine sera ainsi utilisée par le secteur de l'aquaculture, contre 78 % pendant la période de référence. La Chine, étant le plus gros producteur aquacole, arrive aussi en première place pour la consommation de farine de poisson, qui devrait représenter 42 % de la consommation mondiale en 2034. Bien que la farine de poisson serve essentiellement d'aliment dans le secteur de l'aquaculture, elle n'y est pas le principal aliment utilisé. En effet, la difficulté d'accroître encore sa production a poussé le secteur à recourir de plus en plus à d'autres ingrédients pour l'alimentation animale. C'est ainsi que les tourteaux d'oléagineux occupent une place toujours plus importante dans les formulations alimentaires aquacoles. D'ici à 2034, leur utilisation en aquaculture devrait augmenter de 37 % pour atteindre 11 Mt, tandis que celle de la farine de poisson, dans le même cadre, devrait progresser de 16 % pour atteindre 4.9 Mt par rapport à la période de référence. La consommation d'huile de poisson se caractérise par une concurrence entre l'aquaculture et les compléments alimentaires destinés à la consommation humaine. D'ici à 2034, 59 % de l'huile de poisson devrait servir à l'alimentation des poissons d'élevage, en particulier celle du saumon, contre 54 % au cours de la période de référence. La Norvège et l'Union européenne resteront les principaux consommateurs d'huile de poisson, puisqu'ils devraient représenter respectivement 16 % et 15 % du total mondial en 2034.

7.3.2. Production

L'aquaculture devrait soutenir la croissance de la production, même si celle-ci devrait marquer le pas

La production halieutique et aquacole mondiale devrait passer de 189 Mt (en équivalent poids vif) au cours de la période de référence à 212 Mt d'ici à 2034. Bien que le volume total continue de progresser, le taux de croissance et l'augmentation en termes absolus sont tous deux en baisse. Au cours de la prochaine décennie, la production mondiale de la pêche et de l'aquaculture devrait augmenter de 12 % (+23 Mt), contre 24 % (+37 Mt) au cours de la décennie précédente. L'aquaculture reste le principal moteur de l'expansion globale, malgré le ralentissement de sa croissance (Graphique 7.2), ralentissement qui ne l'empêche pas de continuer à augmenter sa part dans la production mondiale de poisson et autres produits aquatiques, puisqu'elle devrait en fournir 56 % d'ici à 2034, contre 52 % au cours de la période de référence.

Graphique 7.2. Production halieutique et aquacole mondiale

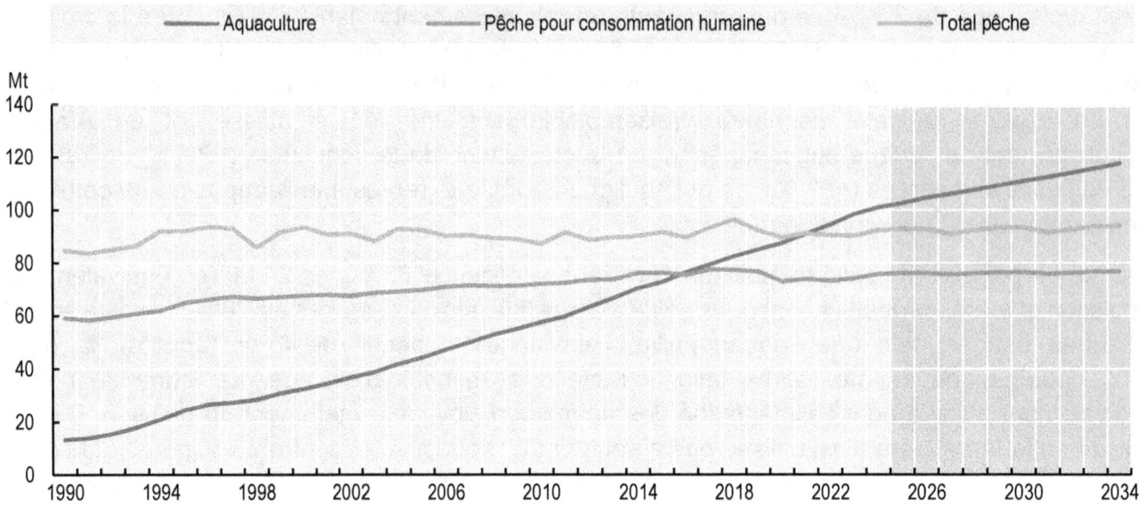

Note : les données sont exprimées en équivalent poids vif.
Source : OCDE/FAO (2025), « Perspectives agricoles de l'OCDE et de la FAO », Statistiques agricoles de l'OCDE (base de données), http://data-explorer.oecd.org/s/1hc.

D'ici à 2034, la production aquacole mondiale, donnée par la production d'animaux aquatiques d'élevage, devrait atteindre 118 Mt, soit 20 % de plus qu'au cours de la période de référence. Bien que ce taux dénote une croissance encore solide, celle-ci est nettement plus lente que l'expansion de 51 % observée au cours de la décennie précédente. Le ralentissement prévu est fortement corrélé à la diminution des gains de productivité au niveau mondial, en raison de réglementations environnementales plus strictes et d'une raréfaction des emplacements se prêtant parfaitement à l'aquaculture. L'Asie continuera de dominer l'aquaculture mondiale, dont elle devrait représenter, selon les estimations, 88 % de la production totale d'ici à 2034, une part légèrement inférieure à celle de la période de référence (Graphique 7.3). Alors que la production aquacole est attendue en hausse dans presque tous les pays et régions, le continent devrait enregistrer l'un des rythmes de croissance les plus faibles au cours de la période couverte par les *Perspectives*. Cela ne l'empêchera toutefois pas de concentrer encore une bonne partie de l'activité. La Chine conservera sa position de première puissance aquacole, même si sa part dans la production mondiale devrait se stabiliser autour de 53 %, ce qui s'explique par la montée en flèche des nouveaux producteurs aquacoles, en particulier l'Inde et le Viet Nam, qui devraient accroître leur propre part de manière significative.

Graphique 7.3. Production aquacole par région en 2034 et taux de croissance prévus

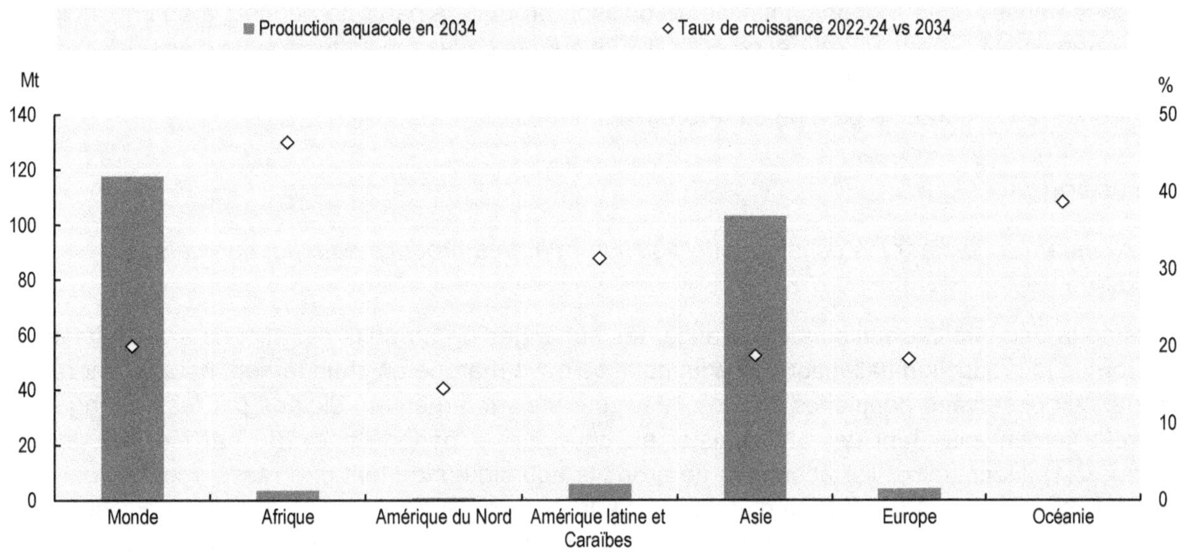

Note : les données de production sont exprimées en équivalent poids vif.
Source : OCDE/FAO (2025), « Perspectives agricoles de l'OCDE et de la FAO », Statistiques agricoles de l'OCDE (base de données), http://data-explorer.oecd.org/s/1hc.

Du point de vue des espèces, la croissance de la production aquacole devrait être particulièrement marquée en ce qui concerne les crevettes (+38 %), les poissons d'eau douce et poissons diadromes à l'exclusion de la carpe et du tilapia (+29 %), ainsi que les salmonidés (+26 %). Toutefois, pour tous les groupes d'espèces, cette croissance devrait être nettement plus lente qu'au cours de la décennie précédente.

La production halieutique mondiale, donnée par les captures d'animaux aquatiques à l'état sauvage, devrait atteindre 94 Mt d'ici à 2034, ce qui représente une augmentation de 3.2 % par rapport à la période de référence. Si une partie de cette croissance tient à la hausse des captures d'anchois au Pérou, particulièrement faibles en 2023 en raison des mesures de gestion des stocks et du phénomène *El Niño*, une augmentation graduelle est attendue au cours de la période couverte par les *Perspectives*, en particulier en Afrique et dans les Amériques. L'Asie continuera de représenter un peu plus de la moitié de la production halieutique mondiale d'ici à 2034, sa part devrait légèrement diminuer à mesure que l'Afrique et les Amériques représenteront une part plus importante de la production totale. La croissance modeste de la production halieutique sera due à l'amélioration de la gestion des pêches, aux progrès technologiques et à la réduction des rejets et des déchets. Toutefois, des fluctuations pourront se produire à court terme, sous l'effet par exemple des épisodes du phénomène *El Niño* prévus en 2027 et 2031, qui devraient réduire temporairement les captures en Amérique du Sud, entraînant une baisse de la production mondiale, d'environ 2 Mt, pendant ces périodes.

Au cours de la prochaine décennie, la quantité de produits halieutiques réduits en farine de poisson et en huile de poisson devrait afficher une tendance à la hausse par rapport à la décennie précédente, en oscillant entre 15.2 Mt les années du phénomène *El Niño* et 17.1 Mt les années de pêche les plus productives. Elle restera cependant bien en dessous des niveaux des années 1990, lorsque quelque 26 Mt de poisson sauvage étaient utilisées pour ces productions. D'ici à 2034, la production mondiale de farine de poisson et d'huile de poisson devrait atteindre respectivement 5.9 Mt et 1.5 Mt, soit dans les deux cas une augmentation de 12 % par rapport à la période de référence. L'utilisation de résidus et de sous-produits de poisson dans la production de farine de poisson devrait augmenter à un rythme régulier, sous l'effet de la demande croissante de filets de poisson, qui génère davantage de résidus. Pour l'huile de poisson, la part provenant des déchets a connu une augmentation significative en 2023 en raison de la forte baisse de la production d'huile de poisson au Pérou, où elle est principalement extraite d'anchois entiers. Cette hausse de la proportion d'huile de poisson produite à partir de déchets a eu une incidence sur les données de la période de référence et a fait diminuer la croissance attendue au cours de la période couverte par les *Perspectives*. D'ici à 2034, environ 31 % de la farine de poisson devrait provenir de déchets, contre 29 % durant la période de référence.

7.3.3. Échanges

L'Asie continuera à dominer les échanges de poisson et autres produits aquatiques, mais la croissance sera modérée

Au cours de la dernière décennie, la croissance des échanges de produits aquatiques a été inférieure à l'expansion de la production halieutique et aquacole, ce qui a marqué un changement notable par rapport aux tendances observées depuis les années 1990, qui étaient largement dictées par les échanges. Ce rythme relativement plus lent devrait persister au cours de la période couverte par les Perspectives (Graphique 7.4). Néanmoins, les échanges de produits aquatiques restent une ressource indispensable aux recettes en devises, à la création d'emplois et à la sécurité alimentaire mondiale. Le poisson et les autres produits aquatiques, qu'ils soient utilisés à des fins alimentaires ou non, continueront à faire l'objet d'échanges importants, puisque ceux-ci devraient concerner environ 35 % de la production halieutique et aquacole mondiale d'ici à 2034 (31 % si l'on exclut les échanges intra-européens). Cela souligne l'intégration du secteur dans les marchés mondiaux et son ouverture aux échanges internationaux.

Graphique 7.4. Comparaison des taux de croissance de la production et des échanges mondiaux de poisson et autres produits aquatiques

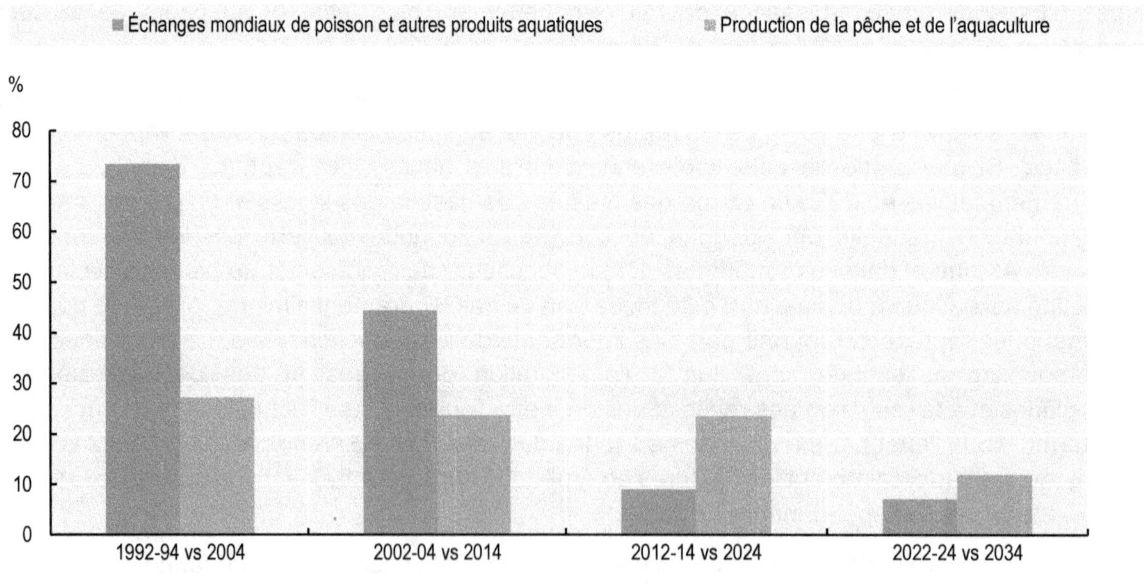

Source : OCDE/FAO (2025), « Perspectives agricoles de l'OCDE et de la FAO », Statistiques agricoles de l'OCDE (base de données), http://data-explorer.oecd.org/s/1hc.

En 2034, les échanges mondiaux de poisson et autres produits aquatiques destinés à l'alimentation humaine devraient être supérieurs de 7.1 % au niveau enregistré durant la période de référence. Ils seront toutefois en perte de vitesse par rapport à la croissance de 9 % observée durant la décennie précédente. Ce ralentissement s'explique principalement par le coût élevé du transport, le développement plus lent de la production halieutique et aquacole, ainsi que la volonté de répondre à la demande intérieure grâce à la production locale dans certaines régions importantes. D'ici à 2034, les exportations de poisson et autres produits aquatiques destinés à la consommation humaine devraient atteindre 46 Mt (en poids produit), contre 43 Mt durant la période de référence.

L'Asie devrait continuer à dominer les échanges de produits aquatiques, avec près de la moitié des exportations totales de poisson et autres produits aquatiques destinés à la consommation humaine d'ici à 2034. À elle seule, la Chine représentera 19 % de ce total. Le Viet Nam devrait connaître la plus forte augmentation des volumes exportés d'ici à 2034, après la Chine, sa part passant de 7 % au cours de la période de référence à 9 %. En revanche, les exportations de l'Afrique devraient diminuer de 12 % par rapport à la période de référence, signe d'une importance croissante accordée à la satisfaction de la demande intérieure.

L'Asie restera la plus grande région importatrice, représentant 42 % des importations mondiales de poisson et autres produits aquatiques destinés à la consommation humaine d'ici à 2034, bien que ses volumes d'importation ne devraient croître que légèrement (+0.7 %). Les importations chinoises devraient diminuer en volume, la production interne satisfaisant de plus en plus les préférences des consommateurs locaux dans un contexte de contraction démographique, une tendance également observée au Japon. Selon les prévisions, l'Afrique devrait connaître la plus forte augmentation des importations (+27 %), suivie par les Amériques (+11 %), en raison de la hausse de la demande et de l'insuffisance des capacités de production nationales. En Europe et en Océanie, les importations de poisson et autres produits aquatiques destinés à la consommation humaine devraient diminuer d'ici à 2034.

Les exportations de farine de poisson devraient afficher une hausse de 8 % par rapport à la période de référence et atteindre 3.8 Mt (en poids produit) d'ici à 2034. Premier exportateur mondial de farine de poisson, le Pérou devrait enregistrer l'un des taux de croissance les plus élevés au cours de la période de projection, notamment du fait d'un net rebond par rapport aux volumes anormalement bas enregistrés au cours de la période de référence. L'année 2023, en particulier, a été marquée par une forte baisse des exportations, qui ont chuté de moitié par rapport à 2022. La Chine renforcera encore sa position de principal importateur mondial de farine de poisson, totalisant 52 % des importations mondiales d'ici à 2034, contre 48 % au cours de la période de référence. Cette augmentation reflète la demande croissante d'aliments pour animaux émanant de son secteur aquacole en plein essor. Il faut s'attendre par conséquent à une diminution des volumes de farine de poisson entrant dans la plupart des pays importateurs traditionnels, comme la Norvège et l'Union européenne. Du côté de l'huile de poisson, les exportations devraient progresser de 9 % d'ici à 2034. Le Pérou, le Viet Nam et l'Union européenne seront en tête des exportations mondiales de ce produit. Au Viet Nam, les exportations d'huile de poisson ont bondi en 2023 et 2024 et devraient continuer à croître au cours de la période de projection. Toutefois, cette augmentation pourrait être principalement due à l'exportation d'huile de cuisine usagée vers les États-Unis, où son prix est en concurrence avec celui de l'huile de cuisson végétale usagée. Du côté des importations, les États-Unis, la Norvège et l'Union européenne resteront les principaux marchés.

7.3.4. Prix

Les prix de tous les produits devraient baisser en valeur réelle au cours de la période de projection

Les prix de toutes les catégories de produits devraient diminuer en valeur réelle au cours de la période de projection, les baisses les plus importantes étant attendues pour l'huile de poisson (-26 %, +0.8 % par an) et les produits halieutiques échangés (-19 %, -1.3 % par an) (Graphique 7.5). Les prix réels de toutes les catégories devraient diminuer jusqu'en 2028, mais à partir de 2029, les prix de l'huile de poisson et de la farine de poisson devraient connaître une lente augmentation (avec quelques fluctuations), tandis que les prix des produits de la pêche de capture, des produits aquacoles et des produits de la pêche commercialisés continueront à baisser jusqu'à la fin de la période de projection. Les prix réels des produits de la pêche de capture, des produits aquacoles et des produits de la pêche commercialisés resteront faibles par rapport aux valeurs historiques, tandis que les prix de l'huile de poisson et de la farine de poisson seront élevés, bien qu'inférieurs aux pics historiques (en 2023 pour l'huile de poisson et en 2012-14 pour la farine de poisson).

Graphique 7.5. Prix du poisson et des autres produits aquatiques dans le monde

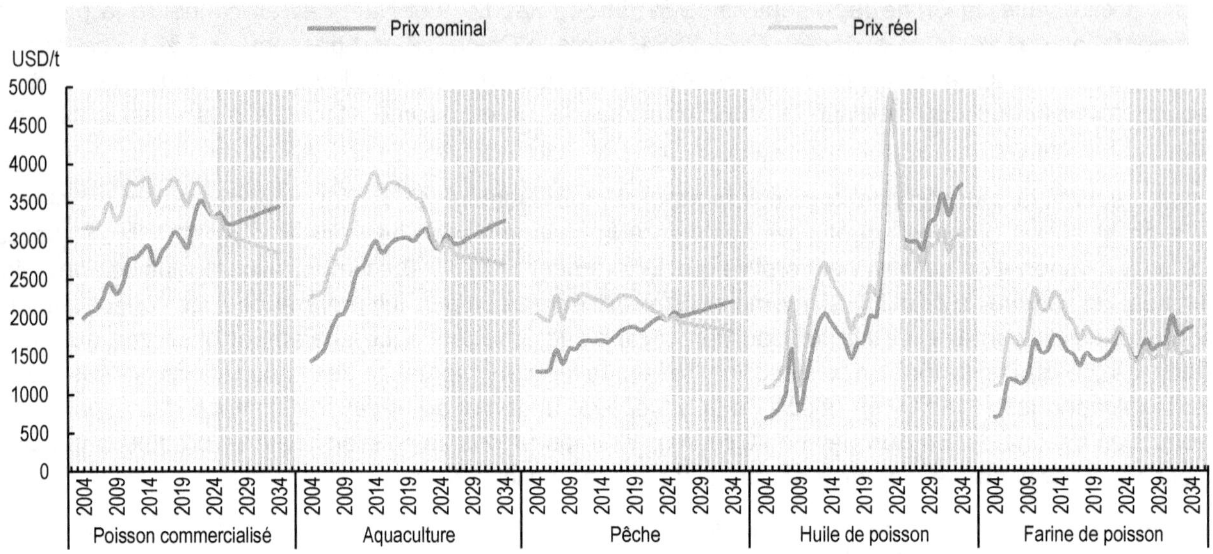

Note : aliments à base de poisson échangés : valeur unitaire mondiale des échanges (somme des exportations et des importations) de produits halieutiques et aquacoles destinés à l'alimentation humaine. Aquaculture : valeur unitaire mondiale de la production aquacole (poids vif) calculée par la FAO. Pêche de capture : valeur des débarquements à l'échelle mondiale estimée par la FAO, hors pêches minotières. Farine de poisson : teneur en protéines de 64 à 65 %, Hambourg (Allemagne). Huile de poisson : Europe du Nord-Ouest. Prix réel : indice implicite des prix du PIB des États-Unis et année de référence = 2024.
Source : OCDE/FAO (2025), « Perspectives agricoles de l'OCDE et de la FAO », Statistiques agricoles de l'OCDE (base de données), http://data-explorer.oecd.org/s/1hc.

En valeur nominale, les prix des produits aquacoles et des produits de la pêche de capture devraient augmenter respectivement de 8.7 % (+1 % par an) et de 12 % (+1 % par an). Toutefois, en valeur réelle, ils devraient baisser de 13 % pour les premiers et de 10 % pour les seconds. Dans les deux cas, la baisse est due à une augmentation de la production supérieure à celle de la demande, à la concurrence d'autres sources de protéines, notamment la volaille, dont les prix devraient diminuer au cours de la période de projection, et à une réduction générale des pressions inflationnistes. Dans le secteur de l'aquaculture, la baisse des prix réels devrait être deux fois moins importante que celle de la décennie précédente, en partie à cause du ralentissement substantiel de la croissance de la production au cours de la période couverte par les *Perspectives*. En ce qui concerne la pêche de capture, ce lent recul fait écho aux tendances historiques et est comparable à celui qui s'est produit au cours de la décennie précédente, durant laquelle les prix ont baissé de 12 % en valeur réelle.

Les prix des huiles de poisson devraient diminuer à la fois en valeur nominale (-7.5 %, +2.7 % par an) et en valeur réelle (-26 %, +0.8 % par an), reflétant les prix exceptionnellement élevés de la période de référence. Ils ont en effet connu une croissance de 117 % en valeur nominale au cours de la décennie précédente, mais la quasi-totalité de cette croissance s'est produite entre 2022 et 2023, lorsque les prix ont grimpé en flèche en raison de contraintes d'approvisionnement, causées par des récoltes exceptionnellement faibles d'anchois au Pérou et des prix particulièrement élevés de l'huile végétale. Alors que les difficultés d'approvisionnement continuent à s'alléger, le prix de l'huile de poisson devrait baisser jusqu'en 2028 en valeur réelle avant de retrouver sa tendance historique de croissance lente, compte tenu d'une demande soutenue dans le domaine de l'alimentation animale et de la consommation humaine. Les prix continueront à fluctuer sous l'effet du phénomène *El Niño* et des baisses sont attendues en 2028 et 2032, lorsque la production connaîtra un rebond.

Les prix de la farine de poisson devraient augmenter en valeur nominale (10 %, +2.8 % par an) et diminuer en valeur réelle (-12 %, +0.9 % par an). Cependant, la baisse en valeur réelle est nettement inférieure à celle enregistrée au cours de la décennie précédente, lorsque les prix ont chuté de 24 % par rapport à leur pic historique de 2013-14. Les prix devraient continuer à baisser en 2025 par rapport aux sommets atteints récemment avant de retrouver leur tendance normale, à savoir une grande stabilité dans l'ensemble malgré des fluctuations importantes dues aux effets du phénomène *El Niño* sur les stocks d'anchois.

7.4. Risques et incertitudes

Les changements environnementaux, l'évolution des réglementations et les tensions dans les relations commerciales pourraient être déterminants pour la production au cours de la période couverte par les Perspectives

Étant donné qu'elle dépend de ressources mobiles et d'habitats souvent fragiles, la pêche de capture sauvage est sensible aux fluctuations environnementales. Par exemple, d'ici le milieu du siècle, la plupart des pays devraient connaître une baisse de plus de 10 % de la biomasse de poissons marins exploitables, en particulier dans l'hypothèse d'un niveau d'émissions élevé (Blanchard et Novaglio, 2024[1]). Les changements à court terme et les phénomènes météorologiques extrêmes – tels que les vagues de chaleur marines – devraient avoir un effet plus important sur la production halieutique pendant la période couverte par les Perspectives que les tendances de réchauffement à plus long terme. Plus particulièrement, toute différence dans l'intensité et la durée attendues du phénomène El Niño aura des répercussions importantes sur la production d'anchois dans le Pacifique, avec des effets sur la production et les prix de l'huile de poisson et de la farine de poisson (FAO, 2024[2]). En outre, des éléments indiquent que des espèces aquatiques non autochtones ou envahissantes se sont répandues dans des régions où elles ne pouvaient auparavant ni survivre ni se reproduire, mettant ainsi en péril les pêches et les écosystèmes aquatiques (Azzurro et.al., 2024[3]). Les variations de la ressource en eau et des conditions environnementales peuvent causer des difficultés aux producteurs aquacoles. L'ampleur et la gravité de ces conséquences à court terme constituent une source majeure d'incertitude dans les projections.

Il est important de noter qu'une meilleure gestion des pêches et une meilleure planification de l'adaptation peuvent améliorer la résilience du secteur et atténuer certaines des répercussions à court et à long termes des changements environnementaux. Par sa feuille de route pour la Transformation bleue, la FAO soutient les États vulnérables en promouvant des systèmes alimentaires bleus durables, résilients et inclusifs. Cette feuille de route se concentre sur trois objectifs clés (FAO, 2023[4]): le développement de l'aquaculture durable, l'amélioration de la gestion des pêches et le développement des chaînes de valeur, grâce à des politiques fondées sur la science, à l'innovation et aux partenariats.

L'évolution des conditions environnementales génère également une certaine incertitude sur le plan réglementaire. Premièrement, les mesures d'adaptation peuvent avoir des répercussions sur la production aussi bien aquacole qu'halieutique. Une gestion flexible des pêches peut conduire à la fermeture de pêcheries pour protéger les stocks dans certaines zones ou à une augmentation de la production dans d'autres. Dans le domaine de l'aquaculture, les sites de production peuvent être contraints de s'éloigner des côtes pour réduire l'exposition aux variations de la température des eaux, ce qui entraîne une augmentation des coûts et a des conséquences sur la production. Il est important de noter que la nature de ces conséquences dépendra du site de production et du type de production lui-même, ce qui rend les projections incertaines. Deuxièmement, les politiques mises en œuvre pour limiter les émissions de gaz à effet de serre (GES) issues de la production aquatique peuvent obliger les pêcheurs et les pisciculteurs à adapter leurs méthodes de travail. Les administrations commencent à appliquer des mesures de soutien, notamment pour atteindre les objectifs de réduction des émissions, mais on sait encore peu de choses de leurs répercussions sur la production ou de leur action effective sur les émissions de GES (OCDE, 2025[5]). Pour faire face à ces incertitudes, l'intégration préventive des mesures de réduction des émissions et d'adaptation dans les cycles de gestion des pêches et de l'aquaculture est essentielle (Bahri et al., 2021[6]) ; (Barange et al., 2018[7]), tout comme la prise en compte de la pêche et de l'aquaculture dans les plans et stratégies climatiques nationaux (Stanford Center for Ocean Solutions et al., 2024[8]).

L'environnement réglementaire de la pêche et de l'aquaculture évolue et il est difficile de déterminer quelles en seront les conséquences sur la production. Dans le domaine de la pêche, l'Accord sur les subventions à la pêche de l'Organisation mondiale du commerce (OMC), qui encadre certains types de subventions susceptibles de contribuer à la surpêche, doit être accepté par moins de vingt pays supplémentaires avant d'entrer en vigueur. Il pourrait ensuite avoir des conséquences sur la nature de la production et la structure des flottes dans certaines zones. Si la deuxième phase des négociations, plus ambitieuse, progresse pour le moment lentement, les répercussions sur le secteur de la pêche pourraient être considérables en cas d'évolution de la situation au cours de la période de projection.

Dans le domaine de l'aquaculture, les changements de réglementation peuvent également avoir un impact sur la nature de la production et la vitesse de croissance. En Chine, toute réorientation de la politique aquacole dans le cadre du quinzième plan quinquennal (2026-30) aura des conséquences significatives compte tenu du poids de ce pays dans la production mondiale. Ailleurs aussi, les autorités s'intéressent de plus en plus à l'aquaculture pour satisfaire la demande mondiale croissante de poisson et autres produits aquatiques, notamment en accordant au secteur un soutien public important. À titre d'exemple, dans l'Union européenne, le Fonds européen pour les affaires maritimes, la pêche et l'aquaculture laisse une grande marge de manœuvre aux États membres pour orienter leur enveloppe de financement destinée à l'aquaculture au cours de la période couverte par les Perspectives. Toutefois, l'étendue, la nature et l'efficacité de l'aide publique à l'aquaculture sont relativement peu connues, de sorte que la manière dont ces changements de politique peuvent influer sur la production et, plus généralement, sur la chaîne de valeur, n'est pas bien comprise, ce qui rend les projections incertaines. Pour répondre à certaines de ces questions, le Comité des pêcheries de l'OCDE s'est lancé dans un nouveau programme de travail visant à catégoriser et à comprendre l'aide publique à l'aquaculture. Pour aider les pays à développer leur secteur aquacole, le Comité des pêches de la FAO a approuvé, en 2024, les Directives pour une aquaculture durable (FAO, 2025[9]), qui offrent un cadre exhaustif pour accompagner les décideurs et les parties prenantes dans le développement et l'intensification de l'aquaculture de manière responsable, en conciliant le bien-être social, économique et écologique tout en augmentant la productivité et la rentabilité.

Le poisson et les autres produits aquatiques font l'objet d'échanges importants, avec des chaînes de valeur complexes à plusieurs niveaux, couvrant plusieurs pays. Cela peut les rendre sensibles à une escalade des tensions dans les relations commerciales mondiales au cours de la période de projection. Les politiques commerciales qui conduisent à une hausse des coûts et des obstacles à la circulation des produits aquatiques dans le monde auront des répercussions imprévisibles sur la disponibilité de ces produits sur certains marchés, sur les prix et sur la structure des chaînes de valeur elles-mêmes. L'ampleur et la nature de ces répercussions sont actuellement inconnues, ce qui signifie qu'il n'est pas possible de les intégrer efficacement dans les projections et ajoute d'autres sources d'incertitude.

Encadré 7.1. Remédier à la sous-estimation de la croissance de la production aquacole dans le modèle de projection élaboré par la FAO pour la pêche et l'aquaculture

Le modèle de projection élaboré par la FAO pour la pêche et l'aquaculture a été élaboré en 2010 pour produire les projections présentées dans le chapitre sur le poisson et les autres produits aquatiques de la présente publication et a depuis été maintenu et amélioré. Une évaluation des projections historiques par rapport aux tendances réelles de production a fait apparaître dernièrement que le modèle tendait à sous-estimer la croissance de la production aquacole. Ce phénomène peut notamment s'expliquer par une sous-estimation de la croissance au cours des périodes historiques récentes et par des prévisions inexactes des variables exogènes. En vue d'éliminer ces deux problèmes potentiels tout en reproduisant aussi fidèlement que possible la procédure des *Perspectives*, toutes les fonctions de l'offre de l'aquaculture ont été calibrées à l'aide de données recueillies entre 2014 et 2017. Cette approche a permis d'utiliser cinq années de données historiques (2018-22) pour évaluer la précision des prévisions produites par les fonctions de l'offre. La simulation dynamique réalisée avant toute amélioration du modèle montre clairement une sous-estimation de la croissance (Graphique 7.6).

Sept améliorations ont été apportées au modèle. La première concerne le prix utilisé : étant donné que le modèle de projection élaboré par la FAO pour la pêche et l'aquaculture fonctionne à l'échelle de toutes les espèces, l'évolution du prix moyen pondéré peut différer sensiblement de celle des prix par espèce. C'est ce qui ressort clairement dans le cas des écrevisses chinoises et des crevettes et mollusques péruviens. La deuxième amélioration tient compte des interactions omises avec d'autres produits de base ou la production halieutique, comme les écrevisses chinoises, qui sont principalement issues d'exploitations associant leur production à la culture du riz, et les mollusques péruviens, qui dépendent de sources de semences naturelles.

Graphique 7.6. Sous-estimation de la production aquacole après cinq années de simulation (2022)

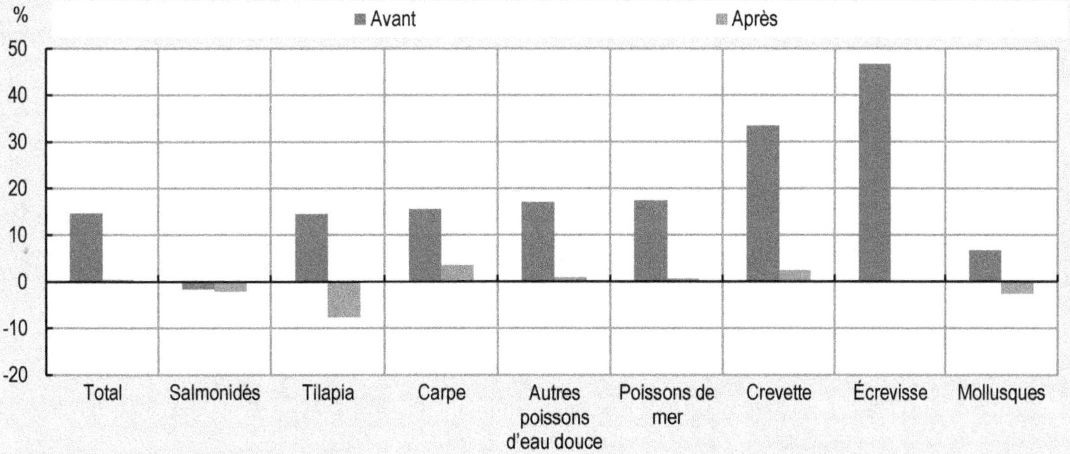

Note : le graphique compare la sous-estimation de la production aquacole par le modèle après cinq années de simulation, avant et après mise à jour. La rubrique « Avant » reflète la sous-estimation alors qu'aucun changement n'avait été mis en œuvre, tandis que la rubrique « Après » montre la sous-estimation à la suite des ajustements du modèle. Dans les deux cas, la sous-estimation a été calculée en comparant les résultats du modèle pour 2022 aux données finales de production aquacole pour cette année. Les autres espèces d'eau douce comprennent principalement le poisson-chat, le panga et le poisson-lait.

Source : OCDE/FAO (2025), « Perspectives agricoles de l'OCDE et de la FAO », Statistiques agricoles de l'OCDE (base de données), http://data-explorer.oecd.org/s/1hc.

La troisième amélioration concerne les résultats aberrants, qui ont été isolés à l'aide de variables fictives. Ces valeurs aberrantes pourraient résulter d'erreurs statistiques ou d'événements extraordinaires, tels que l'épidémie de syndrome de mortalité précoce chez les crevettes ou le COVID-19. La quatrième amélioration porte sur les inadéquations entre la période d'étalonnage et la période considérée. Les changements soudains survenus au cours de la première année couverte par les *Perspectives*, qui échappent souvent aux fonctions à élasticité constante, ont été restitués à l'aide de fonctions à élasticité variable, corrigeant 17 fonctions de l'offre.

Le cinquième problème concernait une surestimation des coûts d'alimentation, qui pourrait en partie s'expliquer par l'utilisation, dans le modèle, de coefficients fixes de transformation des aliments, reposant sur des données de 2005 et 2006. Selon Glencross et al. (Glencross et al., 2023[10]), ces coefficients n'ont, pour la plupart des espèces, que légèrement diminué depuis lors, les réductions les plus importantes ayant eu lieu entre 1975 et 2000. Bien que le passage à des coefficients variables n'ait pas donné lieu à une amélioration significative des performances globales du modèle, il a amélioré les estimations de la consommation d'aliments pour animaux.

Malgré tous ces changements, le modèle a de nouveau sous-estimé la croissance de la production aquacole. Il semblerait que le facteur faisant défaut réside dans les gains de productivité (au-delà de la baisse du coefficient de transformation) ou les nouveaux domaines de production. Ce problème a été résolu en incorporant une tendance temporelle dans les fonctions de l'offre de 35 espèces. La prise en compte de l'ensemble de ces ajustements a permis une nette amélioration des performances du modèle. L'erreur dans les prévisions relatives à la production aquacole mondiale de 2022 a été réduite, de -15 % (soit -13.8 Mt) à -0.4 % (soit -0.4 Mt).

Références

Azzurro et.al., 2. (2024), *Fisheries responses to invasive species in a changing climate*, FAO, https://doi.org/10.4060/cd1400en. [3]

Bahri et al., 2. (2021), *Adaptive management of fisheries in response to climate change*, FAO, https://doi.org/10.4060/cb3095en. [6]

Barange et al., 2. (2018), *Impacts of climate change on fisheries and aquaculture: synthesis of current knowledge, adaptation and mitigation options*, https://www.fao.org/3/i9705en/i9705en.pdf. [7]

Blanchard et Novaglio, 2. (2024), *Climate change risks to marine ecosystems and fisheries*, FAO, https://doi.org/10.4060/cd1379en. [1]

FAO, 2. (2025), *Directives pour une aquaculture durable*, https://openknowledge.fao.org/items/781071cc-bdd9-4cd2-a84a-e5ed95d0e5f5. [9]

FAO, 2. (2024), *El Niño impacts and policies for the fisheries sector*, FAO, https://doi.org/10.4060/cd3812en. [2]

FAO, 2. (2023), *La feuille de route de la FAO pour la Transformation blue*, https://openknowledge.fao.org/server/api/core/bitstreams/e7008a58-ac34-47d6-81d4-c71764e35352/content. [4]

Glencross, B. et al. (2023), “Harvesting the benefits of nutritional research to address global challenges in the 21st century”, *Journal of the World Aquaculture Society*, Vol. 54/2, pp. 343-363, https://doi.org/10.1111/jwas.12948. [10]

OCDE (2025), *Examen de l’OCDE sur les pêches 2025*, Éditions OCDE, Paris, https://doi.org/10.1787/a6e0eefb-fr. [5]

Stanford Center for Ocean Solutions et al., 2. (2024), *Integrating blue foods into national climate strategies: Enhancing nationally determined contributions and strengthening climate action*, https://openknowledge.fao.org/handle/20.500.14283/cd2482en. [8]

Notes

[1] Les termes « poisson et autres produits aquatiques » englobent les poissons, les crustacés, les mollusques et autres animaux aquatiques, mais excluent les mammifères aquatiques, les crocodiles, les caïmans, les alligators et les plantes aquatiques.

[2] La consommation apparente correspond à la quantité de produits d’alimentation humaine disponibles pour la consommation, un chiffre qui n’est pas égal à la consommation moyenne de produits comestibles. Elle est calculée en appliquant la formule suivante : production + importations - exportations - usages non alimentaires, +/- variation des stocks, chaque élément étant exprimé en équivalent poids vif.

8 Biocarburants

Ce chapitre décrit l'évolution des marchés ainsi que les projections à moyen terme relatives aux marchés mondiaux des biocarburants sur la période 2025-34. Ces projections portent sur la consommation, la production, les échanges et les prix de l'éthanol et du gazole à base de biomasse (qui comprend le biogazole classique, qui représente la majeure partie du complexe, le gazole renouvelable et le carburant d'aviation durable, ces deux derniers carburants pouvant se substituer à ceux dérivés du pétrole). Le chapitre s'achève par un examen des principaux risques et incertitudes susceptibles d'avoir une incidence sur les marchés mondiaux des biocarburants durant les dix prochaines années.

8.1. Principaux éléments des projections

Les biocarburants continuent de jouer un rôle important en tant que substitut renouvelable aux carburants de transport d'origine fossile. La consommation mondiale de biocarburants devrait augmenter de 0.9 % par an au cours des dix prochaines années, ce qui représente un net ralentissement par rapport aux années précédentes.

Dans la plupart des pays à revenu élevé, la croissance de l'utilisation de biocarburants devrait ralentir en raison de la stagnation de la demande de carburants, causée par l'adoption de véhicules électriques et un soutien public plus faible. Aux États-Unis, l'accent devrait être mis sur le gazole à base de biomasse en raison des objectifs en matière de carburants routiers et d'aviation, avec une augmentation annuelle de sa consommation prévue de 1 %. Toutefois, selon le Règlement sur les combustibles propres du Canada, l'utilisation des biocarburants devrait augmenter de 6 % par an, tandis que la directive sur les énergies renouvelables (RED III) indique que l'utilisation de biocarburants au sein de l'Union européenne devrait diminuer.

Les pays à revenu intermédiaire devraient compenser le ralentissement de la croissance de la demande prévu dans les pays à revenu élevé. La consommation de biocarburants devrait augmenter de 1.7 % par an, en raison de la hausse de la demande de carburants pour les transports, des considérations liées à la sécurité énergétique nationale, des objectifs budgétaires et des engagements en matière de réduction des émissions, le Brésil, l'Indonésie et l'Inde étant les principaux moteurs de cette croissance.

Les marchés des biocarburants devraient être, pour la plupart, largement autosuffisants. Les pays disposant d'une forte capacité de production nationale, tels que l'Inde, l'Indonésie et le Brésil, devraient probablement satisfaire leur demande intérieure, qui ira croissant, ce qui limiterait l'expansion du commerce mondial des biocarburants. La part mondiale de la production de biocarburants faisant l'objet d'échanges devrait se maintenir à 15 % pour le gazole à base de biomasse et à 8 % pour l'éthanol.

Les biocarburants de première génération continueront de dominer le marché, l'éthanol étant principalement produit à partir de maïs et de sucre, tandis que le gazole à base de biomasse proviendra pour l'essentiel d'huiles végétales telles que l'huile de soja, de colza et de palme.

L'expansion future des marchés des biocarburants dépend de politiques complexes, et se caractérisera par un intérêt croissant pour les biocarburants avancés et le carburant d'aviation durable. Toutefois, l'extension des capacités de production reste un défi en raison de coûts d'investissement élevés. L'approvisionnement en matières premières durables deviendra déterminant à mesure que les biocarburants s'intégreront aux modèles d'économie circulaire appliqués à l'agriculture.

Le prix des biocarburants a diminué en 2024 en raison de la baisse du prix du pétrole et de l'abondance de matières premières. Les prix réels devraient se tasser, mais les aides publiques resteront nécessaires pour compenser les coûts de production plus élevés des biocarburants par rapport aux combustibles fossiles.

8.2. Tendances actuelles du marché

La croissance de la consommation mondiale de biocarburants a été robuste au cours de la dernière décennie, avec une moyenne de 3.3 % par an. En 2024, cette tendance à la hausse ne s'est pas démentie, après la baisse temporaire enregistrée en 2020 en raison du ralentissement économique mondial. La reprise et l'expansion de la consommation de biocarburants ont été facilitées par de multiples facteurs, notamment la baisse des prix des biocarburants dans le monde entier. Outre les changements apportés à la fiscalité, cette baisse des prix tient en grande partie à celle des prix du pétrole brut, qui a stimulé la demande de carburant, ainsi qu'à la diminution du coût des matières premières, qui a entraîné à sa suite le coût de production des biocarburants. Ces conditions économiques ont continué d'encourager fortement l'adoption des biocarburants et pourraient stimuler encore leur utilisation à plus grande échelle.

C'est notamment en Inde que la consommation de biocarburants a connu la plus forte croissance, alimentée par des politiques publiques favorisant la diversification énergétique et la durabilité. En Amérique du Nord, la demande de gazole renouvelable reste particulièrement forte et contribue à l'essor des biocarburants dans la région. Les pouvoirs publics, un peu partout dans le monde, ont continué de soutenir, par des mesures favorables, des subventions et des prescriptions d'incorporation, l'adoption des biocarburants, qu'ils considèrent comme un outil essentiel pour renforcer la sécurité énergétique et réduire les émissions de gaz à effet de serre (GES). En outre, les progrès technologiques et un surcroît d'investissement dans les infrastructures liées aux biocarburants ont contribué à la croissance du marché.

8.3. Projections relatives au marché

8.3.1. Consommation et production

Les pays asiatiques sont le moteur de l'offre et de la demande de biocarburants

Les projections de l'offre et de la demande de biocarburants dépendent principalement de l'évolution future de la consommation totale de carburants, notamment parce que les prescriptions d'incorporation de biocarburants sont souvent définies en pourcentage de la consommation totale de carburant. Les présentes Perspectives s'appuient sur la publication World Energy Outlook 2024 de l'Agence internationale de l'énergie (AIE) comme source de référence pour les projections relatives à la demande mondiale de carburants. Ces projections reposent principalement sur les hypothèses retenues quant aux effets de la croissance économique sur la demande de carburant pour les transports, ainsi que d'autres produits dérivés du pétrole. Elles tiennent également compte des effets de substitution, tels que l'électrification du parc automobile, l'amélioration de l'efficacité énergétique des véhicules et l'impact de la concurrence internationale dans le secteur pétrochimique. Cependant, certaines répercussions plus générales liées à l'action des pouvoirs publics, comme celles du paquet « Ajustement à l'objectif 55 » de l'Union européenne, ne sont pas prises en compte dans ces projections. Au niveau mondial, ces projections indiquent que la demande de carburants de type essence diminuera à un rythme annuel moyen de 0.8 % au cours de la prochaine décennie, tandis que la consommation de gazole à base de biomasse devrait connaître une croissance modeste de 0.2 % par an. La baisse prévue de la consommation totale de carburant est principalement concentrée dans les pays à revenu élevé, tandis que dans la plupart des autres régions, la demande globale de carburant devrait augmenter (Graphique 8.1).

Dans le cadre des présentes Perspectives, le taux de croissance de la production et de la consommation de biocarburants à l'échelle mondiale devrait faiblir et s'établir à 0.9 % par an pendant la période de projection. Ce taux équivaut à un cinquième de celui observé durant la précédente décennie, la principale cause étant la réduction des dispositifs de soutien aux biocarburants conventionnels dans les pays développés, ainsi que la baisse de la consommation totale de carburants dans certains de ces pays. Étant donné que près des deux tiers de la hausse escomptée de la demande de biocarburants devraient se matérialiser dans les économies émergentes (Graphique 8.2), notamment en Inde, au Brésil et en Indonésie, des modifications des parts de marché sont à prévoir. En 2024, 55 % de l'offre et de la demande d'éthanol provenaient des pays à revenu élevé. Ce pourcentage devrait cependant baisser à 51 % au cours de la prochaine décennie, au profit des pays à revenu intermédiaire. La progression du gazole à base de biomasse en Amérique du Nord, qui représente les deux tiers de la croissance de la consommation mondiale, fait exception dans ce rééquilibrage en faveur des pays à revenu intermédiaire.

Graphique 8.1. Évolution de la demande de biocarburants dans les grandes régions, 2034 par rapport à la période de référence 2022-24

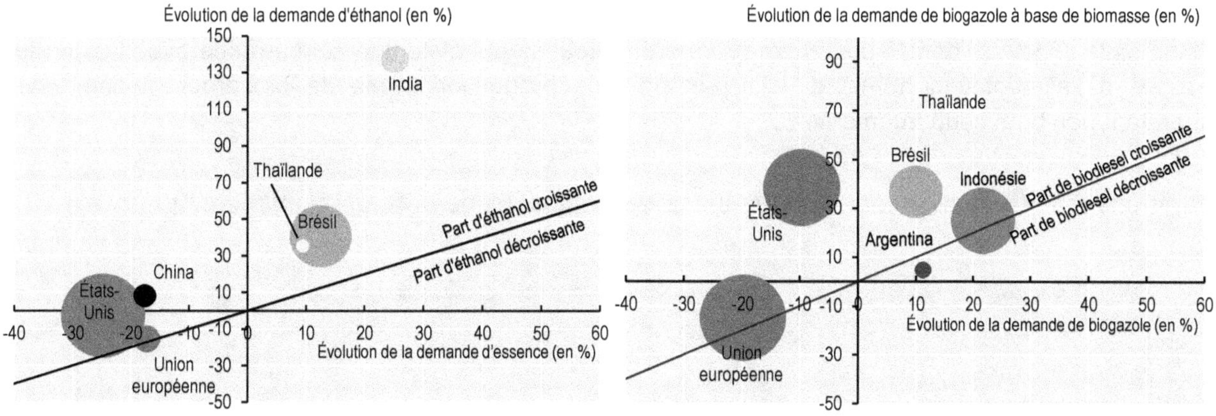

Note : les parts calculées pour la demande sont exprimées en volume. La taille de chaque bulle correspond au volume de consommation du biocarburant considéré au cours de la période de référence. La variation de la demande d'essence et de biogazole inclut les composants des biocarburants.

Source : OCDE/FAO (2025), « Perspectives agricoles de l'OCDE et de la FAO », Statistiques agricoles de l'OCDE (base de données), http://data-explorer.oecd.org/s/1hc.

StatLink https://stat.link/5071xg

Graphique 8.2. Contribution des régions à la croissance de la consommation de biocarburants, 2034 par rapport à la période de référence 2022-24

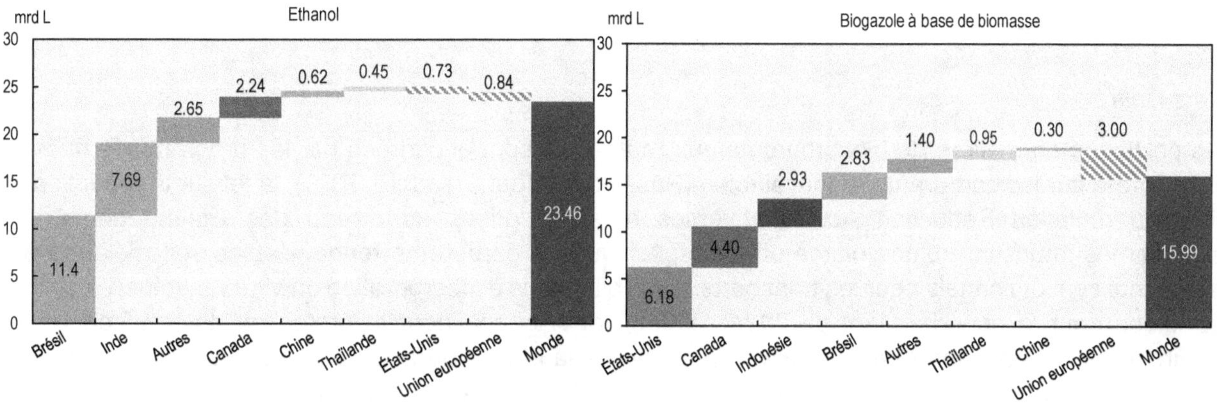

Source : OCDE/FAO (2025), « Perspectives agricoles de l'OCDE et de la FAO », Statistiques agricoles de l'OCDE (base de données), http://data-explorer.oecd.org/s/1hc.

StatLink https://stat.link/n2v8lb

D'après les projections, la production mondiale d'éthanol et de gazole à base de biomasse augmentera jusqu'à atteindre respectivement 155 milliards et 80.9 milliards de litres en 2034. Au cours de la période de référence, les matières premières servant à la production d'éthanol se répartissaient comme suit : 60 % de maïs, 22 % de canne à sucre, 6 % de mélasse et 2 % de blé, les 10 % restants étant un mélange de céréales de toutes sortes, de manioc et de betterave sucrière. L'ensemble des matières premières utilisées pour produire du gazole à base de biomasse se composait de 70 % d'huile végétale et de 24 % d'huiles de cuisson usagées et de suif, qui ont tous deux récemment gagné en importance (Encadré 8.1), les 6 % restants étant constitués d'huiles non comestibles et d'autres déchets.

En dépit de l'attention croissante portée à la durabilité de la production de biocarburants dans un grand nombre de pays, et malgré les importantes différences dans la composition de ces carburants, les matières premières conventionnelles (ou d'origine alimentaire) devraient rester prédominantes dans le secteur (Graphique 8.3). Si les produits cellulosiques (tels que les résidus agricoles, les cultures énergétiques ou la biomasse ligneuse) offrent des alternatives prometteuses qui évitent la concurrence avec les produits destinés à l'alimentation humaine, leur part dans la production totale de biocarburants ne devrait cependant pas beaucoup augmenter.

Graphique 8.3. Production mondiale de biocarburants issus de différentes matières premières

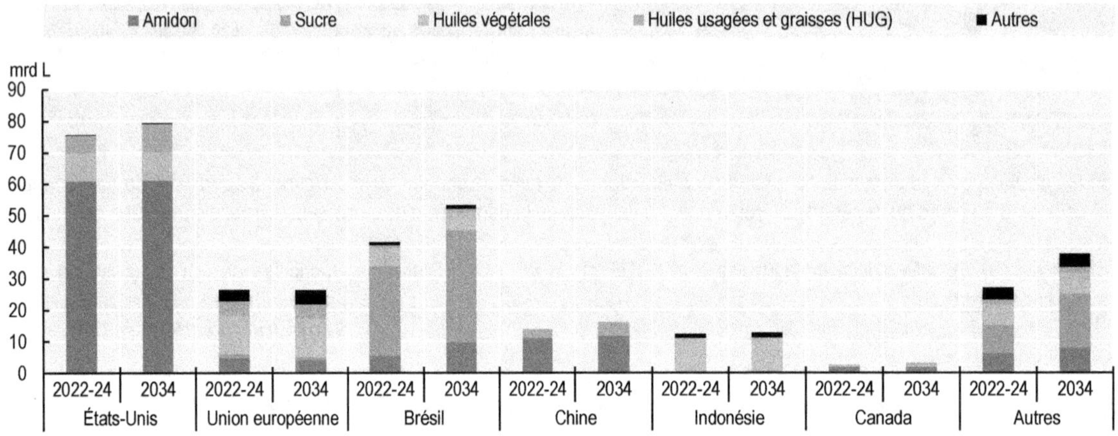

Source : OCDE/FAO (2025), « Perspectives agricoles de l'OCDE et de la FAO », Statistiques agricoles de l'OCDE (base de données), http://data-explorer.oecd.org/s/1hc.

États-Unis

Les politiques en matière de biocarburants aux États-Unis sont encadrées par les programmes relevant de la norme sur les carburants renouvelables (Renewable Fuel Standard, RFS), la loi sur la réduction de l'inflation (Inflation Reduction Act) et diverses mesures prises au niveau des États fédérés. Les programmes imposent qu'un volume annuel spécifique de carburants renouvelables soit mélangé aux carburants conventionnels pour les transports. Les obligations d'incorporation en vigueur actuellement ont été fixées pour la période allant de 2024 à 2026 par l'Agence pour la protection de l'environnement (Environmental Protection Agency, EPA). En raison de la baisse de la consommation d'essence prévue par l'AIE, due en grande partie à l'amélioration de l'efficience des véhicules et à une augmentation du nombre de véhicules électriques, la consommation d'éthanol devrait diminuer, bien qu'il soit prévu que le taux d'incorporation d'éthanol passe à 13 % d'ici 2034. En revanche, la préférence donnée par les raffineurs au gazole renouvelable en réponse aux exigences de l'EPA, ainsi que les limites liées à l'infrastructure, freineront l'augmentation de l'utilisation de carburants ayant une teneur plus élevée en éthanol. En outre, les politiques annoncées, si elles sont mises en œuvre comme prévu, pourraient avoir un effet dissuasif sur la croissance du gazole renouvelable à la fin de la période de projection.

Le maïs devrait rester la principale matière première utilisée pour produire de l'éthanol, constituant 99 % de la production en 2034. Parallèlement, la capacité de production à partir de produits cellulosiques non alimentaires devrait croître progressivement au cours de la période de projection, quoiqu'elle parte d'un faible niveau de départ. Bien que les États-Unis conservent leur position de premier producteur mondial d'éthanol, leur part devrait passer de 46 % à 39 %. D'après les projections, la production de gazole à base de biomasse augmentera de 1.68 % par an, pour représenter 27 % du total mondial en 2034. Cette hausse est due à la consommation accrue de gazole renouvelable, favorisée par les objectifs plus ambitieux des programmes en faveur des carburants renouvelables mis en place par l'État fédéral et les États fédérés, notamment la norme sur les carburants bas carbone (low carbon fuel standard, LCFS) en Californie.

Union européenne

La directive sur les énergies renouvelables (RED) est le cadre juridique régissant les progrès des énergies renouvelables dans de nombreux secteurs, dont les transports, au sein de l'Union européenne. Ce texte a fait l'objet de deux importantes révisions : d'abord par la directive (UE) 2018/2001 (RED II), puis par la directive (UE) 2023/2413 (RED III). La directive RED définit des objectifs bien précis concernant la part des énergies renouvelables dans la consommation totale d'énergie de chaque État membre de l'Union européenne. Le minimum imposé est de 42.5 % au niveau de l'UE d'ici 2030, cependant l'objectif est d'atteindre 45 %. S'agissant des biocarburants, la directive d'origine fixait les quantités à incorporer dans les carburants conventionnels, le but étant de réduire les émissions de GES et la dépendance aux combustibles fossiles. La directive RED II a fixé des limites à l'utilisation des cultures vivrières et fourragères, ce qui restreint l'offre de matières premières agricoles pouvant être utilisées pour produire des biocarburants. Les biocarburants ont également fait les frais du renforcement du critère de durabilité mis en place en réponse aux inquiétudes suscitées par leurs effets sur le changement indirect de l'affectation des sols (CIAS), des règles claires ayant été établies pour répertorier les matières premières induisant un risque élevé de CIAS. Alors que l'huile de palme n'est pas explicitement mentionnée et qu'elle peut être certifiée comme présentant un risque faible de CIAS, elle est la seule matière première qui, dans la réglementation actuelle, est considérée comme induisant un risque élevé. La directive RED III a, par ailleurs, modifié l'objectif d'incorporation de biocarburants avancés, en portant leur part de 3.5 % à 5.5 % d'ici 2030. Les mesures de soutien à la réalisation de cet objectif incluent la limitation de certaines matières premières (comme les cultures vivrières) et l'incitation à l'utilisation de déchets et de résidus pour produire des biocarburants avancés.

La réduction prévue de l'utilisation des carburants dans les transports devrait entraîner une baisse de la consommation d'éthanol et de gazole à base de biomasse de 1.4 % par an. La part de gazole à base de biomasse dans le carburant pour moteurs diesel devrait passer de 10 % à 11 %, tandis que la part d'éthanol dans l'essence devrait rester pratiquement inchangée, n'augmentant que légèrement, de 6.5 % à 6.6 %. La production de gazole à base de biomasse devrait diminuer en conséquence, et la part de gazole fabriqué à partir d'huile de palme devrait baisser, pour passer de 18 % au cours de la période de référence à 3 % en 2034, en raison des préoccupations liées à la durabilité. La part du gazole issu d'huiles et de graisses de cuisson usagées devrait passer de 24 % à 28 %.

Brésil

Depuis plusieurs années, le Brésil possède un vaste parc de véhicules polycarburants pouvant fonctionner au bioéthanol (mélange d'essence et d'éthanol) ou simplement à l'éthanol hydraté. Le pourcentage d'éthanol présent dans les mélanges essence-éthanol varie entre 18 % et 27 %, selon le rapport entre les prix intérieurs du sucre (la principale matière première) et de l'éthanol. Depuis 2015, la teneur obligatoire est toujours de 27 %. Au cours des dix prochaines années, l'obligation d'incorporation devrait passer à 40 %. La progression de la part du gazole à base de biomasse dans le bouquet énergétique brésilien a été stimulée par l'obligation d'incorporation au gazole fossile. Le taux d'incorporation, actuellement fixé à 14 %, devrait atteindre 15 % en 2025 – avec l'approbation du Conseil national de la politique énergétique du Brésil. Une obligation d'incorporation de 15 % a été retenue pour toute la période couverte par les Perspectives.

Contrairement aux États-Unis et à l'Union européenne, la consommation totale d'essence et de gazole devrait augmenter au Brésil au cours de la prochaine décennie, ce qui laisse présager une croissance des mélanges de biocarburants. Pendant la prochaine décennie, le pays devrait conserver sa position de deuxième plus gros producteur et consommateur d'éthanol carburant. La consommation et la production d'éthanol devraient toutes les deux y progresser de 2.1 % par an sous l'influence des programmes nationaux relatifs aux biocarburants (RenovaBio). Lancés en 2017, ces programmes jouent un rôle déterminant en permettant au Brésil de tenir ses engagements en matière de réduction des émissions de GES. Alors que la canne à sucre devrait continuer d'être la principale matière première de l'éthanol, l'utilisation du maïs s'est fortement accrue ces dernières années, passant de moins de 0.5 milliard de litres avant 2017 à presque 7 milliards de litres en 2024. D'après les projections des présentes Perspectives, le maïs continuera sa progression dans l'éventail des matières premières, pour atteindre 9.6 milliards de litres en 2034.

Indonésie

En introduisant le B35 et le B40 (gazole à base de biomasse avec un taux d'incorporation de respectivement 35 % et 40 %), l'Indonésie vise à réduire sa dépendance à l'égard des carburants fossiles importés, à stabiliser le prix de l'huile de palme, à réduire ses émissions de GES et à soutenir son économie intérieure, ce secteur étant pourvoyeur de près d'un demi-million d'emplois dans le pays. Ces dernières années, la production de gazole à base de biomasse a enregistré une progression régulière, sous l'effet d'un programme national mis en place pour soutenir les producteurs de ce carburant. Ce programme est financé par les droits prélevés sur les exportations de divers produits, notamment l'huile de palme brute, l'huile de cuisson usagée et l'oléine de palme. Le taux de ces prélèvements est révisé à intervalles réguliers en fonction des conditions du marché mondial et se base sur un prix de référence. Le fonds pour l'huile de palme brute a été récemment épuisé, cependant les Perspectives tablent sur des prix à la production qui resteront supérieurs à 1 000 USD par tonne en termes nominaux, ce qui permettra de reconstituer ce fonds et de continuer à subventionner, par son intermédiaire, la production nationale de gazole à base de biomasse. Toutefois, les exportations d'huile de palme brute étant limitées par la capacité de production, ce montant ne permettra sans doute pas d'atteindre un taux d'incorporation supérieur à 31 % (B31) au cours de la période de projection, au lien des 35 % (B35) et 40 % (B40) annoncés. Partant de ces hypothèses, on estime que la production indonésienne de gazole à base de biomasse s'établira à environ 15 milliards de litres à l'horizon 2034. Atteindre un taux d'incorporation de 35 % ou 40 % nécessiterait un renforcement du soutien aux producteurs de gazole à base de biomasse ainsi qu'une adaptation technique des moteurs diesel. Le gazole renouvelable pourrait surmonter les limites techniques actuelles, mais cela nécessiterait des investissements et un soutien supplémentaires, dont le fonds pour l'huile de palme brute ferait les frais.

Inde

L'Inde a accéléré sa production d'éthanol, avec l'objectif d'atteindre un taux d'incorporation d'éthanol de 20 % (E20) d'ici 2025. La production d'éthanol a récemment augmenté de manière significative, la canne à sucre et les céréales étant à l'origine de l'essentiel de cette hausse, plutôt que la mélasse, matière première traditionnelle. Les présentes Perspectives partent de l'hypothèse que la canne à sucre restera la principale matière première, suivie par la mélasse. Les céréales, en particulier celles provenant de stocks dégradés, viendront compléter la production intérieure, bien qu'à moyen terme leur rôle puisse être limité par le niveau actuel des stocks. Compte tenu de l'accélération de la demande d'essence, le taux d'incorporation de 20 % (E20) pourrait être atteint en 2026. La production d'éthanol devrait atteindre 15 milliards de litres en 2034. Même si l'on a pris pour principe, dans les présentes Perspectives, que la demande est soutenue par l'objectif actuel d'un taux d'incorporation de 20 % (E20), la capacité de production ainsi que la disponibilité des matières premières seraient suffisantes pour atteindre un taux d'incorporation plus élevé. Cependant, il faudrait pour cela que le prix des matières premières soit plus bas, afin de garantir compétitivité et rentabilité aux producteurs. En outre, les moteurs des véhicules automobiles devraient être adaptés à des taux d'incorporation plus élevés. Récemment, le gouvernement indien a noué un partenariat avec le Brésil dans le but d'adopter une nouvelle technologie rendant possible cette adaptation. L'offre restreinte d'huiles végétales, dont l'Inde est un importateur net, ainsi que le niveau élevé des prix internationaux resteront les principaux freins à toute augmentation significative de la production de gazole à base de biomasse.

République Populaire de Chine (ci-après « Chine »)

Les présentes Perspectives reposent sur l'hypothèse que le taux d'incorporation d'éthanol, qui avoisinait 1.6 % ces dernières années, et est passé à 2 % en 2024, atteindra 2.5 % en 2034. Cette augmentation ne peut pas contrebalancer la baisse attendue de la consommation totale d'essence, qui entraînera une diminution annuelle de la consommation d'éthanol de 0.4 % au cours de la prochaine décennie. Cependant, la consommation de gazole à base de biomasse devrait augmenter de 2 % par an. Les présentes Perspectives partent de l'hypothèse que seules des matières premières produites au niveau national seront utilisées.

Canada

La Norme sur les combustibles propres (NCP), devenue une loi en 2022, encourage la consommation de biocarburants au niveau national en incitant à développer et à adopter des carburants, des technologies et des processus renouvelables. L'objectif de cette norme est de réduire de 15 % (par rapport aux niveaux de 2016) l'intensité carbone des carburants avant 2030. Depuis janvier 2023, la teneur en matières renouvelables doit être de 10 % pour l'essence et de 15 % pour le gazole. Par la suite, la consommation de gazole à base de biomasse au Canada a plus que doublé entre 2023 et 2024. Plusieurs plans de construction ou d'extension d'installations dédiées à la production de biocarburants liquides à partir principalement de matières premières agricoles ont été annoncés à travers le Canada. Si ces projets sont menés à bien comme prévu, il pourrait en résulter une capacité supplémentaire de 5 milliards de litres de biocarburants d'ici 2034 (principalement pour le gazole renouvelable et le carburant d'aviation durable). Les présentes Perspectives tablent sur une augmentation plus mesurée de la production de gazole à base de biomasse, qui atteindrait 2 milliards de litres, tandis que la consommation bondirait à 5.9 milliards de litres, portant le déficit de 1.2 milliard de litres, à l'heure actuelle, à 3.9 milliards de litres. La consommation d'éthanol, quant à elle, devrait augmenter de 2 milliards de litres, une hausse qui serait principalement couverte par les importations.

Argentine

En Argentine, la loi sur les biocarburants de 2021 a fixé un taux d'incorporation de gazole à base de biomasse de 5 %, qui peut être réduit à 3 % si les prix élevés des matières premières entraînent une distorsion des prix des carburants. En juin 2022, le gouvernement a adopté une résolution à l'effet de porter le taux d'incorporation du gazole à base de biomasse à 7.5 %, mais en autorisant qu'il soit temporairement porté jusqu'à 12.5 % pour faire face aux pénuries. Les présentes Perspectives partent de l'hypothèse d'un taux d'incorporation de 7.5 %. Compte tenu des possibilités limitées de développement des exportations, la production de gazole à base de biomasse devrait stagner au cours des dix années à venir.

Concernant l'éthanol, le taux d'incorporation est maintenu à 12 %, contre l'avis des producteurs de bioéthanol qui souhaitent le voir porté à 15 %. Les présentes Perspectives supposent que le taux restera inchangé et que la consommation d'éthanol carburant augmentera de 1.7 % par an, portée par la consommation totale d'essence.

Thaïlande

Malgré les objectifs définis dans le Plan de développement des énergies alternatives pour la canne à sucre (et, indirectement, la mélasse) et le manioc, la disponibilité limitée de ces produits sur le territoire national pourrait restreindre la production de biocarburants. De plus, la stagnation de la demande de carburants fossiles limitera la progression de la demande d'éthanol. En moyenne, le taux d'incorporation devrait se situer aux alentours de 14 % au cours de la période de projection, tandis que la production devrait se stabiliser autour de 1.7 milliard de litres durant la prochaine décennie. La demande de gazole à base de biomasse devrait être soutenue par l'obligation d'incorporation et atteindre 2.7 milliards de litres d'ici 2034.

Colombie

D'après les projections, la demande d'éthanol augmentera au cours de la période considérée, suivant en cela la reprise de la demande d'essence. À moyen terme, le taux d'incorporation devrait rester aux alentours de 11 %. La canne à sucre demeurera la principale matière première et, d'ici 2034, la production de biocarburants devrait absorber environ 12 % de la production nationale de canne à sucre, contre 8 % durant la période de référence. Ce chiffre confirme le rôle central de l'éthanol dans la pérennité du secteur colombien de la canne à sucre. Le taux d'incorporation du gazole à base de biomasse dépasse 13 % et devrait se maintenir ainsi pendant la période de projection.

Encadré 8.1. Pourquoi les huiles et les graisses usagées sont-elles devenues des matières premières importantes pour le gazole à base de biomasse ?

Ces dernières années, les huiles (huiles de cuisson) et les graisses (suif) usagées ont gagné en importance en tant que matières premières pour la production de gazole à base de biomasse. La demande croissante de gazole renouvelable, en particulier dans les régions où les réglementations environnementales sont strictes, est à l'origine de cette évolution. Certains considèrent que les matières premières issues de déchets offrent plusieurs avantages par rapport aux huiles d'origine agricole, notamment une plus faible intensité de carbone et un impact réduit sur l'affectation des terres. Elles ont par ailleurs bénéficié d'un plus grand soutien politique.

Graphique 8.4. Offre et demande mondiales d'huiles et graisses usagées

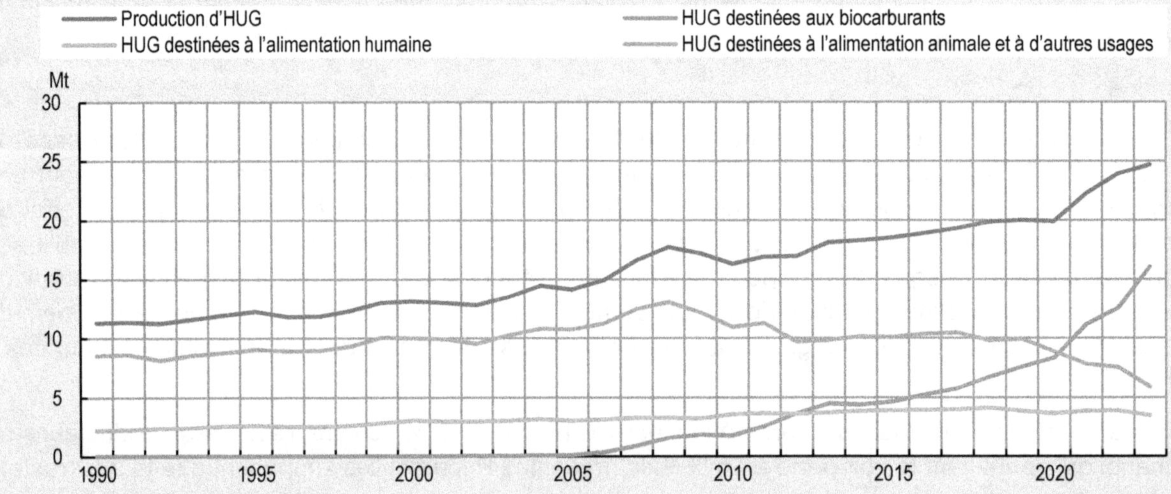

Note : HUG signifie « huiles et graisses usagées ».
Source : FAOSTAT, UN-COMTRADE, base de référence Aglink-Cosimo 2024, Render magazine (pour l'offre), USDA-NASS, US-EIA.

Hausse de la demande de gazole renouvelable

L'une des principales raisons de l'utilisation accrue d'huiles et graisses usagées est la forte croissance de la production de gazole renouvelable. La Californie participe à cette transition, sa norme sur les carburants à faible teneur en carbone (LCFS) jouant un rôle clé dans la promotion de ces derniers. Contrairement au biogazole traditionnel, qui ne se mélange pas facilement, le gazole renouvelable est un carburant qui peut remplacer le gazole à base de pétrole sans qu'il soit nécessaire de modifier les moteurs ou l'infrastructure. Cela en fait une option privilégiée pour la réduction des émissions dans le secteur des transports. Des politiques telles que la Norme sur les carburants renouvelables (RFS) aux

États-Unis et la directive sur les énergies renouvelables III (RED III) de l'Union européenne ont accéléré l'adoption de matières premières à base de déchets.

Matières premières à base de déchets ou matières premières d'origine agricole

Les matières premières d'origine agricole, telles que l'huile de soja et l'huile de palme, ont constitué une part importante des ressources utilisées pour la production de biocarburants. Cependant, ils génèrent davantage d'émissions, en raison des changements directs et indirects d'affectation des terres, et entrent en concurrence avec la production alimentaire. En revanche, les matières premières issues de déchets, comme les huiles de cuisson usagées, le suif et d'autres graisses animales, sont des sous-produits de l'industrie alimentaire et agricole. Beaucoup affirment que, puisqu'elles ne nécessitent pas de terres ou de cultures supplémentaires, leur intensité en carbone est nettement plus faible. Dans cette logique, elles peuvent bénéficier d'incitations politiques plus importantes, ce qui les rend plus attrayantes sur le plan économique pour les producteurs de biocarburants.

Incitations politiques et soutien réglementaire

Plusieurs pays encouragent la production de biocarburants à base de déchets par le biais de subventions, de crédits d'impôt et de prescriptions réglementaires. Aux États-Unis, les incitations fiscales privilégient les huiles et graisses usagées par rapport aux huiles d'origine agricole, tandis que la LCFS, en Californie, offre des avantages financiers aux carburants bas carbone. L'Union européenne prend également des mesures pour réduire le recours aux biocarburants à haut risque de changement indirect d'affectation des sols (CIAS). Dans le cadre de la Directive RED III, l'Union européenne va éliminer progressivement les biocarburants à base d'huile de palme d'ici 2030, ce qui stimule encore davantage la demande de substituts produits à partir de déchets.

Enjeux et interdépendances entre les marchés

Malgré leurs nombreux atouts, les huiles et graisses usagées restent une ressource limitée. Leur disponibilité est liée à l'industrie alimentaire, à la transformation animale et aux infrastructures de collecte des déchets. Il existe de plus une concurrence entre les différentes utilisations des huiles usagées, telles que l'alimentation animale et les applications industrielles. En outre, la demande croissante d'huiles et de graisses usagées en tant que matières premières pour les biocarburants remet en question l'hypothèse selon laquelle elles n'entraîneraient pas de CIAS. L'augmentation de leur valeur peut inciter à accroître la production des produits de base dont elles sont issues, tels que les huiles végétales et la viande, ce qui entraîne indirectement une plus grande utilisation des ressources. On peut donc craindre que la demande d'huiles et de graisses usagées n'influence l'affectation des terres et la production agricole. En outre, des inquiétudes ont été exprimées concernant des activités frauduleuses, telles que le mélange d'huiles de cuisson usagées avec de l'huile de palme vierge afin de contourner les réglementations en matière de durabilité (Swanson, Arita et Cooper, 2024). Bien que les données n'indiquent pas de fraude généralisée, il demeure essentiel de comprendre ces interconnexions afin de concilier les objectifs de durabilité avec les impératifs économiques.

Source : Swanson, A., S. Arita et J. Cooper (2024), « Controversies Surrounding US Imports of Used Cooking Oil for Biofuel Production », *ARE Update*, vol. 28, n° 2, pp. 1-5, Fondation Giannini de l'Université de Californie pour l'économie agricole, https://giannini.ucop.edu/filer/file/1734628708/21199/.

Autres pays

Les autres producteurs d'éthanol importants sont le Paraguay, les Philippines et le Pérou, où la production devrait atteindre, respectivement, presque 0.8 milliard, 0.8 milliard et 0.3 milliard de litres d'ici 2034. Le taux d'incorporation au Paraguay devrait rester stable (autour de 25 %) au cours de la période de projection, compte tenu de l'offre limitée de canne à sucre, qui ne peut être entièrement remplacée par le maïs. La Malaisie, les Philippines et le Pérou sont également de gros producteurs de gazole à base de biomasse, avec une production qui devrait s'établir respectivement à 2.1 milliards, 0.6 milliard et 0.2 milliard de litres, respectivement, d'ici à 2034. Dans d'autres pays asiatiques, et en particulier à Singapour, la production de gazole à base de biomasse à partir d'huiles de cuisson usagées pourrait progresser pour atteindre environ 0.9 milliard de litres en 2034. À la différence de la plupart des pays, qui utilisent leurs biocarburants sur le territoire national pour faire baisser leurs émissions de GES et réduire leur dépendance à l'égard des importations de pétrole, Singapour exporte une grande partie de sa production de biogazole.

8.3.2. *Échanges*

Les échanges mondiaux de biocarburants devraient rester stables

Les échanges mondiaux d'éthanol devraient s'accroître et passer de 11 milliards à 11.9 milliards de litres d'ici 2034, tandis que leur part dans la production totale diminuerait de 8.8 % à 8.2 % d'ici la fin de la période de projection. Les États-Unis et le Brésil devraient conserver leur statut de principaux exportateurs d'éthanol à base de maïs et de canne à sucre. La part des exportations des deux pays devrait passer de 75 % aujourd'hui à 79 % en 2034.

Au niveau mondial, les échanges de gazole à base de biomasse représentent 13.5 % de la production. Cette part devrait augmenter pour atteindre environ 14.8 %. Les exportations indonésiennes de ce carburant se sont effondrées en 2020 et sont restées faibles depuis. Compte tenu de la forte demande intérieure et des possibilités réduites d'exportation vers l'Union européenne, l'Indonésie ne devrait pas revenir sur les marchés internationaux avec des volumes d'exportations significatifs. Les cinq principaux exportateurs de gazole à base de biomasse – la Chine, les États-Unis, l'Union européenne, le Canada et la Malaisie – devraient encore se partager 79 % du marché (Graphique 8.5).

Graphique 8.5. Des échanges de biocarburants dominés par une poignée d'acteurs mondiaux

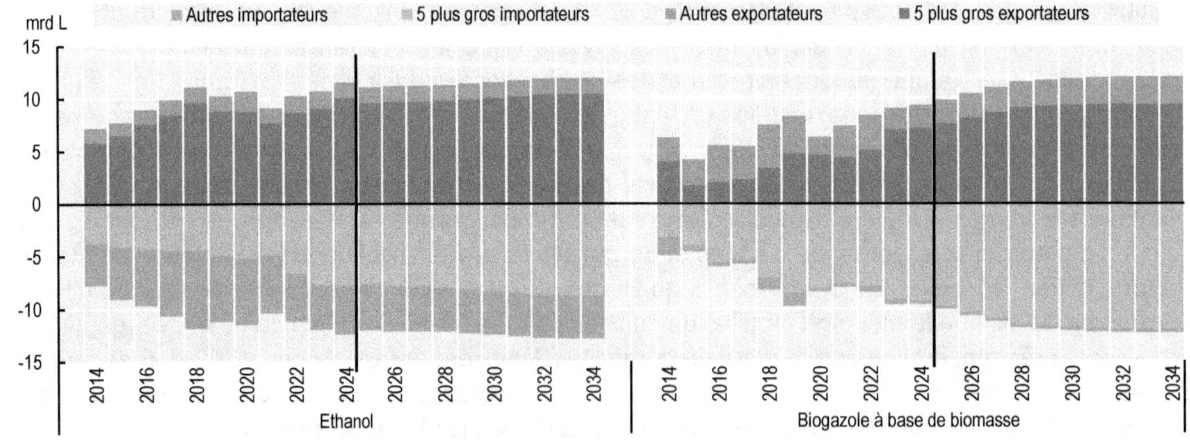

Note : en 2034, les cinq premiers exportateurs d'éthanol seront les États-Unis, le Brésil, le Pakistan, le Royaume-Uni et l'Union européenne. Les cinq principaux importateurs d'éthanol en 2034 seront le Canada, le Japon, le Royaume-Uni, l'Union européenne, et la Colombie. Les cinq principaux exportateurs de biogazole à base de biomasse en 2034 seront la Chine, les États-Unis, l'Union européenne, le Canada et la Malaisie. Les cinq principaux importateurs de biogazole à base de biomasse en 2034 seront le Canada, les États-Unis, l'Union européenne, le Royaume-Uni et la Norvège. Dans plusieurs pays, la classification des biocarburants par les politiques nationales peut se traduire par des exportations et des importations simultanées de biocarburants.
Source : OCDE/FAO (2025), « Perspectives agricoles de l'OCDE et de la FAO », Statistiques agricoles de l'OCDE (base de données), http://data-explorer.oecd.org/s/1hc.

8.3.3. *Prix*

Les prix réels devraient fléchir

Après leur flambée de 2022, les prix nominaux du gazole à base de biomasse et de l'éthanol ont diminué en 2023 et en 2024, principalement sous l'effet du fléchissement des prix du pétrole et des matières premières. On prévoit donc une augmentation progressive des prix nominaux des biocarburants jusqu'en 2034, en cohérence avec l'évolution des prix de l'énergie et des matières premières. En valeur réelle, cependant, les prix de l'éthanol et du gazole à base de biomasse devraient fléchir durant la prochaine décennie (Graphique 8.6).

Graphique 8.6. Évolution des prix des biocarburants et des matières premières qui les composent

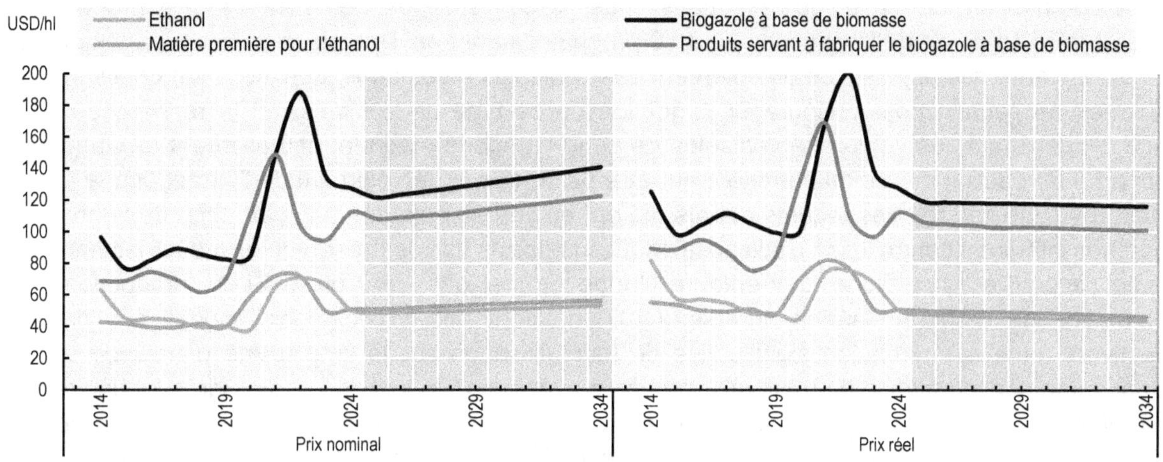

Note : éthanol : prix de gros, Omaha (États-Unis) ; biogazole à base de biomasse : prix à la production en Allemagne net de droits de douanes et de taxes sur l'énergie. Les prix réels sont les prix mondiaux nominaux corrigés des effets de l'inflation par le déflateur du PIB des États-Unis (2024 = 1). Pour établir les prix des matières premières du biogazole à base de biomasse, le calcul s'appuie sur les cours mondiaux des huiles végétales et, pour ceux de l'éthanol, sur une moyenne pondérée des prix du sucre brut et du maïs.
Source : OCDE/FAO (2025), « Perspectives agricoles de l'OCDE et de la FAO », Statistiques agricoles de l'OCDE (base de données), http://data-explorer.oecd.org/s/1hc.

8.4. Risques et incertitudes

L'évolution des politiques et les prix relatifs sont déterminants

Les incertitudes proviennent du paysage de l'action publique, de la disponibilité des matières premières et du prix des combustibles fossiles. Les incertitudes liées à l'action gouvernementale concernent notamment les variations des niveaux d'incorporation prescrits, les mécanismes mis en œuvre pour contrôler l'application des règles, l'investissement dans les produits non traditionnellement destinés à la production de biocarburants, les exonérations fiscales et les subventions dont bénéficient les biocarburants et les carburants fossiles, ainsi que les mesures prises pour assurer la promotion des véhicules électriques et de la technologie des carburants aériens durables (CAD).

Les fluctuations des prix des carburants fossiles ont un impact direct sur la compétitivité des biocarburants, souvent liée au subventionnement du secteur. La volatilité des marchés pétroliers tend à perturber les structures du marché des biocarburants, car elle est susceptible d'influencer les politiques de soutien, ce qui peut avoir des effets à long terme. L'incertitude se manifeste également au niveau de l'offre de matières premières, les pays assurant généralement la production des biocarburants en privilégiant les excédents de produits de base, de manière à préserver la disponibilité des produits alimentaires et la sécurité alimentaire. Tandis que les obligations d'incorporation devraient stimuler la production de biocarburants dans les économies émergentes, les récentes hausses de prix sur les marchés des céréales et des huiles végétales ont relancé les débats concernant les dimensions éthiques de la production de carburants par opposition à celle de produits destinés à l'alimentation humaine. Les biocarburants avancés offrent des possibilités plus larges que les seules cultures conventionnelles : les produits cellulosiques (tels que les résidus agricoles et les cultures énergétiques) peuvent en effet être utilisés pour accroître la production sans porter atteinte à l'offre de produits alimentaires. L'utilisation des déchets (par exemple les déchets urbains solides et les huiles de cuisson usagées) en tant que matières premières est une autre alternative viable, qui procure également des avantages supplémentaires pour la gestion des déchets.

Le parc mondial de véhicules électriques n'a cessé d'augmenter depuis le milieu des années 2000, sachant que plus de 20 pays ont pris l'engagement de stopper progressivement la vente de véhicules à moteur à combustion interne et que huit pays, plus l'Union européenne, s'engagent à proposer des véhicules à zéro émission nette dans les 10 à 30 prochaines années. Dans le monde entier, les pouvoirs publics ont instauré des objectifs de déploiement des véhicules électriques, des incitations d'achat et des programmes de soutien pour encourager l'adoption de ce type de véhicules et la recherche dans le domaine. Pour autant, les ventes de véhicules de cette catégorie stagnent actuellement aux États-Unis par rapport à la réaction initiale du marché, peut-être parce que le déploiement de l'infrastructure est plus lent que prévu. De surcroît, les récents débats qui ont eu lieu au sein des pays au sujet de la protection des marchés intérieurs contre les véhicules électriques importés afin de préserver les industries nationales pourraient accroître l'incertitude qui entoure l'adoption de ces véhicules. Si la production et la consommation de carburant aérien durable (CAD) ne sont pas explicitement modélisées dans les Perspectives, toute augmentation significative de leur utilisation sur le long terme peut avoir un effet important sur la consommation de matières premières avancées, en fonction des progrès technologiques et du soutien des politiques publiques. Les biocarburants peuvent également jouer un rôle important dans la décarbonation du transport maritime. Des avancées technologiques et des modifications réglementaires imprévues dans le secteur des transports pourraient avoir des effets non négligeables sur les projections du marché des biocarburants. Les pays devraient mettre en œuvre des dispositifs promouvant l'utilisation des nouvelles technologies pour réduire les émissions de GES, introduisant de l'incertitude sur les marchés agricoles et ayant une influence sur la demande future de biocarburants. La réaction du secteur privé à ces mesures, en particulier l'investissement des industries dans les véhicules électriques et les carburants aériens durables, déterminera les évolutions de la consommation de biocarburants au cours des dix prochaines années et au-delà.

9 Coton

Ce chapitre s'intéresse aux marchés mondiaux du coton : il en décrit l'évolution puis présente des projections à moyen terme pour la période 2025-34. Il passe en revue les évolutions prévues en termes de consommation, de production, d'échanges et de prix pour le coton. Le chapitre s'achève par un examen des principaux risques et incertitudes susceptibles d'avoir une incidence sur les marchés mondiaux du coton au cours de la prochaine décennie.

9.1. Principaux éléments des projections

L'utilisation mondiale de coton brut devrait progresser de 1.2 % par an, sous l'effet de la hausse de la demande de textiles dans les pays à faible revenu et à revenu intermédiaire. L'Asie restera le principal pôle de transformation du coton brut et cette activité se développera au Viet Nam, au Bangladesh et en Inde, favorisée par les coûts de production et de main-d'œuvre compétitifs. La République populaire de Chine (ci-après « la Chine ») devrait perdre progressivement sa position dominante dans le secteur de la transformation du coton, mais restera le premier pays transformateur mondial de coton en 2034, suivie par l'Inde.

Stimulée par l'amélioration des rendements, la production mondiale de coton devrait croître de 1.3 % par an, atteignant 29.5 Mt à l'horizon 2034. Les innovations en matière de génétique et de pratiques agricoles devraient également contribuer à réduire l'empreinte carbone du secteur. La croissance plus rapide de la production entraînera une augmentation des stocks de coton, qui avaient diminué au cours de la dernière décennie, durant la période de projection.

L'Inde devrait ravir à la Chine le titre de premier producteur mondial de coton grâce à la hausse considérable de ses rendements de coton, actuellement bas. Le Brésil et les États-Unis se classeront juste derrière, avec des volumes de production similaires.

Les échanges mondiaux de coton devraient afficher une croissance régulière de 1.6 % par an pour s'élever à 12.3 Mt en 2034. La Chine devrait rester le plus gros importateur de coton avec un volume d'environ 3 Mt, mais l'augmentation des échanges mondiaux sera attribuable à la hausse des importations dans d'autres pays asiatiques, notamment le Bangladesh et le Viet Nam, en raison de leur capacité de production intérieure limitée.

En tant que producteurs et exportateurs de premier plan, le Brésil et les États-Unis devraient répondre à la demande croissante émanant des pays asiatiques et seront les deux plus gros exportateurs durant les dix prochaines années.

Les cours mondiaux du coton devraient légèrement diminuer en valeur réelle pendant la période de projection, sous l'effet de la concurrence des fibres synthétiques et de gains de productivité dans les exploitations de coton.

Un certain nombre d'incertitudes pourrait modifier les projections relatives aux marchés du coton, comme une modification des conditions macroéconomiques et une évolution imprévue des préférences des consommateurs en faveur de la durabilité, le coton biologique, le recyclage et les vêtements d'occasion. Du côté de l'offre, l'incertitude entourant les rendements, qui découle des changements systématiques des conditions de culture selon les évolutions des facteurs météorologiques, la disponibilité de l'eau ou les infestations de ravageurs, influe sur les projections.

9.2. Tendances actuelles du marché

9.2.1. La production mondiale de coton se redressera nettement en 2024-25

La production mondiale de coton devrait rebondir lors de la campagne 2024-25 (août-juillet) après deux années consécutives de repli, atteignant son plus haut niveau sur les quatre dernières campagnes. L'augmentation en glissement annuel s'explique principalement par la perspective d'une production plus abondante dans les principaux pays producteurs. En Chine, les conditions météorologiques globalement favorables ont eu un effet positif sur les rendements des cultures, qui devraient se redresser notablement par rapport aux faibles niveaux de 2023-24 et stimuler la production. Au Brésil et aux États-Unis, la croissance de la production agricole devrait découler d'une expansion de la superficie cultivée, au détriment de cultures concurrentes telles que le maïs. D'après les projections, ces gains de production compenseront largement une baisse probable en Inde, deuxième producteur mondial de coton, en raison d'une réduction des surfaces consacrées au coton au profit de cultures plus rentables, dont le riz et les légumineuses. De même, la diminution des superficies au Pakistan devrait entraîner une baisse de la production, tandis que dans les pays d'Afrique de l'Ouest, la production devrait rebondir pour la deuxième campagne consécutive, après la baisse de 2022-23 causée par une infestation majeure de jassides.

En 2024-25, la consommation mondiale de coton devrait légèrement progresser pour la deuxième année consécutive, se rétablissant après une forte contraction en 2022-23. L'augmentation en glissement annuel s'explique principalement par des prévisions de hausse de la consommation de coton en Inde, au Bangladesh, en Türkiye et au Viet Nam, qui compensera une baisse conséquente au Pakistan, conséquence d'une réduction de la production. En Chine, où l'activité de filature, à l'origine de près d'un tiers de la consommation mondiale de coton, est la plus importante du monde, la demande de coton devrait rester au même niveau qu'en 2023-24. Cette stagnation reflète la faible croissance économique qui limite l'augmentation de la demande intérieure de textiles et de vêtements.

Les prix internationaux du coton tendent à diminuer depuis le deuxième trimestre 2024, affectés principalement par les perspectives de production abondante pour la campagne 2024-25. Le ralentissement de la demande mondiale de textiles et de vêtements et le niveau élevé des stocks ont également contribué à cette baisse. Bien que la consommation mondiale de coton montre des signes de reprise, la production devrait dépasser la consommation pendant la campagne actuelle, ce qui pèsera sur les prix. Par ailleurs, le coton continue de subir la forte concurrence des fibres synthétiques, qui sont moins chères mais moins durables et issues de ressources non renouvelables.

Les échanges mondiaux de coton brut devraient afficher des niveaux similaires en 2024-25 à ceux de la campagne précédente. S'agissant de l'offre, les exportations du Brésil devraient dépasser celles des États-Unis pour la deuxième année consécutive, maintenant le pays au premier rang mondial. Par ailleurs, la hausse des expéditions brésiliennes devrait compenser le recul continu des exportations des États-Unis. Les pays d'Afrique de l'Ouest devraient également voir leurs exportations augmenter nettement, stimulées par la perspective d'une meilleure récolte. Du côté de la demande, le recul marqué des importations en Chine, principal importateur mondial, devrait être contrebalancé par une forte croissance des achats au Bangladesh, au Viet Nam et en Türkiye.

9.3. Projections relatives au marché

9.3.1. Consommation

La consommation des filatures devrait augmenter modérément, tirée en grande partie par l'essor du secteur des filatures de coton

La consommation de coton fait référence à l'utilisation de fibres de coton par les filatures pour les transformer en fil de coton. L'utilisation du coton par les filatures dépend essentiellement de deux facteurs : la demande mondiale de textiles et la concurrence des fibres synthétiques. Ces dernières décennies, la demande mondiale de fibres textiles a fortement augmenté, tirée par l'accroissement démographique et la hausse des revenus, en particulier dans les pays à faible revenu et à revenu intermédiaire. Cette demande croissante a été en grande partie satisfaite par les fibres chimiques (, partie gauche). La polyvalence des fibres synthétiques et leurs prix compétitifs ont incité l'industrie textile à les favoriser au détriment des fibres de coton. À partir des années 1990, les fibres autres que le coton se sont solidement établies au sein de l'industrie textile. En 2024, la part de marché des utilisations finales a atteint 77.6 % pour les fibres chimiques et seulement 22.4 % pour le coton. De même, la consommation par habitant de fibres autres que le coton dépasse largement celle de fibres de coton et continue de progresser à un rythme soutenu. En revanche, la consommation de coton par habitant est restée stable au fil des années et tend à diminuer ces dernières années (Graphique 9.1, partie droite).

Graphique 9.1. Évolution historique de la consommation de fibres textiles

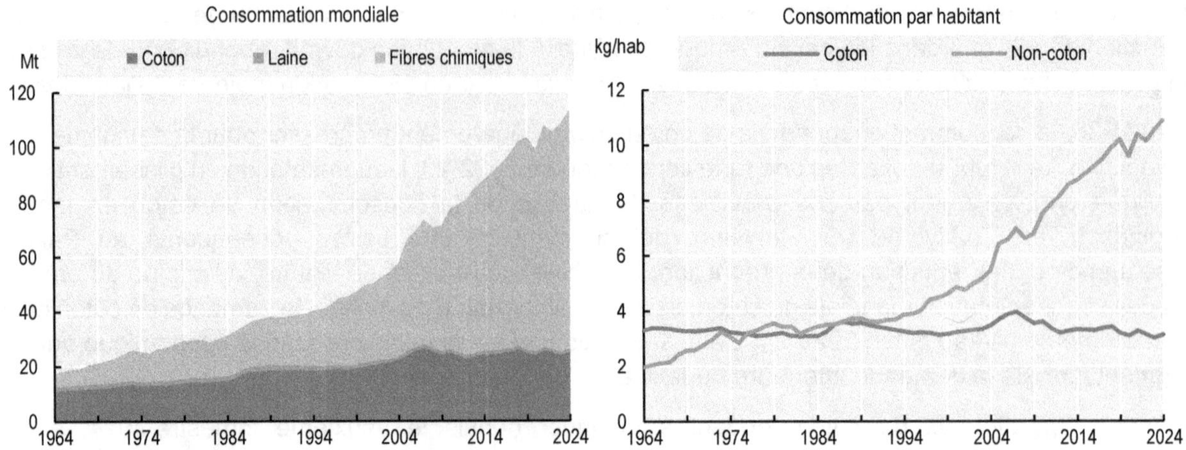

Source : estimations de la demande mondiale de textiles du CCIC, décembre 2024.

Les perspectives de la consommation mondiale de coton reposent essentiellement sur son évolution dans les économies en développement et émergentes. La demande de ces régions, qui ont un niveau de consommation absolu inférieur mais une plus grande réactivité aux revenus, devrait exercer une pression à la hausse sur la demande mondiale de coton, étant donné que les revenus et la population de ces pays devraient augmenter. Les volumes consommés par les filatures devraient croître de quelque 1.2 % par an au cours des dix prochaines années, une hausse modérée attribuable à un ralentissement des perspectives économiques mondiales qui aura une incidence négative sur la demande de textiles.

La répartition géographique de la demande de fibres de coton dépend du lieu d'implantation des filatures, qui transforment les fibres naturelles et synthétiques en fils. Traditionnellement, l'industrie de la filature est principalement implantée en Asie, où les conditions, par exemple le coût de la main-d'œuvre, sont intéressantes pour la filière. La Chine est le premier consommateur mondial de coton depuis les années 1960.

L'augmentation du coût de la main-d'œuvre et le durcissement de la réglementation relative au travail et à l'environnement ont entraîné une diminution progressive des volumes de coton consommés par les filatures chinoises depuis 2010. La suppression du système de prix de soutien en 2014 a encore accentué cette baisse. Ces changements ont entraîné la réimplantation de ces activités dans d'autres pays d'Asie, notamment au Viet Nam et au Bangladesh. Cette tendance se maintiendra au cours de la prochaine décennie, mais la Chine devrait conserver sa position de premier pays transformateur de coton au niveau mondial.

En Inde, deuxième plus grand transformateur mondial de coton, l'essor de l'industrie textile, soutenue par diverses initiatives des pouvoirs publics et des flux d'investissements directs étrangers (IDE), devrait se traduire par une croissance continue de la consommation des filatures, étant donné que l'industrie textile du pays se fonde essentiellement sur cette fibre.

Graphique 9.2. Consommation des filatures de coton par région

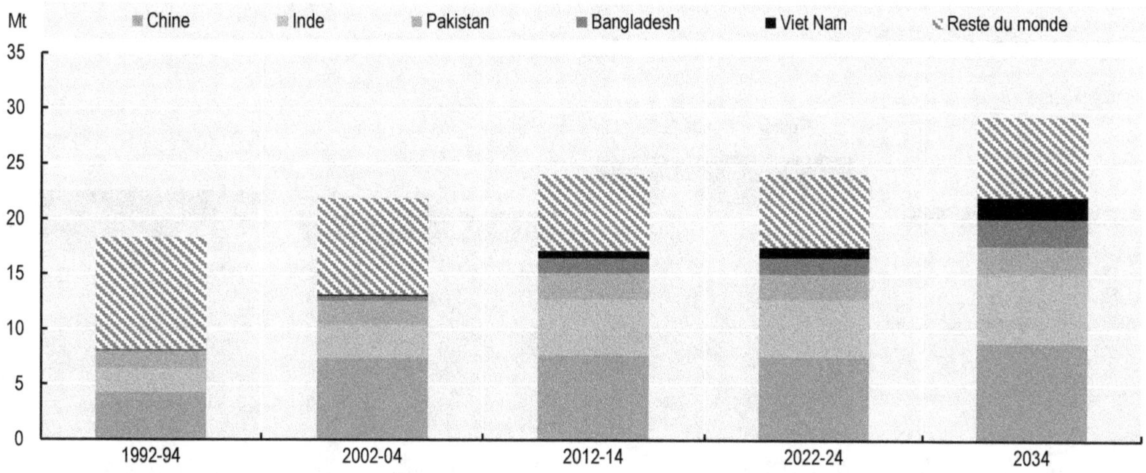

Source : OCDE/FAO (2025), « Perspectives agricoles de l'OCDE et de la FAO », Statistiques agricoles de l'OCDE (base de données), http://data-explorer.oecd.org/s/1hc.

À la suite de la suppression progressive de l'Arrangement multifibres, qui prévoyait des contingents fixes d'importation des pays en développement vers l'Europe et les États-Unis, négociés bilatéralement, en 2005, des pays tels que le Bangladesh et le Viet Nam ont enregistré une croissance vigoureuse de leur filière textile, qui s'explique par une main-d'œuvre abondante, des coûts de production faibles et l'adoption de mesures de soutien par les pouvoirs publics. Dans le cas du Viet Nam, cette croissance a été favorisée par l'adhésion du pays à l'Organisation mondiale du commerce en 2007 et par les investissements directs étrangers (IDE), réalisés notamment par des entrepreneurs chinois. En outre, des accords de libre-échange (ALE), notamment l'accord de libre-échange entre l'Association des nations de l'Asie du Sud-Est (ASEAN) et la Chine (2004), l'Accord de partenariat transpacifique global et progressiste (PTPGP, 2018) et l'accord de libre-échange entre l'Union européenne (UE) et le Viet Nam (EVFTA, 2020), ont facilité l'accès aux marchés des exportations textiles vietnamiennes. De même, au Bangladesh, les investissements étrangers et les ALE, dont l'accès en franchise de droits aux marchés de l'Union européenne dans le cadre du Système de préférences généralisées (SPG) et l'accès en franchise de droits aux marchés chinois (2020), ont dynamisé l'industrie textile du pays, contribuant à hisser le pays parmi les grands exportateurs mondiaux d'articles de confection, notamment de vêtements tricotés et tissés. Le développement du secteur textile dans les économies asiatiques devrait continuer de doper la croissance de la consommation des filatures pendant la décennie à venir. Le Viet Nam affichera la plus forte augmentation annuelle des volumes consommés par les filatures, avec 2.7 % par an, suivi par le Bangladesh avec 2.1 % par an. Toutefois, la Chine devrait rester le premier pays transformateur de coton en 2034, suivie par l'Inde, leur consommation progressant respectivement de 0.3 % et 1.3 % par an ces dix prochaines années.

9.3.2. Production

La production mondiale augmentera grâce à la hausse des rendements découlant de progrès technologiques dans les domaines de la génétique, de l'agriculture de précision et des pratiques durables

Le coton est cultivé sous les climats subtropicaux et à saisons alternées (saison des pluies, saison sèche) dans l'hémisphère Nord aussi bien que dans l'hémisphère Sud, bien que la majeure partie des volumes soient produits au nord de l'équateur. Les principaux pays producteurs sont l'Inde, la Chine, le Brésil et les

États-Unis. Ensemble, ces pays représenteront environ 76 % de la production mondiale à l'horizon 2034 (Graphique 9.3).

Graphique 9.3. Acteurs mondiaux sur les marchés du coton en 2034

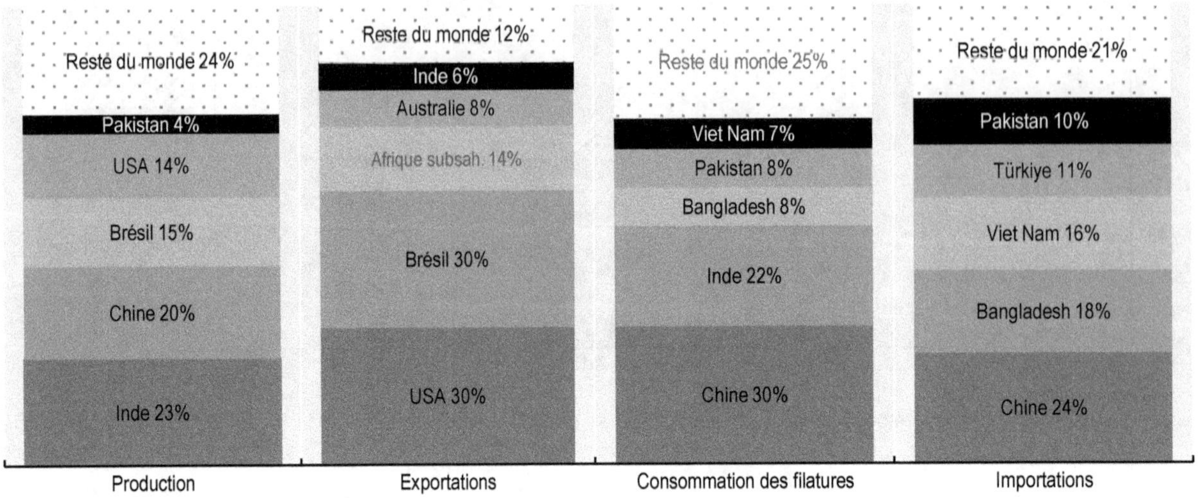

Note : les nombres présentés se réfèrent aux parts dans les totaux mondiaux de la variable respective.
Source : OCDE/FAO (2025), « Perspectives agricoles de l'OCDE et de la FAO », Statistiques agricoles de l'OCDE (base de données), http://data-explorer.oecd.org/s/1hc.

La production mondiale de coton devrait progresser régulièrement pour atteindre 29.5 Mt en 2034, soit une hausse de 20 % par rapport à la période de référence. L'augmentation prévue sera principalement alimentée par la croissance dans les principaux pays producteurs de coton : l'Inde représentera environ 30 % de la hausse mondiale, suivie par le Brésil (27 %) et les États-Unis (23 %). Dans l'ensemble, la hausse de la production de coton proviendra essentiellement de l'accroissement des rendements, et dans une moindre mesure, de l'expansion de la superficie récoltée.

Selon les projections, les rendements mondiaux moyens progresseront de 15 % par rapport à la période de référence. Des facteurs comme l'amélioration des caractéristiques génétiques des plants, l'adoption de meilleures pratiques agricoles et la numérisation à l'appui de l'agriculture de précision contribueront sensiblement à améliorer la productivité et la durabilité. Les systèmes d'irrigation intelligents, notamment, peuvent réduire la consommation d'eau et d'énergie (MIT Office of Sustainability, 2023[1]). L'utilisation de capteurs et de GPS pour l'épandage des engrais garantit que les cultures reçoivent la quantité d'éléments nutritifs dont elles ont besoin (International Fertilizer Association, 2019[2]). De plus, les drones et les images satellite permettent de surveiller en temps réel la santé des cultures, et donc de mieux adapter les apports en eau, en engrais et en pesticides (Bhagwati Prasad, 2024[3]). L'abandon des moissonneuses traditionnelles à motorisation diesel au profit de modèles électriques ou hybrides pourrait réduire encore les émissions et améliorer la durabilité pendant le processus de récolte. Enfin, la mise au point et l'adoption de variétés de coton résistant à la sécheresse peuvent diminuer la dépendance à l'égard de l'irrigation. De la même manière, les variétés de coton génétiquement modifiées, qui résistent mieux aux ravageurs tels que le ver rose, peuvent réduire les besoins en pesticides chimiques, contribuant à l'adoption de pratiques agricoles plus durables.

L'écart de rendement observé entre les principaux producteurs en 2024 ne devrait pas évoluer pendant la période de projection. En 2034, les rendements de la Chine et du Brésil devraient rester plus de deux fois supérieurs à la moyenne mondiale actuelle de 0.8 t/ha, tandis qu'en Inde, premier pays producteur de coton, les rendements resteront inférieurs à cette moyenne (Graphique 9.4, partie gauche). La superficie consacrée à la culture du coton devrait augmenter de 4 % par rapport à la période de référence. La plus forte croissance sera enregistrée au Brésil (+34 % par rapport à la période de référence), où les perspectives de hausse des exportations encouragent les producteurs à investir pour agrandir la superficie plantée.

Graphique 9.4. Rendements et surface consacrée au coton dans les principaux pays producteurs

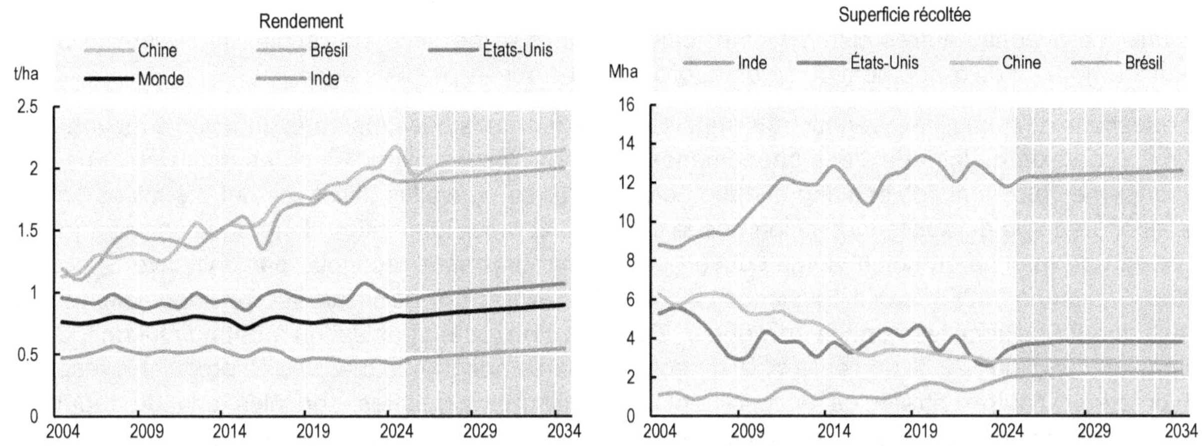

Source : OCDE/FAO (2025), « Perspectives agricoles de l'OCDE et de la FAO », Statistiques agricoles de l'OCDE (base de données), http://data-explorer.oecd.org/s/1hc.

La production devrait augmenter de quelque 2 % par an en Inde au cours de la prochaine décennie, ce qui sera à mettre au compte de l'amélioration des rendements plus que de l'expansion des surfaces, le coton étant déjà en concurrence avec d'autres cultures telles que le soja et les légumineuses pour les superficies cultivées. La productivité du coton brut stagne ces dernières années et fait partie des plus faibles à l'échelle mondiale. Le coton est traditionnellement cultivé dans de petites exploitations, ce qui limite l'adoption de technologies d'exploitation intensive. En outre, les cultivateurs indiens espacent davantage les rangs afin de permettre le passage d'un bœuf et d'un cultivateur pour le désherbage, ce qui réduit la densité de peuplement et le potentiel de rendement global. Pour résoudre ce problème, des chercheurs mettent en avant des systèmes de plantation à haute densité, qui consistent à moins espacer les plants afin de maximiser les rendements et de permettre une récolte mécanisée. Le coton génétiquement modifié résistant aux ravageurs, dont le coton Bt, a également aidé à réduire les pertes de rendement liées aux ravageurs et la dépendance à l'égard des pesticides chimiques, ce qui a permis d'accroître la productivité et de réaliser des économies de coût. En parallèle, des variétés de coton tolérant la sécheresse, mises au point à l'aide des techniques traditionnelles d'amélioration génétique, sont également mises en avant afin de maintenir les rendements dans les régions exposées à un stress hydrique. Les organismes fédéraux et des États, de même que les établissements de recherche, participent activement à la mise au point de nouvelles variétés de coton et à la lutte antiparasitaire intégrée afin d'accroître la productivité du secteur. Compte tenu de ces éléments, les *Perspectives* font l'hypothèse d'un fort potentiel de hausse des rendements de 1.7 % par an au cours de la prochaine décennie, qui permettra à l'Inde de dépasser la Chine pour devenir le principal producteur mondial de coton d'ici 2034.

Le coton chinois affiche actuellement le rendement le plus élevé (2.1 t/ha en moyenne en 2022-24), qui est plus de deux fois supérieur à la moyenne mondiale. Ces vingt dernières années, la surface dévolue au coton en Chine recule, du fait notamment de l'évolution des politiques publiques. Cependant, cette tendance semble s'être ralentie depuis 2016. La superficie des cultures de coton devrait diminuer de 0.4 % par an durant la période de projection, contre 2 % durant la décennie précédente, tandis que la production de coton devrait rester stable grâce à la progression constante des rendements.

Au Brésil, une partie du coton est cultivé de manière séquentielle en alternance avec le soja ou le maïs. Récemment, la production a grimpé en flèche dans les principales régions productrices telles que l'État du Mato Grosso, où l'on récolte actuellement 72 % du coton brésilien. La production de coton devrait croître de 1.5 % par an, ce qui est à mettre au compte de la hausse des rendements découlant de l'utilisation croissante de semences génétiquement modifiées et d'engrais. De récents investissements dans la capacité de production de coton et l'acquisition de nouveaux équipements (semoirs, récolteuses et capacité d'égrenage) devraient doper la production dans les années à venir. En raison de la forte concurrence avec les autres cultures, principalement le soja de seconde récolte, la superficie plantée dépend largement du rendement du coton par rapport à d'autres produits agricoles.

Les questions de durabilité jouent un rôle important et influeront sur les marchés du coton à moyen terme. Dans un contexte où les effets des phénomènes météorologiques extrêmes et les considérations socio-environnementales font l'objet d'une attention croissante, de nouvelles initiatives ont été mises en place pour encourager la durabilité tout au long de la chaîne d'approvisionnement. Lors de la campagne 2022-23, la part de marché du coton vierge couvert par des programmes reconnus par l'initiative *Sustainable Cotton Challenge 2025* (Textile Exchange, 2024[4]) a atteint 29 % de la production mondiale de coton (Graphique 9.5). Parmi les normes en vigueur, *Better Cotton*, une organisation à but non lucratif, domine à l'échelle mondiale : 22 % de l'ensemble du coton de la campagne 2022-23 a été produit en respectant ses critères. D'autres stratégies encouragent de meilleures pratiques agricoles afin de réduire les émissions de gaz à effet de serre (GES) et fournissent des conseils aux marques et aux distributeurs du secteur textile pour s'approvisionner auprès de producteurs de coton durable reconnus et certifiés. La demande de coton plus durable devrait continuer à s'accroître, stimulée par les engagements pris par les marques et par la prise de conscience des jeunes. Ainsi, la tendance croissante à la consommation de produits en coton plus durables devrait donner un coup de fouet à la production de coton dans des pays tels que le Brésil, où la totalité du coton est déjà produite conformément aux normes de durabilité. En Inde et au Pakistan, les programmes de production de coton durable ont représenté respectivement 28 % et 40 % de la production totale de coton en 2022-23. La région subsaharienne devrait également tirer des avantages d'une plus grande conformité aux normes de durabilité et des programmes tels que *Cotton Made in Africa* (CMIA) joueront un rôle clé à cet égard. Cependant, son accord d'équivalence avec *Better Cotton* a pris fin en décembre 2022 et en novembre 2023, la norme *Regenerative Cotton Standard* (RCS) a été lancée afin d'encourager davantage la durabilité. Si la norme RCS n'en est encore qu'à ses débuts, le programme CMIA contribue dans une large mesure à la production de coton durable dans la région.

La part de coton biologique dans la production mondiale de coton ne dépasse 1 % que depuis 2021-22, mais est passée à 3.2 % lors de la campagne 2022-23, ce qui laisse penser que la demande progressera durant la prochaine décennie.

Graphique 9.5. Évolution des volumes mondiaux de coton durable et biologique

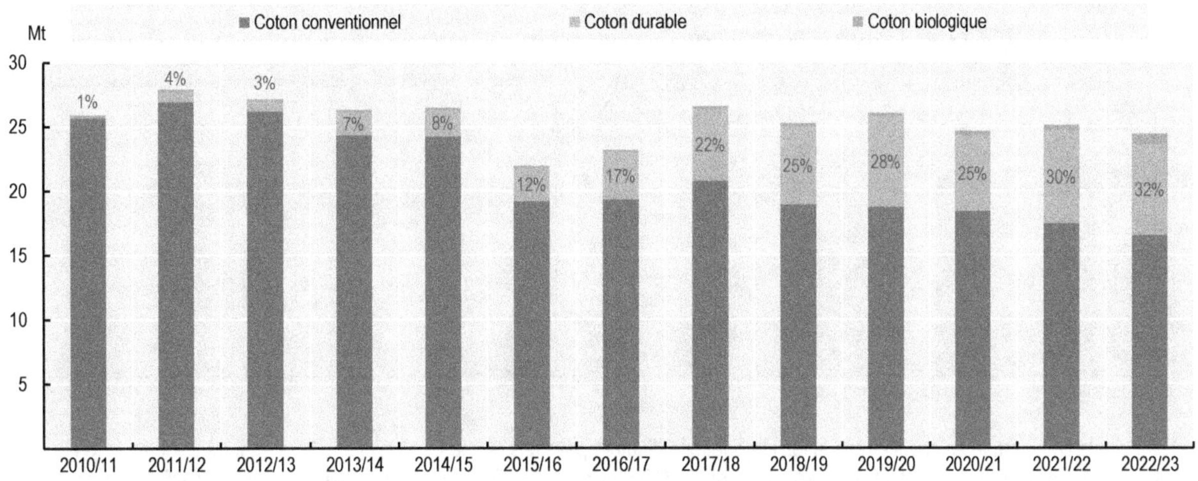

Source : calculs de l'auteur fondés sur la publication « Textile Exchange Materials market report 2024 ».

9.3.3. Échanges

Le Viet Nam et le Bangladesh seront les moteurs de la croissance des échanges durant la décennie à venir

Les échanges mondiaux de coton devraient croître régulièrement au cours de la prochaine décennie au rythme de 1.6 % par an pour atteindre 12.3 Mt en 2034. Cette croissance est alimentée par la hausse de la demande de textiles dans les pays asiatiques, notamment au Viet Nam et au Bangladesh, où la consommation des filatures connaît une augmentation rapide. Parallèlement, la Chine maintiendra des niveaux d'importation presque fixes de 2.9 Mt (Graphique 9.6, partie droite) et restera le premier importateur mondial. La croissance des importations de coton brut devrait être vigoureuse au Viet Nam et au Bangladesh (+2.8 % par an et +2.4 % par an respectivement).

Les États-Unis et le Brésil seront en étroite concurrence en tant que principaux exportateurs mondiaux de coton brut en 2034. Les exportations des États-Unis ont diminué ces dernières années en raison des conditions météorologiques extrêmes qui ont affecté la production et le Brésil leur a succédé comme premier exportateur mondial de fibres de coton durant la campagne 2023-24. D'ici 2034, les États-Unis et le Brésil devraient afficher des parts presque identiques, s'élevant à environ 30 % des exportations mondiales de coton.

Les exportations brésiliennes devraient connaître un coup de fouet sur les dix prochaines années, bénéficiant d'investissements importants visant à améliorer l'infrastructure portuaire et ses capacités logistiques du pays. Par conséquent, les exportations de coton brut devraient progresser de 2.6 % par an, atteignant 3.6 Mt à l'horizon 2034, un volume sensiblement équivalent à celui des États-Unis. L'ensemble de l'Afrique subsaharienne, où le coton est une culture d'exportation essentielle, se classera derrière (Graphique 9.3) avec 14 % des exportations mondiales en 2034.

Graphique 9.6. Les échanges en pourcentage de la production de coton et de la consommation des filatures

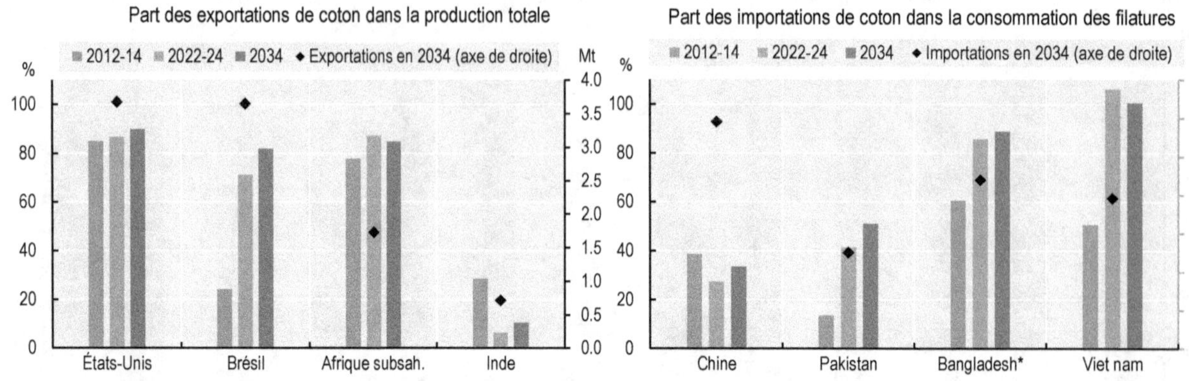

Note : * Inclut la consommation des filatures et les importations d'autres pays tels que le Cambodge, le Myanmar, le Bhoutan et le Népal.
Source : OCDE/FAO (2025), « Perspectives agricoles de l'OCDE et de la FAO », Statistiques agricoles de l'OCDE (base de données), http://data-explorer.oecd.org/s/1hc.

Les volumes d'exportation de l'Afrique subsaharienne devraient continuer de croître au rythme d'environ 1.1 % par an sur les dix prochaines années, ce qui représentera plus de 80 % de la production de la région (Graphique 9.6, partie gauche). Les principaux destinataires de ces exportations seront l'Asie du Sud et du Sud-Est. Cependant, l'industrie du textile et de l'habillement se développe dans des pays tels que l'Éthiopie et le Bénin, soutenue par des flux d'IDE et des investissements publics. L'accès à des accords commerciaux préférentiels, dont le système de préférences généralisées de l'UE, contribue également à la croissance de l'industrie dans ces pays. À long terme, l'augmentation de la consommation des filatures pourrait modifier le statut d'exportateur net de l'Afrique subsaharienne.

9.3.4. Prix

Les cours mondiaux du coton diminueront en valeur réelle à moyen terme

En valeur réelle, les cours mondiaux du coton devraient s'orienter légèrement à la baisse à moyen terme (Graphique 9.7). La concurrence des fibres synthétiques, l'évolution des préférences des consommateurs et les gains de productivité continueront d'avoir une incidence déterminante sur les prix.

Depuis le début des années 1970, lorsque le prix du polyester est devenu compétitif, la courbe de prix du coton a eu tendance à suivre celle de son substitut synthétique. Par exemple, les prix du coton n'étaient que 6 % supérieurs à ceux de la fibre de polyester entre 1972 et 2009. Depuis 2010, toutefois, le coton affiche des prix en moyenne près de 77 % supérieurs à ceux du polyester, et près de 100 % supérieurs ces dernières années, en valeur nominale.

Graphique 9.7. Prix mondiaux du coton

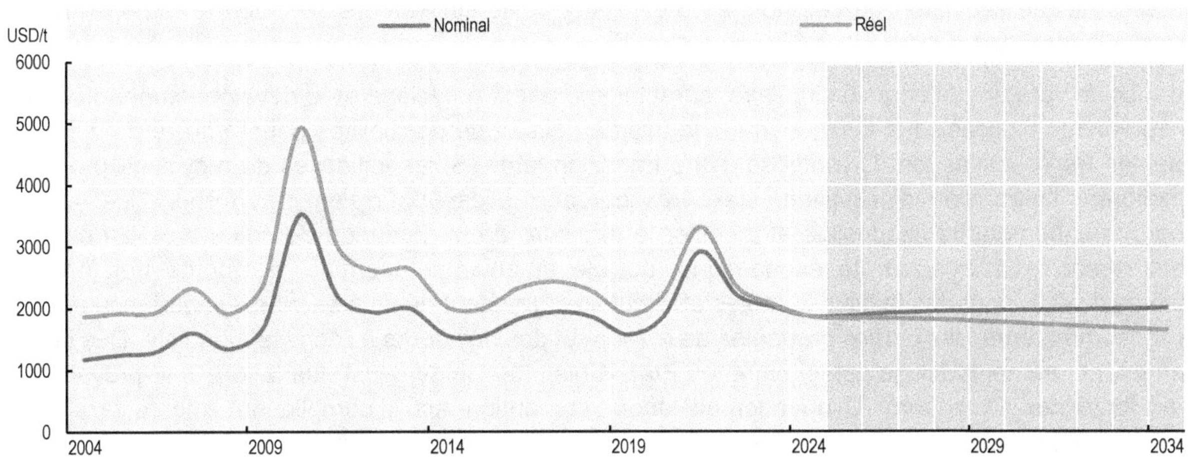

Note : les prix réels sont les prix mondiaux nominaux corrigés des effets de l'inflation par le déflateur du PIB des États-Unis (2024 = 1). Le prix de référence du coton est l'indice de prix Cotlook A, Middling 1 1/8", coût et fret, ports d'Extrême-Orient. Les données indiquées représentent la moyenne de la campagne annuelle (août-juillet).
Source : OCDE/FAO (2025), « Perspectives agricoles de l'OCDE et de la FAO », Statistiques agricoles de l'OCDE (base de données), http://data-explorer.oecd.org/s/1hc.

9.4. Risques et incertitudes

Les évolutions réglementaires et l'innovation seront les principaux défis qui détermineront l'évolution du secteur du coton

Les principaux déterminants de la demande de textiles par habitant dans les économies émergentes, notamment la croissance économique et l'urbanisation, continueront d'influer fortement sur la demande de fibres de coton. Parmi les autres tendances de la demande influençant les projections figure le développement du recyclage dans le secteur textile. Le coton recyclé, notamment, dont la production était estimée à 0.3 Mt en 2023, contre 24 Mt pour le coton nouveau, devrait progresser sensiblement dans les années à venir (Textile Exchange, 2024[4])[1]. Les déchets de coton pré-consommation issus des usines de confection et de tissage, en particulier, pourraient être recyclés plus efficacement, ce qui contribuerait à la réduction de l'empreinte carbone du secteur textile. De plus, la concurrence accrue des fibres synthétiques et l'évolution des préférences des consommateurs vers le style « athleisure » représentent des obstacles importants qui freinent la demande de coton. Cependant, l'adoption de normes de durabilité pourrait stimuler la demande de coton étant donné les préoccupations croissantes que suscitent les questions environnementales.

Les pertes de récolte dues à des infestations de ravageurs et à des variations climatiques, de même que les perturbations de la chaîne d'approvisionnement, comme des goulets d'étranglement dans le système de transport ou des restrictions commerciales, peuvent également se répercuter sur la production de coton et limiter sa disponibilité sur les marchés.

Les cadres réglementaires encourageant les normes de durabilité, de traçabilité et d'étiquetage remodèlent le paysage mondial du coton, reflétant la préférence de plus en plus marquée des consommateurs pour les produits respectueux de l'environnement. Des politiques telles que le Règlement sur l'écoconception des produits durables, l'empreinte environnementale de produit (PEF) et la Stratégie de l'UE pour des textiles durables et circulaires sont des exemples d'initiatives qui favorisent cette évolution. De plus, les mesures qui ont un effet sur la consommation, comme des initiatives lancées par certains pays d'Afrique de l'Est pour réduire les importations de vêtements d'occasion, pourraient stimuler la consommation de coton et encourager la création de valeur ajoutée en Afrique. Toutefois, il est important de s'assurer que l'adoption de ces normes profite aux petits cultivateurs de coton en améliorant leurs moyens de subsistance.

La transition vers une économie circulaire, caractérisée par le recyclage et le développement du marché des vêtements d'occasion, est synonyme à la fois de défis et de possibilités pour la filière du coton. Les présentes Perspectives font l'hypothèse d'une transition lente. Si les initiatives de recyclage promettent d'améliorer l'efficacité d'utilisation des ressources, elles pourraient perturber les chaînes d'approvisionnement traditionnelles et modifier la structure de la demande de coton brut. En outre, les enjeux associés à la durabilité économique, sociale et environnementale, qu'aborde notamment la Stratégie de l'UE pour des textiles durables et circulaires, revêtent de plus en plus d'importance aux yeux des consommateurs, des parties prenantes de la filière et des décideurs à l'échelle mondiale. Des facteurs externes, notamment le litige actuel entre les États-Unis et la Chine, ainsi que la loi sur la prévention du travail forcé des Ouïghours (Uyghur forced labour prevention Act)[2], compliquent encore la situation, entraînant des perturbations tout au long de la chaîne d'approvisionnement.

Références

Bhagwati Prasad, D. (2024), « Fields of tomorrow: Advancements in Modern Agriculture ». [3]

International Fertilizer Association (2019), , https://www.fertilizer.org/wp-content/uploads/2023/01/IFA_2019_Infographic_Precision_Agriculture.pdf. [2]

MIT Office of Sustainability (2023), , https://sustainability.mit.edu/article/smart-irrigation-technology-covers-more-crop-drop. [1]

Textile Exchange (2024), *Materials Market report*, https://textileexchange.org/knowledge-center/reports/materials-market-report-2024/. [4]

Notes

[1] Veuillez noter que les chiffres indiqués ici font uniquement référence au coton recyclé mécaniquement et que le coton recyclé chimiquement n'est pas inclus.

[2] La loi sur la prévention du travail forcé des Ouïghours interdit l'importation de marchandises produites dans la province chinoise du Xianjiang. L'importateur doit clairement prouver que la marchandise provenant de cette région n'est pas le fruit du travail forcé.

10 Autres produits

Ce chapitre donne un aperçu et une description de la situation actuelle du marché pour les racines et tubercules (manioc, pomme de terre, igname, patate douce et taro), les légumineuses (petits pois, fèves, pois chiches et lentilles), ainsi que pour la banane et les principaux fruits tropicaux (mangue, mangoustan et goyave, ananas, avocat et papaye). Il présente par ailleurs les projections à moyen terme (2025-34) pour la production, la consommation et le commerce de ces produits et décrit les principaux facteurs qui les sous-tendent.

10.1. Racines et tubercules

10.1.1. Vue d'ensemble du marché

Les racines et les tubercules sont des plantes qui produisent de l'amidon dérivé soit de leurs racines (comme pour le manioc, la patate douce et l'igname), soit de leurs tiges (comme pour la pomme de terre et le taro). Ces produits sont principalement destinés à l'alimentation humaine (en l'état ou après transformation) et, comme la plupart des autres cultures de base, ils peuvent également être utilisés pour nourrir les animaux ou pour produire notamment de la fécule, de l'éthanol ou des boissons fermentées. À moins d'être transformés, ils se gâtent très vite une fois récoltés du fait de leur faible teneur en matière sèche (de 20 % à 40 %). Cela limite leurs possibilités de commercialisation et de stockage, aussi les racines et les tubercules sont-ils des produits pour lesquels les pertes et le gaspillage alimentaires sont particulièrement importants.

Dans la famille des racines et des tubercules, la production mondiale est dominée par la pomme de terre, suivie de loin par le manioc. La pomme de terre est la quatrième culture vivrière la plus importante après le maïs, le blé et le riz. Elle est plus riche en calories, pousse plus rapidement et plus densément, et peut être cultivée sous des climats variés. Cependant, la production de pommes de terre – qui constitue l'essentiel du secteur des racines et des tubercules dans les pays à revenu élevé – est restée stagnante au cours de la dernière décennie, son taux de croissance se situant nettement en deçà de celui de la population.

La production de manioc croît trois fois plus vite que celle de pommes de terre et à un rythme environ une fois et demie plus rapide que la population. Implantée principalement sous les tropiques et dans certaines des régions les plus pauvres du globe, elle a quasiment doublé en vingt ans. Autrefois considéré comme une culture de subsistance, le manioc est aujourd'hui perçu comme un produit agricole essentiel pour la création de valeur, le développement rural et la réduction de la pauvreté, la sécurité alimentaire et énergétique, ainsi qu'en raison des importants avantages macroéconomiques qu'il procure. Ces considérations expliquent la rapide commercialisation de ce produit et les investissements considérables réalisés pour développer l'activité de transformation, avec pour résultat une expansion substantielle de la production mondiale.

10.1.2. Situation actuelle du marché

Les régions qui ont produit le plus de racines et de tubercules au cours de la période de référence sont l'Asie (118 Mt) et l'Afrique (97 Mt). Les racines constituent un aliment de base important en Afrique subsaharienne. À l'échelle mondiale, quelque 143 Mt sont utilisées pour l'alimentation humaine, 44 Mt pour l'alimentation animale et 22 Mt pour d'autres usages, dont principalement la fabrication de biocarburant et de fécule. Du fait de leur caractère périssable, qui empêche leur commercialisation internationale à grande échelle à l'état frais, ces produits sont généralement destinés à la consommation intérieure. Environ 20 Mt sont aujourd'hui commercialisées à l'étranger, principalement sous forme déshydratée ou de produit transformé. La Thaïlande en est le principal exportateur, loin devant le Viet Nam, et la République populaire de Chine (ci-après « la Chine ») le premier importateur.

La production mondiale de racines et tubercules a atteint 265 Mt (matière sèche) au cours de la période de référence (2022-24). Elle a augmenté d'environ 7 Mt par an au cours des dernières années et est principalement destinée à l'alimentation humaine. Les prix des racines et tubercules (dont la valeur unitaire des exportations de manioc de la Thaïlande constitue la référence) ont connu une évolution à la baisse en 2024 sous l'effet d'une diminution de la demande. La production et les exportations thaïlandaises ont été affectées par la baisse de la demande en Chine, mais aussi par la sécheresse consécutive au phénomène *El Niño* et par le virus de la mosaïque du manioc.

10.1.3. Contexte des projections

La production de manioc nécessite peu d'intrants et permet de planifier la récolte avec souplesse, car le produit peut demeurer en terre un certain temps après être arrivé à maturité. Tolérante aux conditions météorologiques extrêmes (dont la sécheresse), cette culture est au cœur des stratégies d'adaptation. Par rapport aux autres produits de base, le manioc se distingue par son prix compétitif et par la diversité de ses usages. La farine de manioc de haute qualité (HQCF) est de plus en plus convoitée par les pays d'Afrique qui la considèrent comme une culture vivrière stratégique aux prix moins volatils que ceux d'autres céréales importées.

L'obligation de la mélanger avec de la farine de blé, par exemple au Nigéria, permet de réduire les volumes d'importation de cette céréale et d'alléger ce faisant le coût des importations de manière à préserver les avoirs en devises. En Asie, la recherche de sécurité énergétique et l'exigence d'incorporation dans l'essence ont entraîné la création de distilleries d'éthanol à base de manioc. Sur le plan commercial, le manioc transformé tire son épingle du jeu sur le marché mondial, notamment face à la fécule de maïs et aux céréales utilisées pour l'alimentation animale.

La pomme de terre est principalement réservée à l'alimentation humaine, où elle occupe une place importante dans les régions à revenu élevé, en particulier en Europe et en Amérique du Nord. La consommation humaine de pommes de terre est très élevée dans ces régions et a peut-être atteint le seuil de saturation, ce qui limite la possibilité pour la consommation de croître plus vite que la population. Les régions à faible revenu impriment cependant un certain élan à la production de pommes de terre au niveau mondial.

La culture mondiale de patate douce a fléchi ces dernières années, du fait principalement d'une nette diminution des superficies cultivées (qui ne semble pas s'atténuer) en Chine, premier producteur mondial. Compte tenu de la viabilité commerciale limitée des autres usages, c'est sur la consommation humaine que repose l'essentiel du potentiel de croissance de la patate douce ainsi que d'autres racines et tubercules moins répandus. Les préférences des consommateurs et les prix jouent par conséquent un rôle déterminant.

10.1.4. Principaux éléments des projections

La production et la consommation mondiales de racines et de tubercules devraient s'accroître d'environ 25 % au cours de la prochaine décennie. Dans les régions défavorisées, la croissance de la production pourrait atteindre 3 % par an, contre un taux annuel de 0.4 % dans les pays à revenu élevé. Au niveau mondial, la superficie des terres cultivées devrait s'accroître de 6 millions d'hectares pour s'établir à 71 millions d'hectares, malgré des évolutions variables selon les régions. Si l'on en croit les projections, elle devrait augmenter dans les pays africains et baisser en Europe et en Amérique. La hausse de la production découlera avant tout des investissements réalisés en Afrique et en Asie pour améliorer les rendements, mais aussi, quoiqu'à un moindre degré, d'une utilisation plus intensive des terres sur le continent africain.

Graphique 10.1. Acteurs mondiaux sur les marchés des racines et tubercules en 2034

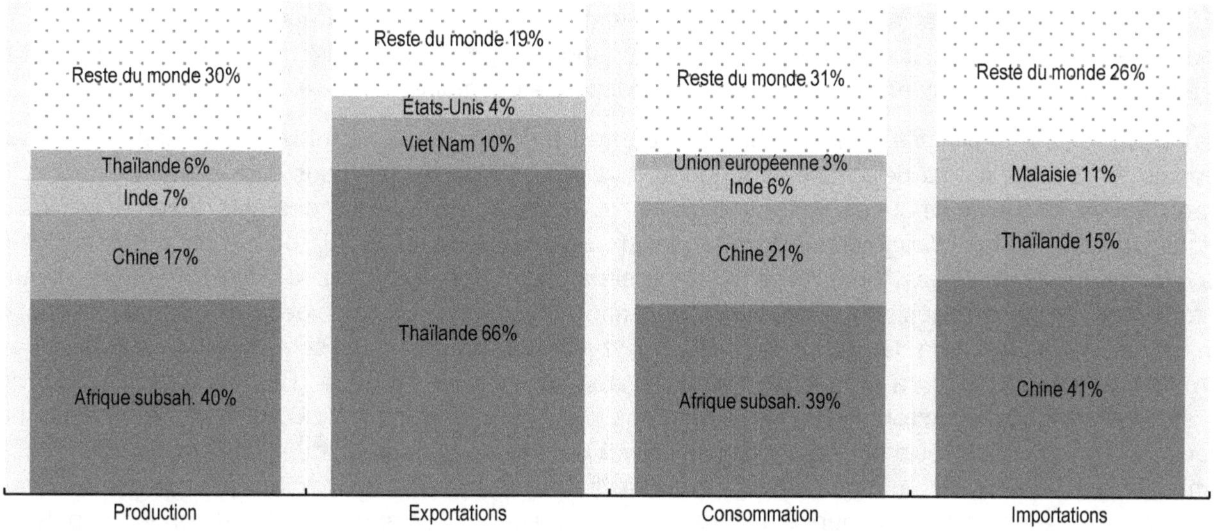

Note : les chiffres indiqués correspondent aux pourcentages du total mondial correspondant.
Source : OCDE/FAO (2025), « Perspectives agricoles de l'OCDE et de la FAO », Statistiques agricoles de l'OCDE (base de données), http://data-explorer.oecd.org/s/1hc.

D'ici 2034, la consommation de racines alimentaires par habitant augmentera de 2.6 kg par an à l'échelle mondiale, principalement sous l'influence de l'Afrique subsaharienne, où chaque individu pourrait consommer annuellement jusqu'à 48 kg de racines et tubercules, contre 43 kg aujourd'hui. Bien qu'elle ne représente actuellement que 4 % de la consommation, l'utilisation de ces produits pour la fabrication de biocarburants devrait progresser de 17 % sur les dix prochaines années, sous l'impulsion du secteur chinois des biocarburants. L'alimentation animale et les autres usages industriels se maintiendront à un niveau élevé, enregistrant une croissance d'environ 24 % et 18 % respectivement, au cours de la période couverte par les *Perspectives*.

Les échanges internationaux de racines et tubercules représentent environ 8 % de la production mondiale de ces cultures. Ce pourcentage devrait rester stable à moyen terme. Les exportations de la Thaïlande et du Viet Nam sont en hausse et devraient se hisser à un total de 19 Mt, principalement pour approvisionner les secteurs chinois de la fécule et des biocarburants, qui sont en pleine expansion.

Après un fléchissement en 2024 en partie dû à un ralentissement de la demande en Chine, les prix des racines et tubercules devraient suivre une tendance similaire à celle des prix des céréales à moyen terme, compte tenu de la substituabilité de ces produits sur les marchés de l'alimentation humaine et animale, ce qui entraînera une hausse en valeur nominale, mais une baisse en valeur réelle.

10.2. Légumineuses

10.2.1. Vue d'ensemble du marché

Les légumineuses sont les graines comestibles de certaines plantes. On en distingue généralement onze types[1]. Elles sont riches en protéines, fibres alimentaires, vitamines, minéraux, substances phytochimiques et glucides complexes. Outre leur apport calorique, les légumineuses permettent aussi d'améliorer la digestion, de réduire la glycémie, d'atténuer les inflammations, d'abaisser le taux de cholestérol et de diminuer les maladies chroniques telles que le diabète, les maladies cardiaques et l'obésité. Leur niveau de consommation diffère cependant d'une région à l'autre selon les préférences alimentaires et leur disponibilité. Par rapport aux autres cultures, les légumineuses ne contribuent que pour une faible part au gaspillage alimentaire total. Les légumineuses peuvent se conserver sur une longue durée sans que leurs qualités nutritionnelles en soient gâtées ou réduites. Cette particularité contribue à réduire au minimum le risque que leur dégradation aboutisse à un gaspillage alimentaire, ce qui est un précieux atout pour les ménages confrontés à l'insécurité alimentaire.

La culture des légumineuses relève d'une longue tradition dans presque toutes les régions du monde. Depuis des siècles, les légumineuses jouent un rôle fondamental dans les systèmes agricoles traditionnels. Les légumineuses sont essentielles pour améliorer la santé des sols grâce à la fixation biologique de l'azote, à l'augmentation de la matière organique du sol et à la perturbation des cycles de ravageurs et de maladies lorsqu'elles sont utilisées dans des systèmes de rotation ou de culture intercalaire. Ces avantages sont particulièrement importants dans le contexte des petites exploitations, où l'amélioration de la fertilité des sols avec des intrants externes limités est essentielle à la durabilité et à la productivité. Avant 2000, la production mondiale stagnait sous l'effet de la disparition généralisée des systèmes traditionnels de rotation des cultures dans les pays à faible revenu. D'autres facteurs étaient en cause, comme la faible résistance aux maladies due à la diversité génétique réduite des semences, l'accès limité à des variétés à haut rendement et le soutien restreint apporté par les pouvoirs publics aux producteurs. Le secteur a commencé à se redynamiser au début des années 2000 et connaît depuis une croissance annuelle moyenne d'environ 3 % à l'échelle mondiale, dominée par l'Asie et l'Afrique. Ensemble, ces deux régions ont totalisé plus des deux tiers de la hausse de la production (+22 Mt) au cours de la précédente décennie.

La consommation mondiale de légumineuses par habitant a commencé à diminuer dans les années 60 (Graphique 10.2), sous l'effet d'une hausse des prix due à la faible progression des rendements. La croissance des revenus et l'urbanisation ont conduit à une modification des préférences, les consommateurs se tournant vers une alimentation plus riche en protéines animales, en sucre et en matières grasses. Malgré cela, les légumineuses demeurent une importante source de protéines dans les pays à faible revenu et la consommation mondiale par habitant s'est accrue pour atteindre quelque 7 kg/an à l'heure actuelle. Cette progression s'explique principalement par la hausse des revenus dans les pays où ces produits constituent une importante source de protéines, particulièrement en Inde, où environ 20 % à 40 % de la population est végétarienne, mais aussi en Éthiopie, pays dont la consommation de légumineuses par habitant atteint le niveau le plus élevé.

Les légumineuses peuvent être transformées et utilisées sous différentes formes : entières, décortiquées, en farine et en isolats en fonction de leurs composants (protéines, amidon et fibres). La farine et les isolats sont employés dans des secteurs comme les préparations à base de viande et les en-cas, la boulangerie et les boissons, et la pâte et la chapelure.

10.2.2. Situation actuelle du marché

De loin le plus gros producteur de légumineuses, l'Inde a compté pour environ 29 % de la production mondiale au cours de la période de référence. Viennent ensuite le Canada, la Chine et l'Union européenne, avec près de 5 % de la production mondiale. Le marché asiatique représente 51 % de la consommation totale, mais seulement quelque 44 % de la production, ce qui en fait la principale destination des importations. Environ 20 % de la production mondiale est exportée ; le Canada arrive nettement en tête dans le classement des exportateurs (24 % des échanges internationaux) tandis que la Chine est le plus gros importateur (13 % du commerce mondial). L'Afrique a encore augmenté sa production et sa consommation au cours des dix dernières années et demeure largement autosuffisante.

En 2024, la consommation mondiale de légumineuses a atteint un volume de 101 Mt après une croissance moyenne de 2 % par an au cours de la précédente décennie, sous l'impulsion de l'Asie et de l'Afrique. Le commerce international est monté à 20.7 Mt, soit 1.5 Mt de plus qu'en 2023. Cette croissance a été alimentée par les augmentations de la production et des exportations canadiennes en 2024, de bons rendements et des conditions propices ayant augmenté les rendements et la superficie récoltée. La plupart des exportations canadiennes ont été destinées à l'Inde, qui a provisoirement levé les restrictions à l'importation de légumineuses afin de maîtriser l'inflation des prix alimentaires. Les prix internationaux des légumineuses (dont la référence est le pois sec canadien) ont continué à baisser par rapport à leur niveau record de 2021, pour tomber à 276 USD/t en 2024.

10.2.3. Contexte des projections

Les légumineuses présentent divers bienfaits et se substituent avantageusement à la viande du fait de leur teneur élevée en protéines. Aussi les consommateurs soucieux de leur santé et de l'environnement les intègrent-ils de plus en plus dans leur alimentation quotidienne, ce qui se traduit par la croissance du marché de ces produits à l'échelle mondiale. L'urbanisation rapide, le changement des modes de vie et les rythmes de travail frénétiques conduisent la population active à se tourner vers une restauration rapide bonne pour la santé, et les légumineuses sont des ingrédients de plus en plus couramment utilisés dans les aliments prêts à consommer.

Les bienfaits pour la santé et pour l'environnement attribués aux légumineuses poussent les gouvernements des pays producteurs à venir en aide aux agriculteurs, contribuant ainsi au développement de ce marché. Le soutien à la production de légumineuses constitue un volet important de la stratégie de l'Union européenne en faveur des protéagineux, où ces produits comptent parmi les principaux ingrédients de préparations telles que les substituts de viande. Selon l'évolution future de la demande de ce type de produits, les légumineuses pourraient voir leur part gagner sensiblement en importance dans la production agricole.

10.2.4. Principaux éléments des projections

Les légumineuses devraient regagner en importance dans les régimes alimentaires de nombreuses régions du monde. La présente édition des *Perspectives* prévoit une poursuite de cette croissance mondiale et une hausse de la consommation humaine de légumineuses, qui devrait s'établir à 8.6 kg par an et par habitant à l'horizon 2034. La consommation par habitant devrait augmenter dans presque toutes les régions au cours de la prochaine décennie, tout particulièrement en Amérique du Nord (+2.2 % par an) (Graphique 10.2). Cependant, contrairement à d'autres produits de base, la consommation de légumineuses par habitant en Amérique du Nord, qui devrait s'établir à 5.9 kg/personne en 2034, restera nettement inférieure à la moyenne mondiale de 8.6 kg/personne.

L'offre mondiale devrait s'accroître de 26 Mt. Aux alentours de 40 % de cette hausse sera enregistrée en Asie, et particulièrement en Inde, le plus gros producteur mondial. D'après les projections, l'amélioration soutenue des rendements permettra au pays de produire 8 Mt supplémentaires d'ici 2034. L'Inde a introduit des semences hybrides à haut rendement, encouragé la mécanisation et instauré un prix minimum de soutien pour stabiliser les revenus des agriculteurs. De plus, le gouvernement central et certains États fédérés ont inclus les légumineuses dans leurs programmes d'achat, même si leur couverture géographique n'est pas la même que pour le blé et le riz.

Cette augmentation escomptée de l'offre repose sur l'hypothèse que la production de légumineuses va poursuivre son intensification grâce à la hausse des rendements et à une utilisation plus intensive des terres. Environ la moitié de la croissance de la production peut être attribuée à l'intensification de l'utilisation des terres au cours de la période de projection, et l'autre moitié à l'amélioration des rendements. Sur le continent africain en particulier, la combinaison de ces deux facteurs pourrait faire progresser la production de quelque 0.9 Mt par an.

Ces *Perspectives* partent du principe que la hausse de l'offre sera favorisée par l'association de la culture des légumineuses avec celle des céréales, en particulier en Asie et en Afrique, où les petits producteurs occupent une place importante. L'amélioration prévue des rendements restera inférieure à celle des céréales et des oléagineux, car, dans la plupart des pays, les légumineuses tendent à être laissées de côté par les initiatives de développement de variétés à haut rendement ou d'amélioration des systèmes d'irrigation, tout comme par les mesures de soutien à l'agriculture.

Les échanges internationaux de légumineuses sont passés de 14 Mt à 20 Mt au cours des dix dernières années et devraient atteindre 23 Mt à l'horizon 2034. Le Canada restera le principal exportateur de légumineuses, avec des volumes qui devraient passer de 4.9 Mt aujourd'hui à 5.7 Mt en 2034 ; il sera suivi par l'Australie et la Fédération de Russie (ci-après « la Russie »), avec 2.4 Mt et 1.9 Mt d'exportations respectivement en fin de période.

En valeur nominale, les prix mondiaux des légumineuses devraient continuer à décroître en 2025 avant de connaître une légère hausse sur le reste de la décennie à venir, tandis qu'un fléchissement est attendu en valeur réelle.

Graphique 10.2. Consommation humaine de légumineuses par habitant sur chaque continent

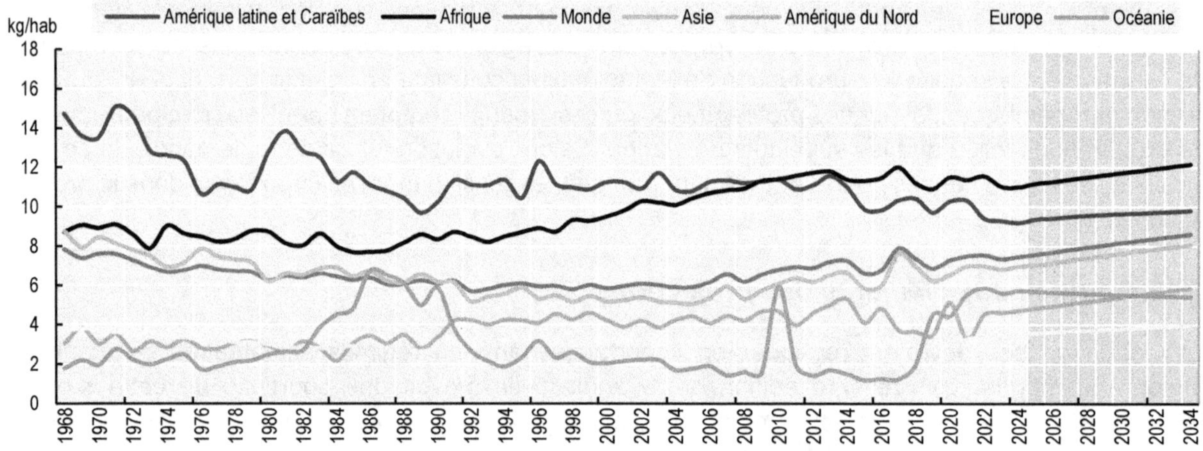

Source : OCDE/FAO (2025), « Perspectives agricoles de l'OCDE et de la FAO », Statistiques agricoles de l'OCDE (base de données), http://data-explorer.oecd.org/s/1hc.

10.3. Bananes et principaux fruits tropicaux

La banane et les quatre principaux fruits tropicaux – mangue, ananas, avocat et papaye – jouent un rôle essentiel au sein des marchés agricoles, notamment en garantissant l'alimentation et la subsistance des petits exploitants des pays tropicaux. Ces dernières décennies, la hausse des revenus et l'évolution des préférences des consommateurs sur les marchés tant émergents qu'à revenu élevé, mais aussi l'amélioration des transports et de la gestion de la chaîne d'approvisionnement, ont favorisé la croissance rapide des échanges internationaux de ces produits.

La production mondiale de bananes et des principaux fruits tropicaux rapporte environ 122 milliards USD aux producteurs. Bien que seulement 14 % de la production mondiale de bananes et 8 % de celle des principaux fruits tropicaux, environ, soient exportés, ces deux groupes de produits génèrent respectivement des recettes d'exportation situées aux alentours de 11.5 milliards USD et 13.8 milliards USD par an (chiffres provisoires pour 2024). Dans les pays exportateurs, qui sont majoritairement des pays à revenu faible à moyen, les recettes provenant de la production et du commerce de ces produits peuvent représenter une part importante du PIB de l'agriculture, en particulier pour les pays tropicaux d'Amérique latine. En 2022, par exemple, les bananes représentaient environ 17 % du PIB agricole et pesaient pour environ 39 % dans les recettes des exportations agricoles de l'Équateur, tandis que, prises dans leur ensemble, les exportations d'ananas et de bananes ont représenté quelque 40 % des recettes des exportations agricoles au Costa Rica. Le commerce de bananes et des principaux fruits tropicaux peut donc générer d'importantes recettes d'exportation pour les pays producteurs.

10.3.1. Bananes

Situation du marché

Les données préliminaires pour 2024 indiquent que les échanges mondiaux de bananes ont continué de subir les répercussions de la baisse de l'offre due aux intempéries et à la propagation des ravageurs et des maladies des végétaux. L'évolution de la situation a été très variable parmi les principaux partenaires : certains pays exportateurs ont bénéficié de conditions propices tandis que d'autres ont connu des difficultés. La Colombie, l'Inde et le Viet Nam ont fait état d'une hausse de la production au cours des huit premiers mois, grâce à une augmentation des investissements et à des conditions météorologiques favorables. À l'inverse, le Costa Rica, la République dominicaine, l'Équateur, le Guatemala, et le Mexique ont enregistré une baisse de leur offre à l'exportation en raison des intempéries, surtout sous la forme d'un excès de précipitations et de tempêtes tropicales. La propagation des maladies végétales, dont notamment l'épidémie dévastatrice de la fusariose du bananier race tropicale 4 (RT4) survenue aux Philippines, et sa présence alarmante dans la République bolivarienne du Venezuela et au Pérou, est demeurée à l'origine de pertes de production et d'importants coûts financiers liés aux mesures de prévention de la maladie.

Les producteurs ont également dû faire face à des difficultés liées à des taux de change défavorables, la dépréciation du dollar des États-Unis au premier semestre ayant entraîné une baisse des recettes en monnaies locales, alourdissant des coûts de production déjà élevés. Le haut niveau des taux d'intérêt a accru les pressions exercées sur l'activité économique des marchés intérieurs comme des marchés importateurs. La demande d'importation de bananes est restée stable sur les marchés développés, les bananes tirant parti de leur prix abordable dans un contexte d'inflation. Les valeurs unitaires moyennes des importations ont toutefois diminué en 2024 : elles ont enregistré des baisses de 2 % dans l'Union européenne et de 23 % aux États-Unis, à rebours des hausses de prix des deux années précédentes, et elles ont intensifié la pression sur l'ensemble de la filière. Les perspectives demeurent difficiles pour le secteur, car la faiblesse des marges compromet la capacité des producteurs à faire face aux coûts élevés et aux risques environnementaux auxquels ils sont confrontés.

Principaux éléments des projections

Si tant est que les conditions météorologiques demeurent normales et que les maladies du bananier ne se propagent pas davantage, la production mondiale de bananes devrait atteindre 166 Mt à l'horizon 2034, contre 139 Mt au cours de la période de référence. Vu la saturation croissante de la demande par habitant dans la plupart des régions, l'augmentation de la production et de la consommation mondiales devrait essentiellement reposer sur leur dynamisme démographique. Compte tenu du ralentissement de la croissance démographique mondiale, les projections de référence actuelles indiquent que la production et la consommation mondiales de bananes vont connaître une progression modérée de 1.4 % par an au cours de la période couverte par les *Perspectives*. Parallèlement, dans certaines économies émergentes – en Inde et en Chine, surtout – la hausse des revenus devrait favoriser une évolution du rapport à la santé et à l'alimentation et maintenir une progression de la demande supérieure à la croissance démographique. L'Asie devrait donc demeurer la principale région productrice avec tout juste plus de 50 % des quantités mondiales, l'Inde atteignant d'après les projections un volume de production de 45 Mt et une consommation annuelle par habitant de 28.1 kg à l'horizon 2034, contre 24.9 kg au cours de la période de référence.

Dans la principale région d'exportation, l'Amérique latine et les Caraïbes, la production devrait croitre de 0.8% par an pour atteindre 37 Mt en 2034, grâce à la demande croissante des principaux marchés d'importation, dont au premier chef l'Union européenne et les États-Unis. Les pressions inflationnistes étant probablement amenées à perdurer en 2025, voire au-delà, la demande de bananes sera vraisemblablement favorisée par leur coût relativement abordable. Les principaux pays exportateurs de cette région – Équateur, Guatemala, Colombie et Costa Rica – bénéficieront vraisemblablement de cet essor, sous réserve qu'ils puissent protéger leur production des effets néfastes des maladies et des phénomènes météorologiques imprévisibles. L'augmentation de la demande dans l'Union européenne et au Royaume-Uni devrait quant à elle profiter aux exportations en provenance d'Afrique, qui devraient croître de 1.9 % par an au cours de la période de projection, tirées par la Côte d'Ivoire, pour s'établir aux alentours de 0.7 Mt en 2034. La hausse de la demande d'importations de la Chine, où la croissance de la production intérieure devrait rester relativement faible, sera vraisemblablement un facteur supplémentaire de croissance de la production en Amérique latine et dans les Caraïbes, et surtout parmi les nouveaux fournisseurs asiatiques, le Viet Nam et la République démocratique populaire lao, dont les exportations conjointes pourraient s'élever à environ 0.9 Mt d'ici 2034. Dans ce contexte, les exportations mondiales de bananes devraient atteindre quelque 21.8 Mt à l'horizon 2034.

Graphique 10.3. Perspectives mondiales de la banane : exportations des quatre principaux exportateurs de la région ALC

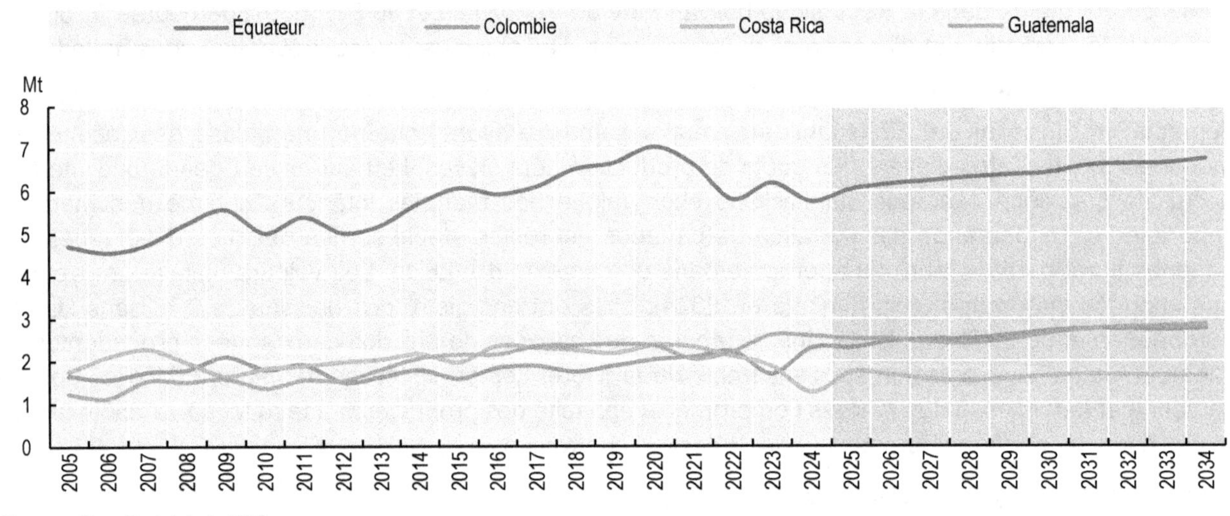

Source : Secrétariat de la FAO.

10.3.2. Mangue, mangoustan et goyave

Situation du marché

Les exportations mondiales de mangues, mangoustans et goyaves[2] ont atteint environ 2.5 Mt en 2024, soit une hausse de 3 % par rapport à l'année précédente. Cette évolution s'explique principalement par l'augmentation des exportations thaïlandaises de mangoustans au premier semestre, ainsi que de celles de mangues en provenance de nouveaux pays producteurs, en l'occurrence l'Équateur et l'Égypte. Pour ce qui est des exportations mondiales par produit, les mangues ont représenté environ 85 % des expéditions, contre quelque 15 % pour les mangoustans. La goyave a continué d'afficher une disponibilité statistiquement négligeable sur les marchés d'importation, du fait principalement de sa moindre aptitude au transport.

Les importations mondiales de mangues, mangoustans et goyaves frais ont augmenté de 4 % pour atteindre 2.4 Mt en 2024. Les États-Unis et l'Union européenne demeurent les deux premiers importateurs à l'échelle mondiale, avec des parts estimées à environ 24 % et 14 %, respectivement. Sur ces deux marchés, la demande de mangues est d'après certaines sources restée soutenue, à la faveur d'une plus grande prise de conscience nutritionnelle des bienfaits présumés de ces fruits pour la santé. Toutefois, la croissance des importations aux États-Unis a été entravée par la faible disponibilité des approvisionnements en provenance du Mexique, tandis que les exportations à destination de l'Union européenne se sont heurtées à d'importantes difficultés logistiques, dont la pénurie de moyens de transport maritime et le coût élevé du fret aérien. Dans l'ensemble, les importations des États-Unis ont diminué d'environ 1 % en 2024 et ont représenté environ 0.56 Mt. Les importations de l'Union européenne ont quant à elles chuté de 15 % en 2024, pour s'établir aux alentours de 0.34 Mt. Sur les deux marchés, la baisse de l'offre face à une demande sans entraves a entraîné une forte hausse des valeurs unitaires au stade de l'importation. Dans le même temps, les importations de la Chine, troisième importateur mondial de mangues, mangoustans et goyaves ces dernières années, ont augmenté de 16 % en 2024, pour atteindre environ 0.34 Mt.

Principaux éléments des projections

La production mondiale de mangues, mangoustans et goyaves devrait connaître une augmentation annuelle de 2.8 % au cours de la décennie à venir, pour atteindre 86 Mt d'ici 2034, contre 62 Mt au cours de la période de référence. La croissance de la production de mangues sera essentiellement dictée par une hausse de la demande liée à la progression des revenus dans les pays producteurs, ainsi que par la croissance démographique. L'Asie, d'où sont originaires la mangue et le mangoustan, continuera de représenter quelque 70 % de la production mondiale en 2034. Cela s'expliquera principalement par une forte augmentation de la demande intérieure en Inde, le premier producteur et consommateur mondial de mangues, sous l'effet de la hausse des revenus et des modifications des préférences alimentaires qui s'ensuivront. En Inde, la production de mangues, pour une large part destinée aux marchés informels locaux, devrait représenter aux alentours de 36 Mt en 2034, soit 42 % de la production mondiale. Ce pays devrait enregistrer une hausse de la consommation par habitant de 1.2 % par an au cours de la période couverte par les *Perspectives*, pour s'établir à 23.1 kg en 2034, contre 18.5 kg au cours de la période de référence, tandis que la consommation moyenne par habitant sur le continent asiatique devrait atteindre 13.6 kg en 2034, contre 10.6 kg pendant la période de référence. Au Mexique et en Thaïlande, premiers pays exportateurs, la hausse de la production répondra au contraire à l'augmentation de la demande d'importations à l'échelle mondiale. À l'horizon 2034, la part de la production destinée à être exportée devrait atteindre 18 % au Mexique et 29 % en Thaïlande. Cependant, avec des volumes de production prévus de 3.3 Mt et 1.7 Mt, respectivement, ces deux pays ne représenteront qu'une part relativement faible de la production mondiale en 2034.

Les exportations mondiales de mangues, mangoustans et goyaves devraient se monter à 3.3 Mt en 2034, contre 2.4 Mt au cours de la période de référence, grâce à une augmentation des achats aux États-Unis, en Chine et dans l'Union européenne. Le Mexique, le principal fournisseur de mangues, devrait bénéficier de l'essor de la demande d'importation sur son marché le plus important, celui des États-Unis, sous réserve que ce pays n'impose pas de droits de douane sur les mangues en provenance du Mexique. Dans cette hypothèse, le Mexique détiendrait en 2034 une part de 20 % dans les exportations mondiales. Les expéditions thaïlandaises, presque exclusivement composées de mangoustans, répondront principalement à une hausse de la demande d'importation en Chine, tandis que celles du Pérou et du Brésil seront essentiellement constituées de mangues à destination de l'Union européenne. La Thaïlande devrait s'arroger une part de 16 % dans les exportations mondiales en 2034, alors que le Brésil et le Pérou devraient en représenter environ 12 % et 7 %, respectivement. La Chine, où la consommation de mangues, mangoustans et goyaves s'est établie à 2.8 kg par habitant au cours de la période de référence, ce qui est relativement faible par rapport aux autres pays asiatiques, devrait voir ses importations croître de 4 % par an pour atteindre 0.7 Mt en 2034. Cette progression sera surtout due à la forte hausse de la demande de mangoustans induite par l'augmentation des revenus, la production intérieure devant rester faible en Chine.

10.3.3. Ananas

Situation du marché

Les données préliminaires indiquent que les exportations mondiales d'ananas ont augmenté d'environ 4 % en 2024, pour atteindre 3.3 Mt, sous l'impulsion principalement d'une hausse des volumes en provenance du Costa Rica et des Philippines, principaux pays exportateurs avec des parts de marché d'environ 65 % et 21 %, respectivement. Les exportations du Costa Rica ont par conséquent progressé de quelque 3 % en 2024, pour atteindre environ 2.1 Mt. Pour ce qui est des principaux pays de destination, les expéditions d'ananas du Costa Rica sont restées presque exclusivement destinées aux marchés des États-Unis et de l'Union européenne, dont d'après certaines sources la demande demeure soutenue.

Les données préliminaires indiquent que les importations mondiales d'ananas ont progressé d'environ 5 % en 2024 pour atteindre approximativement 3.1 Mt. D'après les informations fournies par la filière, la demande est restée forte aux États-Unis comme au sein de l'Union européenne. Les approvisionnements en provenance du Costa Rica, premier fournisseur mondial, ont augmenté pour la deuxième année consécutive, mais n'ont pas, d'après certaines sources au sein de la filière, été suffisants pour répondre pleinement à la demande en 2024, en particulier au sein de l'Union européenne, ce qui a entraîné une hausse des valeurs unitaires indicatives moyennes des importations des deux principales destinations.

Grâce à la relative stabilité des ventes dans le secteur de l'hôtellerie et de la restauration, les importations des États-Unis ont progressé d'environ 4 % en 2024, pour atteindre 1.2 Mt. Les importations de l'Union européenne, deuxième principal importateur, ont également enregistré une hausse aux alentours de 4 % pour s'élever à un niveau avoisinant 0.8 Mt, volume qui reste de près de 10 % inférieur à leur moyenne au cours des cinq années antérieures. Les estimations portent à croire que les États-Unis ont absorbé en 2024 environ 39 % des exportations, contre 26 % pour l'Union européenne.

Principaux éléments des projections

Au cours de la prochaine décennie, la production mondiale d'ananas devrait croître de 1.2 % par an, à la faveur d'une expansion de 0.6 % par an de la superficie récoltée, pour atteindre 37 Mt en 2034, contre 30 Mt pendant la période de référence. L'Asie devrait conserver la première place par le volume de production, concentrant environ 44 % du total mondial, avec une offre importante aux Philippines, en Indonésie, en Chine, en Inde et en Thaïlande. En Asie, la production d'ananas continuera à satisfaire principalement la demande intérieure et devrait augmenter fortement sous l'effet de l'évolution démographique et de la croissance des revenus, en particulier en Inde, en Indonésie et en Chine. De même, en Amérique latine et dans les Caraïbes, la production d'ananas – qui devrait se classer au deuxième rang mondial avec 34 % du volume total en 2034 – sera principalement déterminée par l'évolution des besoins d'une population croissante et de plus en plus aisée. Seuls le Costa Rica et les Philippines, deux grands producteurs et exportateurs mondiaux d'ananas, devraient accroître les quantités exportées pour répondre à la hausse de la demande d'importations : à l'horizon 2034, les exportations devraient représenter environ 73 % de la production d'ananas frais dans le cas du Costa Rica et 21 % dans celui des Philippines.

Les exportations mondiales d'ananas frais devraient croître de 0.5 % par an pour atteindre 3.7 Mt en 2034, principalement sous l'effet de la demande d'importations des États-Unis et de l'Union européenne. Avec des quantités importées estimées à 1.3 Mt en 2034 – soit 36 % du total mondial – les États-Unis resteront le plus gros importateur. L'Union européenne détiendra quant à elle une part d'environ 26 % dans les importations mondiales. Sur ces deux marchés clés, la demande d'ananas frais devrait bénéficier de prix unitaires toujours peu élevés et, dans une certaine mesure, de l'introduction de nouvelles variétés de plus grande qualité. La hausse de la demande d'importations de la Chine, où la consommation a progressé plus rapidement que la production ces dernières années, devrait également favoriser l'essor des exportations mondiales. À l'horizon 2034, les importations chinoises d'ananas, en hausse au taux annuel de 4.9 %, devraient avoisiner 0.37 Mt par an, et provenir en majeure partie des Philippines.

10.3.4. Avocat

Situation du marché

D'après les estimations, les exportations mondiales d'avocat ont augmenté à un rythme modéré de 2 % en 2024 pour atteindre environ 2.8 Mt, en contraste saisissant avec l'expansion de près de 11 % observée en 2023. La baisse des approvisionnements en provenance du Mexique et du Pérou, les deux principaux exportateurs, qui fournissent conjointement environ 65 % des quantités totales échangées, en est la principale raison. Les données et informations préliminaires indiquent que les exportations de plusieurs autres pays, notamment Israël, le Kenya et l'Afrique du Sud, ont dans le même temps augmenté.

Si l'on en croit les estimations, les importations mondiales d'avocats sont demeurées pratiquement inchangées par rapport à l'année précédente, à environ 2.8 Mt. La demande des deux principaux marchés d'importation, les États-Unis et l'Union européenne, est certes restée soutenue, mais la croissance des importations a été ralentie par la situation difficile de l'offre au Mexique et au Pérou. En conséquence, les importations des États-Unis, qui représentaient environ 42 % des importations mondiales en 2024, ont enregistré un recul d'environ 3 % en 2024 pour atteindre aux alentours de 1.2 Mt. Face à la forte demande, qui a dépassé la croissance de l'offre, les données commerciales mensuelles disponibles pour la période allant de janvier à août 2024 mettent en évidence une augmentation en glissement annuel de la valeur unitaire moyenne des importations des États-Unis égale à 30 %, ce qui l'a portée à 3 148 USD la tonne. Les importations de l'Union européenne devraient quant à elles augmenter de quelque 4 % en 2024, pour atteindre environ 0.79 Mt. Compte tenu des difficultés de production au Pérou, la demande d'importation de l'Union européenne a principalement été satisfaite par Israël et l'Afrique du Sud.

Principaux éléments des projections

Parmi les principaux fruits tropicaux, l'avocat présente le plus faible volume de production, mais connaît l'expansion la plus rapide ces dernières décennies, et cette tendance devrait se poursuivre tout au long de la période de projection. La forte demande mondiale, des rendements importants par hectare et le niveau élevé des prix unitaires à l'exportation restent les principaux moteurs de cette hausse, stimulant les investissements dans l'expansion des surfaces cultivées tant dans les zones de production déjà solidement établies qu'émergentes. D'ici 2034, la production devrait par conséquent croître au rythme de 2.1 % par an, soit un volume annuel de 14 Mt près de trois fois plus élevé qu'en 2015. Bien que de nouvelles zones de culture aient rapidement émergé ces dernières années, la production d'avocats continuera vraisemblablement de se concentrer dans un petit nombre de régions et de pays. Les quatre premiers pays producteurs – Mexique, Colombie, Pérou et République dominicaine – devraient sensiblement développer leur production au cours de la décennie à venir pour atteindre conjointement une part d'environ 53 % de la production mondiale en 2034. Au Mexique, en Colombie et au Pérou, la production devrait croître de 25 % à 35 % par rapport aux niveaux de la période de référence. Par conséquent, l'Amérique latine et les Caraïbes, en particulier, devraient continuer de concentrer environ 64 % de cette production.

L'avocat est en voie de devenir le principal fruit tropical échangé et dépasser ainsi l'ananas vers la fin de la période de projection pour atteindre un volume d'exportations de 4 Mt à l'horizon 2034. La valeur totale des exportations mondiales d'avocats devrait par conséquent s'élever à 9.7 milliards USD aux prix constants de 2022-24, faisant de l'avocat l'un des fruits les plus lucratifs. Malgré une concurrence de plus en plus forte de la part de nouveaux exportateurs, le Mexique devrait demeurer le premier exportateur mondial, avec une part de 45 % en 2034. Le pays tirera en effet parti d'une croissance annuelle de la production de 1.6 % au cours de la décennie à venir ainsi que de la hausse continue de la demande aux États-Unis. Le Pérou, deuxième pays exportateur d'avocats, devrait quant à lui être à l'origine de 18 % des expéditions mondiales, ces dernières étant principalement destinées à répondre à la croissance de la demande observée dans l'Union européenne.

Les États-Unis et l'Union européenne, où l'intérêt des consommateurs pour l'avocat tient à ses bienfaits allégués pour la santé, devraient rester en 2034 les principaux importateurs à l'échelle mondiale, à hauteur de 42 % et 28 % respectivement. Cependant, les importations devraient également progresser au Royaume-Uni, au Canada, en Chine et dans certains pays du Moyen-Orient en raison de l'augmentation des revenus et de l'évolution des préférences des consommateurs sur ces marchés. La consommation d'avocats par habitant devrait également augmenter dans de nombreux pays producteurs sous l'effet de la croissance des revenus, notamment en Colombie, au Mexique et en Indonésie.

10.3.5. Papaye

Situation du marché

Les données préliminaires sur les échanges font apparaître une contraction des exportations mondiales de papayes estimée à 1 % en 2024, leur volume tombant à environ 0.365 Mt. Les exportations du Mexique, principal exportateur mondial de papayes, n'ont que modérément augmenté, d'environ 1 %, pour atteindre 0.2 Mt. D'après les acteurs de la filière, les conditions météorologiques défavorables, et en particulier des températures plus fraiches que la normale, ont limité la quantité aussi bien que la qualité des approvisionnements. La quasi-totalité des exportations mexicaines de papayes est destinée aux États-Unis. L'essentiel de la production mexicaine de papayes demeure cependant destiné à la consommation intérieure.

Les données préliminaires suggèrent en outre que les importations mondiales se sont contractées de 1 % en 2024, tombant à environ 0.35 Mt. Les États-Unis sont demeurés le principal importateur mondial, ayant absorbé une part estimée à 61 % de l'ensemble des quantités exportées en 2024. Les données disponibles indiquent que les importations des États-Unis ont diminué d'environ 1 % en 2024 pour s'établir à quelque 0.21 Mt. Les acteurs de la filière ont fait valoir que, malgré le maintien d'une demande soutenue de papayes aux États-Unis, la croissance des importations a été contrariée par une offre déficitaire au Mexique. L'Union européenne demeure le deuxième importateur mondial de papayes, mais avec une part estimée à seulement 9 % en 2024. La papaye reste de manière générale un produit méconnu dans l'Union européenne en raison principalement de sa fragilité lors du transport. De ce fait, une croissance significative sur ce marché semble difficilement atteignable.

Principaux éléments des projections

La production mondiale de papayes devrait progresser de 1.9 % par an pour atteindre 17 Mt en 2034, contre 14 Mt au cours de la période de référence. La part de papayes exportées étant particulièrement faible, autour de 2 % au cours de la période de référence, la production de ce fruit est essentiellement dictée par la demande intérieure, qui dépend de la croissance démographique et des revenus. L'Asie, première région productrice au monde, devrait bénéficier de la plus forte croissance, sa part dans la production mondiale atteignant d'après les projections 59 % en 2034, contre 56 % au cours de la période de référence. L'Inde, premier pays producteur au monde, verra sa production augmenter de 2 % par an et conservera une part de 36 % dans les approvisionnements mondiaux d'ici 2034. La croissance de la population et l'augmentation des revenus seront les principaux facteurs de cette hausse, avec une consommation intérieure de papayes estimée à 4 kg par habitant en 2034, en légère progression par rapport aux 3.7 kg atteints au cours de la période de référence. En Indonésie, la production devrait croître de 1.3 % par an au cours de la période de projection, dans le sillage de l'accroissement de la demande intérieure, conséquence de la hausse attendue des revenus par habitant à un rythme supérieur à 3.7 % par an.

Les exportations mondiales seront principalement déterminées par l'augmentation de la production au Mexique et par celle de la demande des principaux importateurs. Moyennant un taux de croissance annuel de 1.4 %, les exportations mondiales de papayes devraient atteindre un niveau tout juste inférieur à 0.4 Mt à l'horizon 2034. Le développement du commerce international de la papaye se heurte toutefois à un obstacle majeur : sa grande périssabilité et sa fragilité dans les transports, qui rendent difficile son expédition vers des destinations lointaines. Les innovations dans la chaîne du froid, l'emballage et le transport pourraient toutefois faciliter sa distribution à plus grande échelle, d'autant que la demande de fruits tropicaux est en hausse sur les marchés d'importation.

Graphique 10.4. Perspectives mondiales des principaux fruits tropicaux : exportations mondiales des quatre principaux fruits tropicaux

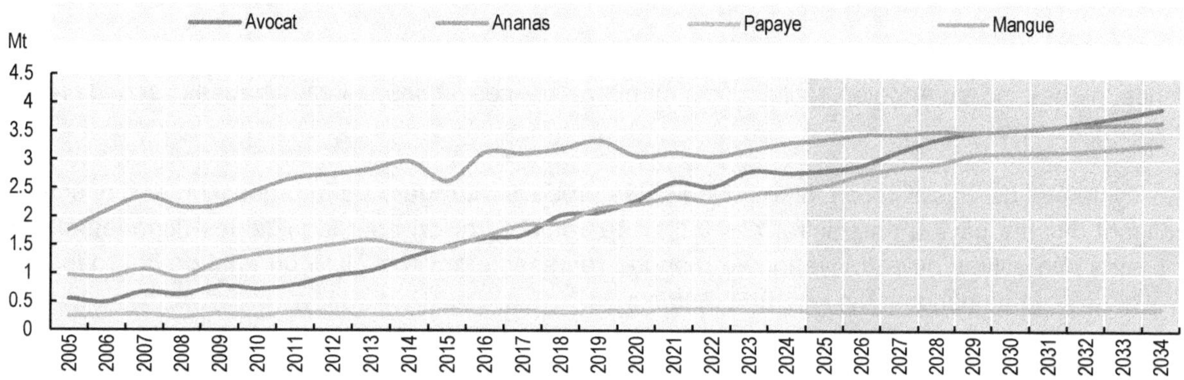

Source : Secrétariat de la FAO.

10.3.6. Incertitudes

Les perspectives de la production, des échanges et de la consommation de bananes et des principaux fruits tropicaux pourraient être compromises par plusieurs incertitudes. Un coût de la vie élevé, la hausse des charges d'intérêt et les fluctuations des taux de change risquent de freiner la demande sur les marchés intérieurs comme sur ceux d'importation, surtout pour les consommateurs des couches les moins aisées de la population. Compte tenu de la valeur unitaire généralement élevée des fruits tropicaux et des fortes élasticités prix et revenu de la demande dont ils font l'objet, les fluctuations des revenus des consommateurs ou des prix à la consommation peuvent avoir une incidence considérable sur la demande. Les incertitudes géopolitiques susceptibles de bouleverser les relations commerciales existantes et d'avoir des effets de grande ampleur sur les marchés intérieurs et mondiaux constituent en outre une source de préoccupation.

D'autre part, le réchauffement climatique accroît la fréquence des sécheresses, inondations, ouragans et autres catastrophes naturelles qui rendent la production de plus en plus difficile et coûteuse. Compte tenu de la périssabilité de la banane et des principaux fruits tropicaux aux stades de la production, de la commercialisation et de la distribution, les défis environnementaux et le manque d'infrastructures continuent de menacer la production et les approvisionnements internationaux. Le problème est d'autant plus aigu que l'immense majorité des fruits tropicaux sont produits dans un cadre informel et dans des zones reculées, que leur culture dépend beaucoup des précipitations, est sujette aux effets néfastes de phénomènes météorologiques de plus en plus imprévisibles et est éloignée des grands axes de transport.

Dans un contexte de hausse des températures, on observe une propagation plus rapide et plus intense des ravageurs et des maladies, à l'instar de la fusariose. La souche de la maladie qui se propage actuellement, dénommée « race tropicale 4 » (RT4), présente des risques particulièrement élevés pour l'approvisionnement mondial de bananes, car elle peut toucher une variété beaucoup plus grande de cultivars de bananes et de bananes plantains que les autres souches. Malgré de récentes avancées dans la création de variétés résistantes, aucun fongicide ni aucune méthode d'éradication n'est actuellement efficace contre la maladie. Selon les informations officielles, la RT4 est actuellement confirmée dans 22 pays, principalement en Asie du Sud et du Sud-Est, mais aussi au Moyen-Orient, en Afrique, en Océanie et en Amérique latine. Une évaluation de l'impact économique potentiel de la TR4 sur les marchés mondiaux a montré que la propagation de la maladie entraînerait notamment une perte considérable de revenus et d'emplois dans le secteur bananier des pays concernés, ainsi qu'une hausse importante des prix au consommateur dans les pays importateurs[3].

Notes

[1] Les différents types de légumineuses sont les suivants : haricots secs, fèves sèches, pois secs, pois chiches, niébés, pois d'Angole, lentilles, pois bambara, vesces, lupins et légumineuses secondaires (non comprises ailleurs)

[2] Les systèmes de classification internationale des produits au regard de la production et des échanges n'obligent pas les pays à enregistrer ces fruits séparément, raison pour laquelle les données officielles sont rares. On estime qu'en moyenne, la mangue représente environ 75 % du total de la production, la goyave 15 %, et le mangoustan les 10 % restants.

[3] Une autre simulation a été réalisée en 2019 pour évaluer l'impact économique que la race tropicale 4 de la fusariose pourrait avoir sur la production et le commerce de bananes à l'échelle mondiale. Les résultats de cette simulation ont été publiés dans le numéro de novembre 2019 de la publication semestrielle *Perspectives de l'alimentation de la FAO* (http://www.fao.org/3/ca6911en/CA6911EN_TR4FR.pdf).

Annexe A. Glossaire

Accès aux marchés	Régi par les dispositions de l'Accord sur l'agriculture issu du cycle d'Uruguay concernant les concessions contenues dans les Listes nationales, c'est-à-dire les consolidations et les réductions des droits de douane, ainsi que d'autres engagements en matière d'accès aux marchés.
Accord de partenariat transpacifique global et progressiste (PTPGP)	Le PTPGP est un accord commercial entre l'Australie, Brunei, le Canada, le Chili, le Japon, la Malaisie, le Mexique, la Nouvelle-Zélande, le Pérou, Singapour et le Viet Nam. Il a été signé en mars 2018 et est entré en vigueur dans les six premiers pays en décembre 2018.
Année commerciale / campagne	Il est courant de comparer la production agricole à travers des «années de commercialisation», qui sont définies de manière à ce que la récolte d'une saison ne soit pas artificiellement répartie sur différentes années civiles. Dans ces *Perspectives*, les campagnes de commercialisation internationales sont principalement définies à partir de leur récolte dans les principales régions productrices, comme suit : • Blé : 1er juin ; 1er octobre en Australie • Coton et légumineuses : 1er août • Maïs : 1er septembre ; 1er mars en Australie • Autres céréales secondaires : 1er septembre ; 1er novembre en Australie • Sucre, soja, autres oléagineux, tourteaux protéiques, huiles végétales : 1er octobre ; 1er novembre en Australie Chaque fois que le texte fait référence, par exemple, à la campagne de commercialisation 2024, c'est l'abréviation de 2024/25 pour les produits ci-dessus. Pour tous les autres produits, la campagne de commercialisation est égale à l'année civile, à l'exception des viandes et produits laitiers en Nouvelle Zélande et de la viande bovine et des produits laitiers en Australie : l'année se terminant le 30 juin.
Autres céréales secondaires	Catégorie comprenant l'orge, l'avoine, le sorgho et d'autres céréales secondaires dans tous les pays sauf l'Australie, où elle englobe aussi le triticale, les États membres de l'Union européenne, où le seigle et les céréales mélangées sont compris.
Autres oléagineux	Catégorie comprenant les graines de colza (canola), de tournesol et d'arachides (cacahuètes).
Base tel quel	Poids du sucre indépendamment de sa teneur en saccharose (mesuré par polarisation).
Biocarburants	Au sens large, les biocombustibles comprennent tous les combustibles solides, liquides ou gazeux produits à partir de la biomasse. Dans un sens plus étroit, les biocarburants désignent les produits qui remplacent les carburants à base de pétrole dans le transport routier : le bioéthanol tiré de plantes sucrières, de céréales et de plantes amylacées, qui peut être utilisé comme additif à l'essence, en mélange avec elle ou à sa place ; et le biodiesel, tiré principalement d'huiles végétales, mais aussi d'huiles usagées ou de graisses animales. Il existe deux formes principales de biodiesel : les esters méthyliques d'acides gras (EMAG) et l'huile végétale hydrotraitée (HVH).
Biomasse	Toute matière végétale utilisée directement comme combustible ou transformée avant combustion. Elle comprend le bois, les déchets végétaux (déchets de bois et résidus de récoltes), les matières/déchets d'origine animale et les déchets industriels et urbains servant de matières premières pour obtenir des produits biosourcés. Dans les *Perspectives*, elle n'englobe pas les produits agricoles utilisés pour produire des biocarburants (huiles végétales, sucre et céréales, par exemple).
Biosécurité	Une approche stratégique intégrée pour l'analyse et la gestion des risques dans les domaines de la sécurité sanitaire des aliments, de la vie et de la santé animale et végétale, et de la biosécurité. Elle fournit un cadre politique et réglementaire propre à renforcer la coordination et à tirer profit des synergies existantes dans l'ensemble des secteurs, contribuant ainsi à la protection de la vie et la santé de l'homme, des animaux et des végétaux, et à la promotion du commerce. (https://www.fao.org/food/food-safety-quality/a-z-index/biosecurity/fr).

Campagne	Voir année commerciale.
Céréales	Catégorie comprenant le blé, le maïs, les autres céréales secondaires et le riz (blanchi).
Cigale à ailes de roseau	Insectes infectant certaines plantes comme la betterave sucrière avec des agents pathogènes bactériens qui causent la maladie de Stolbur et le syndrome des basses richesses (SBR) (syndrome de faible teneur en sucre).
Contingent tarifaire	Régime d'importation prévu par l'Accord sur l'agriculture issu du cycle d'Uruguay. Certains pays se sont engagés à assurer des possibilités minimales d'accès à des produits précédemment visés par des obstacles non tarifaires. Dans ce cadre, un contingent et un droit de douane à deux niveaux sont instaurés pour les produits concernés. Le droit le plus bas (taux contingentaire) est appliqué aux importations dans la limite du contingent et le droit le plus élevé (taux hors contingent) est perçu sur les importations en sus du contingent.
Cotton Bt	Variété de coton transgénique qui contient un ou plusieurs gènes étrangers dérivés de la bactérie Bacillus thuringiensis. Le coton Bt est résistant à certains insectes nuisibles, mais la fibre des plants de coton Bt est plus courte que celle des variétés traditionnelles.
Covid-19	La covid-19 est la maladie infectieuse causée par le coronavirus le plus récemment découvert. Ce nouveau virus et cette nouvelle maladie étaient inconnus avant le début de l'épidémie à Wuhan (Chine) en décembre 2019. La covid-19 est aujourd'hui une pandémie qui touche de nombreux pays dans le monde.
Directive sur les énergies renouvelables	Directive de l'UE qui fixe à 20 % la part que devront représenter les énergies renouvelables dans la palette énergétique de tous les États membres en 2020, et en particulier à 10 % leur part dans la consommation d'énergie destinée aux transports.
Édulcorants caloriques	Catégorie comprenant le saccharose (sucre de table) et le sirop de mais à haute teneur en fructose (isoglucose).
Édulcorant à haute teneur en fructose	Édulcorant à base d'amidon extrait principalement du maïs (sirop de maïs à haute teneur en fructose ou isoglucose/HFCS).
El Niño	*El Niño* désigne ici un ensemble de phénomènes climatiques océaniques quasi-périodiques englobant *La Niña* et l'oscillation australe, qui se caractérisent par des anomalies de la température à la surface de l'eau sur la façade occidentale de l'Amérique latine (surtout au Pérou) – réchauffement et refroidissement respectivement appelés *El Niño* et *La Niña* – et par des variations de la pression atmosphérique dans la zone tropicale du Pacifique Ouest (oscillation australe), souvent aux alentours de Noël. Le réchauffement anormal des eaux océaniques va de pair avec un bouleversement complet de l'abondance et de la répartition des espèces, une augmentation des précipitations et des inondations locales, auxquels s'ajoute la mortalité massive des poissons et de leurs prédateurs (oiseaux compris).
Équivalent Poids Carcasse (epc)	Mesure couramment utilisée pour mesurer la production de viande, se référant au poids des carcasses du bétail, os et autres composants compris, mais excluant la tête, la peau, le sang et certains organes internes. La conversion peut varier selon la région, l'espèce et les pratiques de transformation.
Équivalent poids au détail (epd)	Équivalent poids au détail d'un produit, se référant à la portion comestible estimée disponible pour les consommateurs après transformation, parage et emballage. Il exclut les os, les parties non comestibles et les pertes de transformation importantes. La conversion peut varier selon la région, l'espèce et les pratiques de transformation.
Éthanol	Biocarburant qui peut être utilisé comme carburant de substitution (éthanol hydraté) ou mélangé à de l'essence (éthanol anhydre), et produit à partir de matières premières agricoles comme la canne à sucre et le maïs. L'alcool anhydre ne contient pas d'eau et il est pur à 99 % au minimum. L'alcool hydraté contient de l'eau et, en général, il est pur à 96 %. Au Brésil, cet éthanol est utilisé en remplacement de l'alcool carburant dans les véhicules polycarburant.
Fermentation entérique	Une partie naturelle du processus digestif chez les ruminants par laquelle les glucides sont décomposés par des micro-organismes en molécules simples pour être absorbées dans la circulation sanguine d'un animal, produisant du méthane comme sous-produit.
Fertilisants	Les engrais fournissent des éléments nutritifs essentiels au maintien des rendements et de la qualité des cultures agricoles et à la croissance de la production. Les trois nutriments les plus importants sont l'azote (N), le phosphore (P) et le potassium (K).
Fièvre aphteuse	La fièvre aphteuse est la maladie la plus contagieuse des mammifères et a un grand potentiel de causer de graves pertes économiques chez les animaux à onglons sensibles (https://www.woah.org/en/disease/foot-and-mouth-disease/). Le commerce international des

	animaux est lié au statut de la fièvre aphteuse selon l'Organisation mondiale de la santé animale (OMSA).
G20	Le G20 est un forum international qui réunit 19 pays et l'Union européenne, soit les principales économies développées et émergentes du monde. Ensemble, les membres du G20 représentent 85 % du PIB mondial, 75 % des échanges internationaux et deux tiers de la population mondiale. Composé à l'origine de ministres des finances et de gouverneurs de banque centrale, le G20 fonctionne aujourd'hui comme un forum élargi où l'on débat des grands problèmes mondiaux.
Gasohol	Mélange d'essence et d'éthanol anhydre.
Gestion des effluents d'élevage	Pratiques concernant la manipulation, le stockage, le traitement et l'élimination des excréments et de l'urine d'animaux, qui peuvent avoir un impact sur la gestion des nutriments, les émissions de méthane et l'environnement.
Groupe d'experts intergouvernemental sur l'évolution du climat (GIEC)	Le GIEC est l'organisme des Nations Unies chargé d'évaluer les données scientifiques liées au changement climatique. Dans ses rapports d'évaluation complets, le GIEC examine notamment le secteur de l'agriculture, de la foresterie et autres utilisations des terres (AFAT) en raison de sa contribution importante aux émissions de GES, principalement du dioxyde de carbone (CO2), du méthane (CH4) et du protoxyde d'azote (N2O). Les mesures des émissions de GES sont utilisées pour exprimer les émissions de différents gaz à effet de serre dans une unité commune, et les émissions agrégées de GES sont exprimées en équivalent CO2 (éq CO2) en utilisant le potentiel de réchauffement climatique sur un horizon temporel de 100 ans. Les flux d'émissions de CO2 de l'AFAT sont principalement dus aux activités d'utilisation des terres, de changement d'affectation des terres et de foresterie (UCTAFT), et représentent environ la moitié des émissions nettes totales de l'AFAT. La fermentation entérique des ruminants est la principale source d'émissions de CH4, tandis que les émissions de NO2 sont dominées par l'utilisation d'engrais organiques et synthétiques.
Huiles végétales	Huiles de colza (canola), de soja, de tournesol, de coprah/coco, de coton, de palmiste, d'arachide et de palme.
Influenza aviaire hautement pathogène	L'influenza aviaire hautement pathogène est une forme grave de grippe aviaire (IA) qui peut entraîner une mortalité élevée chez les volailles et des perturbations significatives de la production et du commerce. L'IA est une infection virale contagieuse qui peut toucher toutes les espèces d'oiseaux et se manifester de différentes manières, principalement en fonction de la pathogénicité du virus chez l'espèce affectée. Les virus de l'IA sont classés en deux catégories : – IAFP (Influenza aviaire faiblement pathogène) : elle provoque généralement des signes cliniques légers, voire inexistants. – IAFP (Influenza aviaire hautement pathogène) : elle provoque une maladie grave et une mortalité élevée, en particulier chez les volailles.
Isoglucose	Édulcorant liquide fabriqué à partir du glucose présent dans l'amidon, par l'action de la glucose-isomérase sur le dextrose. Ce procédé d'isomération permet d'obtenir des mélanges de glucose et de fructose contenant jusqu'à 42 % de fructose. D'autres opérations peuvent porter la teneur en fructose à 55 %. L'isoglucose à 42 % de fructose possède un pouvoir sucrant qui équivaut à celui du saccharose.
Loi agricole (Farm Bill)	Aux États-Unis, la loi agricole est le principal instrument de la politique agricole et alimentaire du pouvoir fédéral.
Loi sur la réduction de l'inflation (IRA)	La loi sur la réduction de l'inflation (IRA) a été promulguée aux États-Unis en 2022. Les objectifs de l'IRA comprennent la sécurité énergétique nationale, le changement climatique et les zones rurales, ayant un impact sur l'agriculture, la production de biocarburants et d'engrais.
Manipulation du rumen	Techniques utilisées pour modifier l'écosystème microbien du rumen (un compartiment de l'estomac chez les ruminants) afin d'améliorer l'efficacité alimentaire et de réduire les émissions de méthane.
Norme sur les carburants renouvelables (RFS et RFS2)	Prévue aux États-Unis pour le secteur des transports par la loi sur l'indépendance et la sécurité énergétiques (EISA), la norme sur les carburants renouvelables (RSF) fait l'objet d'un programme dont la nouvelle mouture, RFS2, s'applique depuis 2010.
Organisation mondiale du commerce (OMC)	Créée en 1995 à l'issue des négociations du cycle d'Uruguay, elle établit les règles du commerce mondial, sert de cadre à la négociation d'accords commerciaux et dispose d'un mécanisme de règlement des différends entre ses membres.
Paiement découplé	Paiement budgétaire versé aux producteurs remplissant les conditions requises, sans lien avec la production de certains produits ou le nombre d'animaux, ni avec l'utilisation de facteurs de production particuliers.

Paiement direct	Paiement versé directement par les pouvoirs publics aux producteurs.
Parité de pouvoir d'achat (PPA)	Taux de conversion monétaire qui permet de neutraliser les différences de prix entre pays. Les parités de pouvoir d'achat (PPA) indiquent combien d'unités de la monnaie nationale sont nécessaires pour se procurer ce qui pourrait être acheté avec un dollar des États-Unis (USD).
Pays développés et en développement	Voir la liste des groupes de pays et territoires dans les *Perspectives agricoles*
Pêche	Activités consistant à prélever dans les eaux maritimes, côtières ou intérieures, des organismes aquatiques sauvages, notamment des poissons, des mollusques et des crustacés, mais aussi des végétaux, pour la consommation humaine ou à d'autres fins, moyennant leur capture, leur collecte ou leur ramassage à la main ou, plus souvent, à l'aide de divers types d'engins, tels que les filets, les lignes et les pièges fixes. La production est mesurée en captures nominales (poids vif) de poissons, crustacés, mollusques et autres animaux et plantes aquatiques, tués, capturés, piégés ou ramassés à des fins commerciales, industrielles, récréatives et de subsistance. Il convient de noter que dans ces *Perspectives*, les données concernant les plantes ne sont pas prises en compte.
Période de base	Moyenne historique 2022-2024, servant de niveau de référence pour les comparaisons.
Peste porcine africaine (PPA)	La peste porcine africaine est une maladie hémorragique très contagieuse qui touche les porcs, les phacochères et les sangliers d'Europe et d'Amérique. Elle ne constitue pas une menace pour la santé de l'homme. L'agent pathogène responsable de la peste porcine africaine est un virus à ADN de la famille des Asfarviridés (pour plus d'informations à ce sujet, voir : http://www.oie.int/doc/ged/D13955.pdf).
Poids vif	Poids des viandes, poissons, coquillages et crustacés au moment de la capture ou de la récolte. Dans le cas des produits halieutiques et aquacoles, le poids vif est calculé à partir de facteurs de conversion, compte tenu par ailleurs des taux observés dans les pays pour chaque type de transformation.
Politique agricole commune (PAC)	Politique agricole de l'Union européenne, dont les objectifs ont été définis pour la première fois par l'article 39 du Traité de Rome, signé en 1957.
Prix de soutien	Prix fixé par les pouvoirs publics pour déterminer, directement ou indirectement, les prix intérieurs ou les prix à la production. Les dispositifs de prix « administrés » fixent, pour le produit visé, un prix de soutien minimum garanti ou un prix indicatif, qui peut être maintenu au moyen de différentes mesures : restrictions quantitatives visant la production et les importations ; taxes, prélèvements et droits de douane sur les importations ; subventions à l'exportation ; et stockage public.
Produits laitiers frais	Les produits laitiers frais contiennent tous les produits laitiers et le lait qui ne sont pas inclus dans les produits transformés (beurre, fromage, lait écrémé en poudre, lait entier en poudre et dans certains cas caséine et lactosérum). Les quantités sont en équivalent lait de vache.
Projections de référence	Ensemble de projections concernant les marchés, qui étayent l'analyse présentée dans ce rapport et servent de repère pour étudier les effets de différents scénarios économiques et stratégiques. La section méthodologie décrit en détail la démarche suivie pour les établir.
Racines et tubercules	Les racines et les tubercules de certaines plantes contiennent de l'amidon (manioc, patate douce et igname dans le premier cas, par exemple ; pomme de terre et taro dans le second, entre autres). Ils sont principalement destinés à l'alimentation humaine (transformés ou non) et, comme la plupart des cultures de base, ils peuvent être utilisés pour nourrir les animaux ou produire de la fécule, de l'éthanol et des boissons fermentées. À moins d'être transformés, ils se périment très vite une fois récoltés, ce qui limite les possibilités de commercialisation et de stockage. Comme ils contiennent beaucoup d'eau, les quantités sont toujours exprimées en poids sec de manière à améliorer la comparabilité.
Ratio stocks/consommation	Dans le cas des céréales, rapport entre les volumes stockés et les volumes utilisés à l'intérieur du pays.
Ratio stocks/utilisation totale	Rapport entre les stocks détenus par les principaux exportateurs et leur utilisation totale (consommation intérieure plus exportations). Dans le cas du blé, les huit principaux exportateurs sont pris en compte, à savoir les États-Unis, l'Argentine, l'Union européenne, le Canada, l'Australie, la Fédération de Russie, l'Ukraine et le Kazakhstan. Dans celui des céréales secondaires, ce sont les États-Unis, l'Argentine, l'Union européenne, le Canada, l'Australie, la Fédération de Russie, l'Ukraine et le Brésil qui sont comptabilisé. En ce qui concerne le riz, ce sont le Viet Nam, la Thaïlande, l'Inde, le Pakistan et les États-Unis.
Scénario	Ensemble de projections concernant le marché, générées par un modèle à partir d'hypothèses différentes de celles retenues pour établir les projections de référence. Apporte des informations quantitatives sur les effets d'une modification des hypothèses sur les perspectives.

Soutien interne	Renvoie au niveau annuel de soutien apporté à la production agricole, exprimé en termes monétaires. Il s'agit de l'un des trois domaines faisant l'objet d'engagements dans l'Accord sur l'agriculture issu du cycle d'Uruguay.
Stocks d'intervention	Dans l'Union européenne, stocks détenus par les organismes nationaux compétents par suite des achats d'intervention de produits bénéficiant d'un soutien des prix du marché. Les stocks d'intervention peuvent être écoulés sur le marché intérieur si les prix intérieurs sont supérieurs aux prix d'intervention ; dans le cas contraire, ils peuvent être vendus sur le marché mondial moyennant des restitutions à l'exportation.
Subventions à l'exportation	Aides accordées aux négociants pour compenser les différences de prix entre le marché intérieur et le marché mondial. Les restitutions à l'exportation de l'UE en sont un exemple. L'élimination des subventions à l'exportation dans le domaine agricole est prévue par l'accord conclu à Nairobi dans le cadre de la 10e Conférence ministérielle de l'OMC, en décembre 2015.
Sucre	Saccharose produit à partir de betterave à sucre et de canne à sucre.
Taux de croissance des moindres carrés	Le taux de croissance des moindres carrés, r, est estimé comme suit par régression linéaire du logarithme des valeurs annuelles de la variable considérée sur la période étudiée : $Ln(xt) = a + r \times t$ et calculé comme suit : $[exp(r) – 1]$. Par conséquent, les taux de croissance annuels projetés dans ce rapport se réfèrent aux taux de croissance annuels moyens des moindres carrés de 2025 à 2034.
Taux de conversion alimentaire	Mesure de l'efficacité d'un animal à convertir la masse alimentaire en augmentation du poids pris par l'animal.
Taux maximal d'incorporation	Plafond de la proportion d'éthanol pouvant être mélangée à l'essence du fait de contraintes techniques à court terme, qui freinent la progression de la consommation de biocarburants.
Technologies de réduction des émissions	En agriculture, les technologies de réduction des émissions (TER) englobent un large éventail d'innovations, d'outils et de pratiques dont le but est de réduire les émissions de gaz à effet de serre des systèmes agricoles sans compromettre la productivité. Elles comprennent des interventions biologiques et techniques visant à s'attaquer aux principales sources d'émissions des systèmes de culture et d'élevage.
Tourteaux protéiques	Tourteaux d'oléagineux, de coprah, de graines de coton et de palmiste.
Véhicules polycarburant (ou véhicules flex-fuel)	Véhicules acceptant aussi bien le gasohol que l'éthanol hydraté.

Annexe B. Méthodologie

Cette annexe contient des informations sur les modalités d'établissement des projections qui sont utilisées aux fins des présentes *Perspectives agricoles*. Tout d'abord, elle fournit une description générale des différents éléments et du calendrier du processus conduisant aux projections agricoles de référence et à la publication annuelle des *Perspectives agricoles de l'OCDE et de la FAO*. Deuxièmement, elle examine les hypothèses cohérentes faites sur les projections des variables macroéconomiques exogènes. Troisièmement, elle fournit des éléments de référence pour comprendre le modèle Aglink-Cosimo sous-jacent. Enfin, elle explique comment une analyse stochastique partielle est réalisée avec le modèle Aglink-Cosimo.

Le processus générateur des projections agricoles de référence

Les projections présentées dans ces *Perspectives agricoles* sont le résultat d'un processus mobilisant un très grand nombre de sources d'information. Ces projections reposent sur les données fournies par les pays et les experts ainsi que sur les résultats du modèle Aglink-Cosimo établi par l'OCDE et la FAO pour analyser les marchés agricoles mondiaux. Ce modèle économique sert également à vérifier la cohérence des projections de référence. Cependant, les experts n'en sont pas moins largement consultés à différents stades du processus. Les secrétariats de l'OCDE et de la FAO publient dans les *Perspectives agricoles* une évaluation unifiée et plausible de l'évolution future des principaux marchés de produits agricoles, compte tenu des hypothèses retenues et des informations disponibles au moment de la rédaction.

Point de départ : établissement des valeurs de référence initiales

Les séries de données historiques relatives à la consommation, à la production, aux échanges[1] et aux prix internationaux des différents produits de base couverts par les *Perspectives* sont principalement extraites des bases de données de l'OCDE et de la FAO. Ces bases de données reposent en grande partie sur des sources statistiques nationales. Pour chaque publication, le processus générateur des données de base commence en novembre de l'année précédant la décennie projetée et se termine en février de l'année en cours. Celui-ci doit refléter le situation à la fin de l'année précédante, c'est-à-dire à la fin de 2024 pour l'édition actuelle. Les valeurs de départ utilisées pour définir l'évolution future probable des marchés agricoles sont établies par l'OCDE, pour ce qui est de ses États membres et certains non-membres, et par la FAO, pour tous les autres pays ou régions.

- Du côté de l'OCDE, un questionnaire annuel adressé aux administrations nationales est diffusé en novembre afin de recueillir les attentes des pays concernant l'évolution à moyen terme de leur secteur agricole, ainsi que des informations sur l'état actuel ou les changements récents des politiques agricoles nationales.
- Du côté de la FAO, les valeurs de départ destinées aux modules nationaux ou régionaux sont établies à l'aide du modèle et des avis des spécialistes de produits de la FAO.

Des facteurs macroéconomiques provenant de sources externes, telles que le Fonds monétaire international (FMI), la Banque mondiale et les Nations unies, sont également utilisés pour compléter la vision des principales forces économiques qui déterminent l'évolution du marché.

L'objet de cette étape est d'obtenir un premier aperçu de l'évolution possible des marchés et de construire les principales hypothèses sous-jacentes aux *Perspectives*. Celles qui concernent l'activité macroéconomique et l'action publique sont décrites dans le premier chapitre intitulé « Marchés agricoles et alimentaires : tendances et perspectives » ainsi que dans les tableaux par produits. Les sources et hypothèses dont elles découlent sont analysées plus en détail ci-après.

L'étape suivante consiste à utiliser le cadre de modélisation Aglink-Cosimo de l'OCDE et de la FAO pour faciliter l'intégration des données initiales de manière cohérente et en tirer des valeurs de référence initiales sur la base desquelles les projections de l'évolution des marchés mondiaux sont établies. Ce cadre de modélisation garantit qu'à l'échelle mondiale, les projections de la consommation correspondent avec celles de la production pour les différents produits de base, sous réserve de minimiser les déséquilibres commerciaux. Le modèle est discuté ci-dessous.

Outre les quantités produites, consommées et échangées, ce scénario de référence porte sur les prix nominaux (exprimés en unités monétaires locales) des produits considérés.

Les valeurs de référence initiales sont ensuite corrigées :

- Pour les pays qui relèvent du Secrétariat de l'OCDE, elles sont comparées avec les réponses indiquées dans le questionnaire. Les problèmes, quels qu'ils soient, sont examinés dans le cadre d'échanges bilatéraux avec les experts des pays concernés.
- S'agissant des modules nationaux et régionaux mis au point par le Secrétariat de la FAO, les valeurs de référence initiales sont examinées par un cercle plus large d'experts internes et internationaux.

Valeurs de référence définitives

À ce stade, un tableau général des projections apparaît. Des ajustements sont effectués suivant les compromis convenus entre les deux secrétariats et les experts externes. À partir du résultat de ces échanges et des informations actualisées, un deuxième ensemble de valeurs de référence est élaboré. Les informations ainsi obtenues servent à analyser les marchés des céréales, des oléagineux, du sucre, de la viande, des produits laitiers, des biocarburants, des produits de la pêche et de l'aquaculture et du coton sur la période couverte par les *Perspectives*.

Ces résultats sont ensuite examinés lors des réunions annuelles du Groupe sur les marchés de produits du Comité de l'agriculture de l'OCDE courant mars, qui réunit les experts des administrations nationales des États membres de l'OCDE et des organisations spécialisées. La version définitive des projections de référence est établie à partir des observations formulées par ce groupe et des données révisées.

Les modalités d'élaboration des *Perspectives* impliquent que les projections de référence présentées dans ce rapport ne reposent pas seulement sur des projections pures, mais tiennent également compte des connaissances des experts. L'utilisation d'un cadre de modélisation formel permet de résoudre les incohérences relevées entre les projections des différents pays et d'établir des équilibres de marché mondiaux, les prix étant déterminés par l'équilibre entre l'offre, la demande et les échanges mondiaux. La procédure d'examen permet de prendre en compte l'avis des experts nationaux dans les projections et les analyses connexes. Ce sont néanmoins les secrétariats de l'OCDE et de la FAO qui, en dernier ressort, sont responsables des projections et de leur interprétation.

Les *Perspectives agricoles* s'appuient sur les projections finales de référence pour fournir une vue d'ensemble et des analyses plus détaillées des marchés agricoles mondiaux à moyen terme. Avant d'être publié, le texte des *Perspectives agricoles* est examiné en mai par le Comité de direction du Département du développement économique et social de la FAO, ainsi que par le Groupe de travail des politiques et des marchés agricoles du Comité de l'agriculture de l'OCDE. Par ailleurs, les *Perspectives* serviront de point de départ à l'analyse présentée au Comité des produits de la FAO, ainsi qu'à ses divers groupes intergouvernementaux sur les produits.

Sources et hypothèses utilisées pour les projections macroéconomiques

Pour les projections démographiques, les *Perspectives agricoles* utilisent les estimations de la variante moyenne de la base de données des *Perspectives de la population dans le monde* des Nations Unies (United Nations Population Prospects) pour les données démographiques utilisées pour l'ensemble des pays et blocs régionaux. Sur les quatre variantes de projection envisagées (fécondité basse, moyenne, haute et constante), c'est la variante moyenne qui a été retenue pour la période de projection. La décision d'utiliser la base de données des Nations Unies sur les perspectives démographiques tient au fait qu'il s'agit d'une source très complète d'estimations fiables et qu'elle renseigne également sur des pays en développement non-membres de l'OCDE. Dans un souci de cohérence, elle constitue également la source des estimations démographiques historiques et des données de projection.

Les autres séries macroéconomiques utilisées dans le modèle Aglink-Cosimo sont celles du PIB réel, de l'indice implicite des prix du PIB, du déflateur des dépenses de consommation des ménages, du prix du pétrole brut Brent (en USD par baril) et des taux de change exprimés en unités de monnaie locale pour un dollar des États-Unis. Les données historiques utilisées pour les séries concernant les pays de l'OCDE ainsi que le Brésil, l'Argentine, la Chine et la Fédération de Russie concordent avec celles publiées dans le n°116 des *Perspectives économiques de l'OCDE*, en décembre 2024. Pour les autres économies, les données macroéconomiques historiques proviennent des *Perspectives économiques mondiales* du FMI publiées en octobre 2024. Les hypothèses retenues de 2025 à 2034 reposent sur les projections macroéconomiques des *Perspectives économiques mondiales* du FMI publiées en octobre 2024, complétées par les taux de croissance du modèle économique d'Oxford pour les années ultérieures.

Dans le modèle, les indices du PIB réel, des prix à la consommation (déflateur des dépenses de consommation des ménages) et des prix à la production (indice implicite des prix du PIB) prennent la valeur 1 pour 2010, qui sert d'année de référence. L'hypothèse de taux de change constant en termes réels implique qu'un pays dont le taux d'inflation est supérieur (inférieur) à celui des États-Unis (mesuré par l'indice implicite des prix du PIB des États-Unis) verra sa monnaie se déprécier (s'apprécier) et, en conséquence, son taux de change augmenter (diminuer) au cours de la période considérée dans la mesure où le taux de change est exprimé en nombre d'unités de monnaie locale correspondant à 1 USD. Le taux de change nominal est calculé à partir de la croissance en pourcentage du ratio « déflateur du PIB du pays considéré / déflateur du PIB des États-Unis ».

Jusqu'à 2023, le cours du pétrole utilisé est tiré de la version actualisée des *Perspectives économiques de l'OCDE* n°116 (décembre 2024). Pour 2024, c'est le prix spot moyen quotidien qui est utilisé tandis que le prix spot moyen de décembre est utilisé pour 2025. Pour le reste de la période de projection, le prix de référence du pétrole utilisé dans les projections est supposé rester constant en termes réels.

Le modèle Aglink-Cosimo

Aglink-Cosimo est un modèle économique qui analyse l'offre et la demande agricoles mondiales. Administré par les secrétariats de l'OCDE et de l'Organisation des Nations Unies pour l'alimentation et l'agriculture (FAO), il sert à l'élaboration des projections de base cohérentes présentées dans les *Perspectives agricoles* et à l'analyse des scénarios d'action publique.

Aglink-Cosimo est un modèle d'équilibre partiel dynamique et récursif, employé pour simuler l'évolution d'une année sur l'autre de l'équilibre des marchés et des prix des principaux produits agricoles de base qui sont produits, consommés et négociés dans le monde. Des modules nationaux et régionaux couvrent le monde entier. Les secrétariats de l'OCDE et de la FAO, en collaboration avec les experts des pays et les administrations nationales, sont responsables de l'élaboration et de la mise à jour des projections. Plusieurs grandes caractéristiques sont à signaler :

- Aglink-Cosimo est un modèle « d'équilibre partiel » couvrant les principaux produits agricoles de base ainsi que le biodiesel et le bioéthanol. Les marchés non agricoles ne sont pas modélisés et sont traités de façon exogène ; de ce fait, les hypothèses concernant la trajectoire des variables macroéconomiques clés sont prédéterminées et l'incidence des évolutions des marchés agricoles sur l'économie en général n'est pas envisagée.
- Les marchés mondiaux des produits agricoles de base sont censés être concurrentiels, ce qui signifie que les acheteurs et vendeurs acceptent les prix. Les prix du marché sont déterminés par l'équilibre mondial ou régional de l'offre et de la demande.
- La production d'un pays et les produits qu'il échange sont considérés comme homogènes et donc comme parfaitement substituables par les acheteurs et les vendeurs. En particulier, les importateurs ne distinguent pas les produits en fonction de leur pays d'origine, étant donné qu'Aglink-Cosimo n'est pas un modèle spatial. Les importations et les exportations sont néanmoins déterminées séparément. Cette hypothèse a une incidence sur les résultats des analyses dans lesquelles les échanges sont un facteur important.
- Aglink-Cosimo est un modèle dynamique et récursif, en conséquence de quoi les résultats obtenus pour une année déterminent ceux des années consécutives (par exemple, à travers les effectifs des cheptels ou les anticipations dynamiques de rendement). Les projections obtenues avec Aglink-Cosimo portent sur les dix années à venir.

Le cadre de modélisation est régulièrement amélioré afin de développer la capacité des *Perspectives* à refléter les développements futurs des marchés et à renforcer l'analyse des résultats au-delà du marché (par exemple, la sécurité alimentaire, l'utilisation des terres et les résultats environnementaux).

À partir du cycle 2022-2023 des *Perspectives*, les Secrétariats ont explicitement incorporé l'utilisation des trois principaux engrais minéraux (azote, phosphore et potassium) dans les équations de rendement qui déterminent l'offre de produits agricoles. Cette nouvelle caractéristique permet de séparer les coûts des engrais de ceux des autres intrants de production (énergie, semences, machines, main-d'œuvre et autres intrants commercialisables et non commercialisables). Des séries de données historiques pour l'utilisation d'engrais par culture ont été développées en combinant les informations existantes sur l'utilisation totale de FAOSTAT avec les estimations détaillées au niveau des cultures de l'association internationale de l'industrie des engrais (IFA, International Fertilizer Association).

Les pertes et gaspillages alimentaires ont également été intégrés à partir du cycle 2022-23 dans les *Perspectives agricoles de l'OCDE-FAO*. La section 1.4 du chapitre « Tendances et perspectives » du rapport donne un aperçu détaillé des définitions, des estimations mondiales et des facteurs des pertes et gaspillages alimentaires. En termes de mise en œuvre dans les données et le modèle Aglink-Cosimo, trois valeurs ont été ajoutées pour tenir compte des pertes et du gaspillage alimentaires au niveau de la vente au détail et des ménages. Par conséquent, trois valeurs différentes sont désormais disponibles pour l'utilisation alimentaire des produits agricoles : la disponibilité alimentaire, qui prend en compte la diminution de la quantité de denrées alimentaires tout au long de la chaîne d'approvisionnement alimentaire depuis le post- récolte, l'abattage ou la capture, jusqu'au niveau de vente au détail, sans l'inclure ; la consommation alimentaire, obtenue en soustrayant le gaspillage alimentaire au niveau de la vente au détail de la disponibilité alimentaire, et servant de principale valeur de référence utilisée tout au long du rapport et des tableaux ; et l'apport alimentaire qui représente la quantité après comptabilisation des pertes alimentaires des ménages.

En 2024, le Secrétariat a adopté un modèle standardisé pour la production animale afin d'améliorer les fonctionnalités du modèle Aglink-Cosimo. La composante révisée de l'offre de viande sépare désormais la production de viande en nombres d'animaux commercialisés et en poids carcasse moyen, permettant une meilleure compréhension des tendances de productivité du secteur. Cette mise à jour facilite une approche plus intégrée en liant étroitement l'inventaire total d'animaux aux activités de commercialisation et en alignant les systèmes de production, les améliorations de la génétique et les intensités en termes d'alimentation animale avec le poids des animaux. En outre, la révision a standardisé les calculs de projection de la production de viande, y compris les rendements par tête, les coûts des aliments pour animaux et des pâturages, ainsi que leurs liens avec d'autres utilisations des terres.

De plus, un examen complet des élasticités du modèle a été réalisé. Ces ajustements garantissent une réponse plus uniforme de la production de viande à travers les différents types de viande et régions, en alignant efficacement la production sur les inventaires et les poids des animaux. Ces changements devraient améliorer la fiabilité des réponses à court et moyen terme dans le secteur de la production de viande.

La dernière documentation détaillée du modèle Aglink-Cosimo est disponible en anglais et est accessible sur le site officiel des *Perspectives agricoles* : www.agri-outlook.org.

Le modèle employé pour établir les projections relatives aux produits de la pêche et de l'aquaculture est un satellite d'Aglink-Cosimo. Sont partagées les hypothèses exogènes sont mises en commun et les variables interactives, comme les prix qui se répercutent les uns sur les autres. Le modèle dédié à la pêche et à l'aquaculture a été remanié en profondeur en 2016. Les 32 éléments représentés dans les fonctions de l'offre totale de l'aquaculture ont été remplacés par des fonctions de l'offre de 117 espèces, chacune étant caractérisée par une élasticité, une ration alimentaire et un temps de réaction qui lui sont propres. Les principales espèces prises en compte sont le saumon, la truite, la crevette, le tilapia, la carpe, le silure (dont le Pangasius), les sparidés, le bar et les mollusques. À cela s'ajoutent quelques productions mineures, comme les chanidés. Le modèle a été construit de façon à assurer une cohérence entre les rations alimentaires et les marchés de la farine et de l'huile de poisson. Selon les espèces, les rations alimentaires peuvent contenir au maximum cinq types d'aliments : farine de poisson, huile de poisson, tourteaux d'oléagineux (ou substituts), huile végétale et aliments à faible teneur en protéines comme les céréales et le son.

Méthodologie des simulations stochastiques à l'aide d'Aglink-Cosimo

L'analyse stochastique partielle montre en quoi les scénarios divergent de celui de référence en appliquant un traitement stochastique à un certain nombre de variables. Celles-ci sont sélectionnées de manière à mettre en évidence les principales sources d'incertitude sur les marchés agricoles. En l'occurrence, les variables macro-économiques spécifiques aux pays, le prix du pétrole brut, les rendements nationaux et les rendements par produit sont considérés comme incertains. Outre le prix international du pétrole, quatre variables macro-économiques sont prises en compte pour tous les pays : l'indice des prix à la consommation (IPC) l'indice du produit intérieur brut, le déflateur du produit intérieur brut et le taux de change du dollar des États-Unis (XR). Les variables de rendement considérées concernent la production végétale et la production laitière dans toutes les régions couvertes par le modèle.

La façon de procéder pour générer les tirages stochastiques de ces variables repose sur une technique simple qui restitue la variance dans le temps de chacune des variables. Les trois grandes étapes de l'analyse stochastique partielle sont brièvement décrites ci-après.

i) Quantification de la variabilité passée autour de la tendance calculée pour chaque variable macro-économique et chaque variable de rendement

La première étape de la procédure consiste à définir la tendance passée des variables stochastiques. Souvent, une tendance linéaire ne représente pas correctement la dynamique observée. C'est pourquoi on utilise un filtre de Hodrick-Prescott pour estimer une tendance non linéaire, en séparant les fluctuations de court terme des mouvements à long terme[2]. Le filtre est appliqué directement aux séries temporelles des rendements et aux variations annuelles pour les variables macro-économiques.

ii) Génération de 1 000 combinaisons de valeurs possibles pour les variables stochastiques

La deuxième étape consiste à générer 1 000 combinaisons de valeurs possibles pour les variables stochastiques. Pour chacune des dix années de la période de projection (2025-2034), on tire une année particulière de la période de référence 1995-2024, puis on applique l'écart relatif entre la valeur effective de la variable à la fin de cette année-là et la valeur tendancielle correspondante estimée à l'étape (i) à la valeur de la variable pour l'année de projection. Toutes les variables reçoivent ainsi la valeur de la même année de référence. Les variables macro-économiques sont toutefois traitées séparément des rendements, car il n'y a pas de corrélation étroite entre eux.

iii) Application du modèle Aglink-Cosimo pour chacune des 1 000 combinaisons de valeurs possibles (scénarios d'incertitude)

La troisième étape consiste à faire tourner le modèle Aglink-Cosimo pour chacun des 1 000 scénarios d'incertitude générés à l'étape (ii). En combinant l'incertitude macro-économique et l'incertitude liée aux rendements, on aboutit à 98% de simulations réussies, le modèle ne donnant pas de solution pour toutes les simulations stochastiques. Le modèle étant un système complexe d'équations et de politiques, il peut en effet conduire à des impasses en cas de choc extrême sur une ou plusieurs variables stochastiques.

Notes

[1] Pour les régions comme l'Union européenne et les groupes de pays en développement, les données relatives aux échanges concernent uniquement les échanges avec l'extérieur (et n'incluent donc pas les échanges réalisés à l'intérieur de la région). On obtient par conséquent des valeurs des échanges mondiaux plus faibles qu'en cumulant les statistiques nationales. Les demandes d'information concernant des séries particulières doivent être adressées aux secrétariats de l'OCDE et de la FAO.

[2] Ce filtre a été popularisé en économie dans les années 90 par Hodrick, R.J. et E.C. Prescott (1997), « Postwar U.S. Business Cycles : An Empirical Investigation », *Journal of Money, Credit, and Banking*, vol. 29, n° 1, pp. 1–16, JSTOR 2953682.

www.ingramcontent.com/pod-product-compliance
Lightning Source LLC
LaVergne TN
LVHW082036051026
849532LV00011B/3379